JN289551

●近代経済学古典選集────8●

ウィクセル
価値・資本及び地代

北野熊喜男 訳

日本経済評論社

ウィクセル，人民公園における平和集会での演説
（1918年8月，ストックホルム）

改訳の序

　この訳書を世に送ってから，すでにほぼ半世紀が経過している。いま「近代経済学古典選集」の一冊として，これを再び世に送ることは，誠に感慨深いものがある。あまり著しい訂正をしたところはないが，何より文体を新しくせざるをえなかったし，僅少の脱漏を補って完璧を期したところもあった。

　むしろ訳者としては，この際，付録の「伝記」として，原著者の著しく特異な生涯をいささか詳しく記述しえたことは，まことにしあわせなことであったと思う。ただ関係文献を少数に限定したまま，それらを十分網羅しなかったのは残念なことであった。ただ Torsten Gåldlund 氏の "The Life of Knut Wicksell" 1958年を参照することが多かったが，わざわざこの好著をはるばると御恵与下さったゴールドルント教授（かつてルンド大学やお宅でお目にかかっている）の御厚情には厚く感謝の言葉をささげたいと思う。またこの改訳の完成にいささか協力してくれた二人の娘たち，天野素子と新開光恵と，さらにウィクセルの年譜の完成を助けてくれた天野明弘氏に対してはここに厚くお礼申し上げる。

　　昭和61年7月30日　神戸・東灘・宮町にて

北　野　熊喜男

訳者初版序

　近代経済学は世界に三つの主流を持つといわれる。一つは，スミス，リカルドを生んだ伝統の国イギリスの，さらにジェヴォンズをもちマーシャルをえて，いまは主としてケンブリッジにつづく流れ，第二は限界効用学説の，特に心的因果分析における確立者，メンガー，ベーム・バウェルクにつづくウィーンの流れ，第三は，数学的経済学とくに一般均衡理論体系の建設者，レオン・ワルラスにつづくローザンヌの流れなどである。しかも最近における経済理論のもっとも注目すべき特徴は，実にこれら三大潮流がただ一つに合流しようとする著しい傾向のうちに，これを認めることができるであろう。クヌート・ウィクセルの日ましにたかまりゆく名声は，まさにこういう現段階の経済学史的意義より，はじめてよく理解しうべきである。ウィクセルは，あたかも新経済理論の生い立ち行かんとする輝かしい時期に，まず数学者としてスウェーデンに育った。社会問題への熱烈な関心のために，年をとってから経済学に転向し，まさに上記三大潮流の本源に棹さしながら，そのいずれにも囚われることなく，それぞれの長所をとって自家薬籠中のものたらしめた。ウィクセルが，われわれのこの現代にもっともよく生きているゆえんは実にここにある。

　さらに実質的にこれを見ても，今日理論経済学に残された未解決の重要問題は，第一に利子理論であり，第二に変動理論であるといわれる。しかもウィクセルによって徹底された資本——すなわち生産における時間——の役割の把握と，それを基礎とする精緻な利子論と貨幣価格変動の分析こそ，まことに，これら現代経済学の問題の最初の輝かしい金字塔であった。昨今新しい理論の展開が，いかにしばしばこのウィクセルをめぐって行なわれつつあるかは，世界

訳者初版序

の専門雑誌をひもとく人のよく知るところであると思う。

　おくればせとはいいながら，いまやこのような近代理論の理解と吟味に，著しい注意と興味が喚起されてきたわが日本の理論経済学界に，私はこのウィクセルの名著の邦訳をおくりうることをはなはだ光栄に思う。つたない訳文ではあるけれども，そこになんらの意義もないとはし難いであろう。そのうえ本書は，また現代経済理論へのきわめて適切な入門書としてすすめうると思う。数学的均衡理論の要点を，ほとんど漏らさず，しかもこれほど簡潔平明に，なんら数式の煩瑣に立ち入ることもなく説明しえたものは，おそらく他に見出しがたいであろう。数式と見ればもはや「食わず嫌い」の多くの人びとにも，せめてこの書の精読はすすめたい。

　訳者は恩師高田保馬先生より受けた恩恵のあまりにも深く，また大きいことを思い，ここに謹んでひたすらな感謝を捧げる。このつたない邦訳の上梓に対してさえ，先生は，一方ならぬ御配慮をたまわった。先生とその門下の人びと，とりわけ傍島省三氏の援助と激励なくしては，おそらくこの書は世に生れえなかったであろう。また水谷一雄氏が，数学的用語その他について，再三懇切な教示を与えられたことも，厚く感謝しななければらない。

　なお，顧みれば京都大学経済学部ならびに旧神戸高商における諸先生の御薫陶，またいま同志社における鷲尾健治先生の御慈愛は，訳者の深く肝に銘じているところである。

　実は訳者にとってこの訳書は，突如として慈母に永訣(わか)れた悲歎の月日の労作であった。とりわけその最初の訳稿は，実に母急逝ののち，遺骨を守って臨終のひと間にとじこもっていた49日のあいだの仕事であった。たどたどしい訳筆の一句一文の間には，いつも涙がながれていたのである。その後すでに1年，いまそれが世に出るにあたっては，まず謹んで母の墓前にこれを献じたい。

訳者初版序

昭和12年3月

比叡山麓高野川のほとりにて

北 野 熊喜男

訳者凡例

1. 本書は Johan Gustaf Knut Wicksell; Über Wert, Kapital und Rente, nach den neueren nationalökonomischen Theorien, Jena (Verlag von Gustav Fischer), 1893. の全訳である。題名は直訳すれば「価値，資本及び賃料について――新しい経済理論によって――」であるが，ここには，簡明のため表題のように改めた。特に賃料(レンテ)は，訳語として，十分に成熟していないと思われるから，題名には，むしろその主な内容をなす地代をもって，代表させることにした。この賃料(レンテ)の取扱に，本書の理論的特徴の一つがあるから，この点，はっきりと記しておかなければならぬ。

2. 原書は版を絶つことすでに久しく容易に入手することができない。幸にして London School of Economics and Political Sciences は，その復製を企て，1933 年その Series of Reprints of Scarce Tracts in Economic and Political Science の一つとして (No. 15)，これを世に送った。単に体裁が小さくなった以外にはまったく原書のままであって，だれでも容易に入手しうるであろう。

    ただし訳者は，京都大学経済学部研究室所蔵の，貴重な1893年版原書を，底本として用いることができた。

3. 原書は Einleitung と二つの Abschnitt に分れ，それらが各々 I II …… 等に，またさらに AB などに小分されている。訳者は，この区分をそのまま，しかも，これを二つの編とその章および節への小分をもって表わした。各々の題名については，もちろん何らの変更も加えていない。

4. ゲシュペルトの部分――すなわち活字の間隔をあけて印刷された部分――は，傍に点・・を付し，またイタリックの部分は，同じく圏点。。をつけて示した。ただし人名は原書において，ほとんどすべてゲシュペルトであるが，訳者は単に片仮名をもって示すのみで，すでに十分であると考えた。

5. 原書に，誤植と信ぜられるものが，二，三にとどまらなかった。けれどもその多くは，たとえば Güter が Gützer となっている（原書25頁）程度の，問題のないもので

— v —

訳者凡例

ある。ここに一々列挙する必要もないと思う。ただ重大な誤植と信ぜられるものについては，訳者注をつけて，あえて訂正しておいた。（特に原書120頁の最後の式の符号の訂正――本訳書174頁）

6. 一般の読者の理解を容易ならしめるために，ところどころ訳者注をつけておいた。〔 〕のように括弧をもって記した部分がそれである。この種の括弧につつまれている言葉は，「訳者注」とあると否とを問わず，すべて訳者の付加したものであることに注意されたい。

7. 原書の引用文献のうち，主要なものについては，研究者の便宜を思って，今日ひろく行なわれている版の該当頁をも付記した。特にワルラスの Éléments déconomie politique pure については，1926年の Edition definitive を，またベーム・バウェルクの "Positive Theorie des Kapitales" については，1921年の 4. Aufl. を参照しておいた。また一般にひろく行なわれている邦訳のあるものは，それも付記した。ただし引用されている旧版と邦訳とは版を異にし，後者に該当の箇所を見出しえない場合はやむをえなかった。

8. 訳文は原則として原文に即している。まず直訳文を作ってのち，幾度かの修正を加えた。日本語として，通読と理解の困難な点は，多少とも原文を離れて，あるいは文脈を変え，あるいは言葉を補っている。できるだけの努力はしたつもりであるが，まだまだ難解なところもあるであろう。誤訳すらあるかもしれない。幸にして諸先輩，同学諸氏の好意ある御叱正をえて，他日の完璧を期したいと思う。

9. なお巻頭の写真は "Torsten Gårdlund; The Life of Knut Wicksell" 1958, p. 257. 所載のものを利用させてもらった。同氏を訪問したのは，もう30余年前のことであり，この好著は1958年公刊にあたって，わざわざ遠く私に御恵送下さった同教授の御厚情に厚くお礼を申し上げる。

目　次

改訳の序 …………………………………………………………… i
訳者初版序 ………………………………………………………… ii
訳者凡例 …………………………………………………………… v
原著者序 …………………………………………………………… 1

緒　論 …………………………………………………………13
- 第1章　理論経済学の現状 …………………………………15
- 第2章　古典的価値理論 ……………………………………21
- 第3章　調和経済学者と社会主義者の価値理論 …………33

第1編　新しい価値理論 ……………………………………41
- 第1章　ジェヴォンズ，ワルラスとオーストリー学派の価値概念 …………………………………………………43
- 第2章　同種の財の種々な用途 ……………………………52
- 第3章　価格一定の場合の交換 ……………………………60
- 第4章　孤立した交換 ………………………………………64
- 第5章　公開市場における交換 ……………………………75
- 第6章　多数財の交換，間接交換 …………………………84
- 第7章　需要と供給 …………………………………………91
- 第8章　費用法則，ワルラスの生産理論 ………………104

目　次

第2編　新しい資本理論
ならびにその賃金，地代および財価値の理論に対する関係 ……………………………………………… 111

- 第1章　資本概念 ………………………………………… 113
- 第2章　ベーム・バウェルクの利子理論と旧来の理論 ……… 125
- 第3章　生産期間，資本財と「賃料財」 ………………… 137
- 第4章　定常的国民経済における資本利子と賃金 …………… 143
  - 第1節　数学的説明 ……………………………………… 143
  - 第2節　ベーム・バウェルクの説明と彼の「積極的」利子法則，ジェヴォンズの利子理論に対する彼の批判 ………… 155
  - 第3節　ベーム・バウェルクの理論と賃金基金説 ……… 173
- 第5章　ベーム・バウェルクの理論の完全化。資本利子，賃金および地代の相互関係 ……………… 176
- 第6章　財価値の決定的理論の試み。ワルラスの説明の批判 ……………………………………………… 185

付　録 ……………………………………………………… 205

- ウィクセルの伝記 ………………………………………… 206
  1. ウィクセルの生涯 …………………………………… 206
  2. ウィクセルと経済学 ………………………………… 220
- ウィクセル年譜 …………………………………………… 230

原著者序

　この小著の骨組――というよりむしろその最初の機縁――をなしたものは，私が数年前ストックホルムで行なった若干の通俗講演であった。そうしてこの講演で私が説明せんとしたものは，近代価値理論の根本原理と，ちょうどそのころ現われたベーム・バウェルク (Böhm-Bawerk) の資本理論の根本原理とであったのである。

　これらの講演のうち，古い価値理論を取り扱ったその第一講は，ここに大体そのままの姿でこれを緒論として使った。それはもともと専門学者諸氏を目ざしていたのではなく，今なおおそらくそういう書き方が残っていようが，ここに目ざす読者諸氏に対してもまた多少の興味があればいいがと思っている。それはリカルド (Ricardo) から始まる古典的価値理論の長短を――特に長所は後の「調和経済学者」(Harmonieökonomen) と社会主義者の理論に対比して――判定せんとする試みである。リカルドを蔑視することがほとんど流行となってしまった時代にあって，この明晰な思索家の争う余地のない貢献を，いまひとたび称揚することは許されることであろう。リカルドの労作は経済学の「偉大な青年期」の証左であるというウィーザーの意見には[1]，私は全然賛成することができない。むしろ私の見るところによれば，彼は説明の多くの末派の人びとの曖昧さ，ケリー (Carey) やバスチア (Bastiat) のような上走り，カール・マルクス (Karl Marx) の「ヘーゲル学徒的」不明瞭――とうぬ惚れ――に反し，その男らしい書き振り――と私はいいたい――で，一頭地を抜いている。彼は

---

1) Der natürliche Wert, Vorwort, S. IV.

原著者序

その読者の熱情に訴えるのではなく，その悟性に訴えるのである。

次に第 $\overset{..}{1}$ 編で，私はワルラス (Walras) の方法に従って，新しい価値理論の主要原理を説明しようと試みた。近代的考察方法の原則と哲学的基礎づけとに，さらに立ち入ることは無用である。なぜなら，この部分の問題は，メンガー (Menger) 一派の労作により，また特にベーム・バウェルク[2]のきわめて明快な説明によって，もう学界の共有財産となっていると思われるから。

けれどもジェヴォンズ (Jevons) とワルラスによって採用された経済問題の数学的取扱方法については，決してそうは言いえないであろう。しかもこの点については，私見に誤りなしとすれば，他の諸事情のほか，これらの著書のある種の欠陥もまたあずかって力があるのである。まことにジェヴォンズの説明は，その大部分が稀に見るほど明快であり，また興味もある。けれどもまさに肝心の点で，彼は十分事柄の本質を看破していない。彼の有名な「交換の方程式」は，交換する人びとの集団の，一種の集合的限界効用というような，われわれが何らかの明瞭な観念を心に描きえない概念を前提としてその上に立っている。だから，こうして達せられた公式の簡明さは，単に見せかけに過ぎない。のみならずまた彼は三（またはそれ以上の）財の交換という重要問題を取り扱いながら，完全に自由な流通に際しては必ず現われるところの，相互の交換比の相関性を顧みてはいないのである。したがって彼の成果は，本来ただ一つのまったく特別な，稀にしか起らぬ場合，また彼によって確かに眼中におかれなかった場合にのみあてはまるにすぎない。

ワルラスの労作は，この点についてはまったく誤りがない。けれども彼の説明は大へん拙劣な表明方法のために禍せられ，そのため彼の書物そのものが数学的教養のある読者にさえも，かなり理解しにくいものになっている。ドイツでの彼の追従者ラウンハルト (Launhardt) は，熟達した数学家として，ワルラ

---

[2] Grundzüge der Theorie des wirtschaftlichen Güterwerts (Conrad's Jahrb. 1886 所載)

原著者序

スの主要原理を，より簡単にし，また容易に見渡しうる姿に作りかえているけれども，とにかくラウンハルトの著作は，まさに国民経済の問題の数学的取扱いが，いかに企てられるべからざるものであるかを示す的確な例である。

彼によって提出せられた一連の堂々とした「教理」のあるものは，価値のはなはだ疑わしい国民経済的考察によって得られたものであり，またそのあるものは——正しい原理の上に立つ場合にあっても——つねにある近似式の用いうることを前提している。しかしこのような近似式は精々特別の場合にあてはまるに過ぎず，一般的には——近似的にすら——あてはまることができない。

ここで，私の課題は，上記の労作に関連して，できるだけ理解しやすい形で数学的価値論の要点を説明することにあった。すなわちその際，もっとも単純な想定より出発して，次第に複雑な場合に進んでいくのであるが，しかも定式の煩瑣さはまったくこれを避けている。

私が特に明快ならしめるために努力した一つの点は，交換におけるいわゆる国民経済的利得の問題に関していた。ワルラスとジェヴォンズの先駆者であるゴッセン (H. H. Gossen) は，すでにそれ自体としてはまったく正しい命題を立てていた。すなわち「価値の最大が生ずるためには」交換の行なわれたのち，各商品の「(受け入れられ，または引き渡された) 最後の微少量」が，交換者双方に，同じ効用または価値をもっていなければならないと。もし自由な流通の場合においてもそうであるとすれば (このことは，決してゴッセンは主張していない)，実際，自由交換は，可能な最大の国民経済的利得あるいは総満足を生ぜしめる，という注目すべき性質を持つわけであろう。けれどもこれはそうではない。各商品それぞれの限界効用の，双方での均等ではなく，むしろ，両商品の限界効用の比の均等こそ，交換の根本法則である。前の条件は確かに後者を包含するけれども，その逆は然りではない。ジェヴォンズ及びメンガーとならんで交換の真の法則を発見したワルラスも，なおその著の数カ所で，交換の場合の利得について，理論の成果に不当な，あるいは少なくとも誤謬に導く表現

を与えたのである。特に，彼はいっている[3]。

「自由競争の行なわれる市場で，二商品の間に行なわれる交換は，二商品の一方または双方のすべての所有者が，共通であって同一な比率で，売る商品を与え買う商品を受け取る条件の下にあって，おのおのの欲望の最大満足を得ることのできる行動である」と。

これは言葉通りに解すれば，明らかに正しくない。均一な価格すなわち両財の交換比は，自由競争によるのとは異なる仕方によってもまた成立することができる。たとえば官憲によって定められた公定価格によって，あるいは市場当事者の一方または双方の団結によって。しかもそれによって，当該当事者が自由競争の場合に達成しうるよりも，大きい利得を得るということも，確かにすこぶるありうることなのである。奇妙にもラウンハルトが（彼は前には，まさにこの問題の批判に言及した）主張するように，両当事者の利得の総計は，一つの均一な価格で取り結ばれる何らかの他の交換の場合よりも，自由競争の下における方が一層大となるはずである，というようなのは，たとえ大体において事実だとしても，決して一般的には証明されえないことである。

ちょうど数学的取扱いがとりわけ容易なように思われる問題について，このような誤謬が繰り返されたために，この方法は用いえないのでないかという疑いがひき起されたのであろうと思われる。けれども誤謬は計算にあるのではなく——ワルラスもラウンハルトもその計算は正しく行なった——むしろ計算の結果の表現のうちにある。数学的記号を用いることは，誤謬を避けるための確実な手段ではないにしても，少なくともこのような誤謬が長い間発見されることなしに残りえないという利益を与えるものである。

アウシュピッツ (Auspitz) とリーベン (Lieben) の有名な著作「価格理論の研究」(Untersuchungen über die Theorie des Preises) は，私は，ワルラスのある

---

3) Elém. d'écon. pol. pure, 2ᵉ Ed. 10 Leç., p.121.〔決定版 p. 99〕

原著者序

命題に対する彼らの——私見によれば——根拠のない攻撃を斥けようとした唯一の箇所を除いて，これを顧みずにおいておいた。私は決してこの著者たちの貢献，とりわけ未だきわめてわずかしか取り扱われなかった財消費の問題に関するその貢献を，見忘れるものではない。ただ残念だといいうることは，彼らが同じ範囲の以前の労作を受けつぐことなく，まったく自分の足場の上に立とうとしていることであり，そのため，前に認められた結論が，彼らの著作によってどれだけ確証されたか斥けられたかを決定することは，事実上困難となっていることである。また彼らによって目指された消費と生産，「経営方法と生活方法」(Betriebs- und Lebeweise) の間の理論的平行も興味があるけれども，これも学問上有益であることが証明されるかどうかは，ここでは問わないでおかなければならない。生産での資本の役割という重要問題は，彼らは全然触れないままでおいていたのである。

　本書の第1編は，それの関連する文献を知る人びとに対しては，ほんのわずかしか新しいものを提供しないであろう。けれども，おそらく第2編の内容は，より多く私みずからの精神的財産と呼ぶことが許されるであろう。なるほど正確な数学的資本利子理論は，すでに早くからジェヴォンズとワルラスによって試みられていた。しかしジェヴォンズの取扱いはかなりに皮相的であり，ベーム・バウェルクのように，この著者の誤った見方を責めることは容易にできないとしても，とにかく彼は問題の重要な側面を考察の中にとり入れていないのである。

　ワルラスはこの点について，大きく賞讃に値する試みをし，さきの交換の場合と同様な根本原理に従って，財生産の現象を現実的な方程式に総括しようとした。彼によれば，およそ国民経済的生産は生産物と，労働土地及び資本の「生産的用役」(produktive Dienste) との間の交換にほかならず，実に窮極においては，この生産的用役そのものの間の交換にほかならぬ。ワルラスの研究は，この範囲では，おそらく国民経済の問題に関する書きもののうち，もっと

原著者序

も抽象的でありもっとも難解なものの一つであって，これに関する彼の前提の効力と推論の正しさを精密に検証することは，決して容易な仕事ではない。

しかしながら，私は次のように信ずることができた。すなわち彼の生産理論は根本的な誤謬をもっている。そうしてその誤謬は彼の資本概念の古い一面的な見方と結びついており，ただその説明の根本的な修正によってのみ除かれることができると。それゆえ，私はみずから新しい資本理論に従わんがために，ここでワルラスを離れ去ったのである。この新しい資本理論の端緒は，すでにジェヴォンズに見られるけれども，その十分な展開は，ベーム・バウェルクのすぐれた著作「資本の積極的理論」(Positive Theorie des Kapitals) で行なわれたのである。

しかしこのベーム・バウェルクと私との一致も，決して完全なものではない。すでに資本概念の正しい定義という問題で，私は彼の見解に対し——わけても彼によって企てられた社会的資本と私的資本の区別に対し——若干の異論を提出したのである。この異論は，考える読者に提出するものではあるが，そうすることによって，このしばしば取り扱われた問題から，あらゆる困難を除いてしまったなどとうぬぼれるのではない。

これに反し，ベーム・バウェルクの利子解明の主要な方式は，利子が現在財と将来財との間の交換で生ずる打歩 (Agio) または割増金 (Aufgeld) である，ということであって，私はそれをまったく正しくまた的確なものと信じている。しかし，旧来の解明にくらべて恐らくベーム・バウェルクみずから要求するような，決定的な意味を，そこに認めることはできない。その適用可能性は，私見によれば，固有の利子理論におけるよりも，資本形成の理論で一層多く現われる。私の見るところによれば，この二つの問題，すなわち資本利子の成立という問題と，利子をもたらす資本そのものの成立という問題とは，いかに密接にたがいに関連しているにしても，理論ではまず区別して取り扱われなければならない。あたかもたとえば，現実では交換と生産とがほとんどつねに相互に

原著者序

依存し合っているにもかかわらず,交換の理論と生産の理論とを区別するようなものである。こういう区別をするならば,すなわち同じことであるが,もっとも単純な根本的な仮設として,資本その他の国民経済的諸要因がおよそ変わらない数量と見られうる定常的国民経済を想定するならば,ベーム・バウェルクが旧来の諸理論に対して加えたもっとも重要な異論の若干が[4],その意義を失うのである。そうして生産力説 (Produktivitätstheorie) も,また利用説 (Nutzungstheorie) も,彼の説と同様に,否ある点については一層良く,事実上の利子現象を解明するために用いられることができる。

ベーム・バウェルク自身,その「積極的理論」(Positive Theorie) の最後の章で,市場流通での利子の高さの決定という重要な問題を取り扱った場合には,まったく古いチューネン (Thünen) の生産力説が開いた道を進んでいるということも,また注目されるべきことである。そこでは現在財と将来財との間の交換というものは,もはや口にされない。いな一層正しくいえば,当面の現象をも等しくこの見地より解明しようとする彼の試みは,成功しないということがわかるのである。その理由は,決して彼の原理が誤っているからではない。ただこのような解明方法によっては,彼が信じていたと思われるより,事柄が著しく複雑となるからである。

彼の書物のもっとも大きい特徴は,チューネン及びジェヴォンズの理論をさらに発展させたことにあると私は思う。彼はこのジェヴォンズの先例にならって,生産における資本の本来の役割を,生存資料の前払い (Vorschiessen) ——すなわち,より長期で,より有利な生産過程の採用を可能とする生存資料の前払い——として補捉している。こうして生産期間の長さ (Die Länge der Produk-

---

[4] 私は明白に諸理論に対して,という。それらが主張せられた仕方にくらべるとき,ベーム・バウェルクの方がはるかに正しいであろう。およそ私は彼の研究の批判的部分がまた持っているところの大きな功績を減じようなどとは,夢にも思っているわけでない。

tionsperiode) というものが，初めて独立の概念として学問のうちに導入されるのであって，この概念はやがておそらくはなはだ有用なことが明らかになるであろう。

　もともとこの見方全体がいかに新しいものであるかということは，ジード (Ch. Gide) のような近代的であり先入見のない学者も，なおそれにただ半分の賛意しか表明することができないという点に，何よりもよく現われている[5]。彼は注意している，たとえばパナマ地峡の貫穿のような経済的事業は，おそらく8年にも10年にもわたって十分なだけの生活資料の数量が一度に集積せられ，それから始まるというようなものではない，と。いかにもそれはその通りであるが，労働者（また土地が資本家によって賃借される場合には土地所有者も）の生計資料は，平均して，生産物完成の時点より，生産期間の長さの（全部ではないが）約半分だけ前にある時点で，受け取られるのである。事実上，いろいろな業務が並立交叉しており，ほとんどどの瞬間にも完成商品が市場に出されるという事情から，労働者は資本によってではなく，生産の成果そのものによって養われるというような，まったく不当な，しかも遺憾ながら通常よく行なわれている結論を引き出すことは，ただきわめて皮相な観察のみのよくしうるところであろう。

　ベーム・バウェルクのこの問題の取扱方法は，その本質よりみて数学的なものである。とりわけ上述したその書物の最後の章ではそうである。けれども彼は原則として数学的記号の使用を避けており，仮設的な数列を，表の形で提示することによって，その目的を達しようとした。この方法は数学的予備知識のない読者にとっては，おそらく若干の利益を与えるであろうが，やはり多くの点ですこぶる拙劣なものであって，確かに著者その人をすら誤った結論に導いたのである。私は彼の表に代えるに代数式をもってするとともに，また適切ではなはだ単純な幾何学的作図をもってするから，理論全体が著しく単純さと一

---

5) Principles d'Econ. pol., 2e éd., p. 143 ff.

原著者序

目瞭然さを増し，命題の内容も増加すると思われるのである。なぜなら，もし資本家ではなく労働者自身を企業者と仮定し，あるいは両者の機能の一部分が同じ人に兼ねられていると考えるにしても，式は依然として変わらないままであり，これに反しもし完全な自由競争でなくなんらかの他の前提——たとえば資本家または労働者の経済的団結——を基礎とするとすれば，ただちにその妥当性が失われる，などということが明らかになるからである。

同時に私は問題の方程式を一般化することに成功した。これによって，ベーム・バウェルクにより顧みられずに残された土地用役も，また理論のうちに取り入れられるのである。この拡張はそれほど著しいものではないけれども，これに関する私の公式 (20) ないし (24) に対し，興味ある読者の注意をうながすことも，おそらく許されることであろう。それは，私の知る限りでは，ここで初めて国民経済の主要要因である労働，土地及び資本の相互連関に，精密な関係が与えられ，それによって，所与の前提のもとに，賃金と地代と資本利子との理論的決定が可能となるからである。

数学的取扱い，というよりむしろ微分法の考え方と表わし方とが，この際まったく適切であり，いや，実にほとんど不可避であったということは，何よりもウィーザーの有名な労作「自然価値論」(Der natürliche Wert) での同じ問題の取扱いとくらべることによって，もっともよくこれを示すことができる。

総収益に対するいろいろな生産要因の分け前を見出すために，すなわち彼の表現によればそれらの「生産的貢献」(der produktive Beitrag) を見出すために，ウィーザーは次のことを提議している。すなわち同じ生産要素のいろいろ現実に起る組み合わせを十分な数だけ並立せしめ，連立方程式の原理によって，総額の既知の価値から，どこでも相等しいところの，各要素の分け前を計算すべきであると。彼によれば，三つの生産手段 x，y 及び z に対し，たとえば「現われてくるきわめて多くの式をもっとも簡単な式に導いて，次の方程式を得る。すなわち

原著者序

$$x+y=100$$
$$2x+3z=290$$
$$4y+5z=590$$

ここで，x は 40，y は 60，z は 70 と計算される」と。

けれども，明らかに，このような手続によっては，いかに方程式の数を増すとしても，およそわれわれがすでに前から知っていたこと——すなわち自由競争のもとにあっては，同一「生産手段」の収益分け前はすべての業務で，およそ同じであるはずであるということ——以上には何ごとも知ることができない。容易にわかるように，上の方程式はこのことを表わし，そうしてそれ以外の何ごとをも表わすものではない。それゆえ，ウィーザーが「生産的貢献」の名の下に，単にいろいろな生産要因の，事実上落ちつく対価すなわち普通労働の賃金や同質の土地の地代，あるいは平均的資本利子などを意味しようとするに過ぎないならば，彼は真実ではあるがしかし自明の命題を述べたのであって，もしなんらかこれと異なることを考えたとすれば，彼の「解」は先験的に虚偽であるといわなければならない。

どちらの場合でも，彼の手続は，本来われわれの知ろうとすること，すなわち種々な生産要因の協力が，いかにして，また何故に，まさにこれこれの高さの報酬を受けるのであるかということに関して，まったくなんらの解明をも与えるものではないのである。

これを知るためには，ウィーザー自身も後に——どちらかといえば徹底さを欠いてはいるが——示したように，われわれは問題とする数量そのものの考察から，むしろそれの変化の考察へ移っていかなければならない。言葉をかえれば，微分法の見方に向かわなければならない。

すなわちわれわれが生産の総収益を，協力した生産要因の現実的な（連続的）関数とみるならば——これは大体正当と認められるべきことである[6]——明ら

---

6) 各個経済のなんらかの変化は，多くはただ非連続的な飛躍をもってのみ現われう

原著者序

かに経済性 (Wirtschaftlichkeit) はつぎのことを要求する。どの要因も，まさにその小部分量の欠除が，ちょうどこの量に割りあてられる収益分け前の額だけ，生産の結果を減少せしめるような数量で用いられるべきことこれである。なぜなら，この条件が満たされていない以上は，業務の企業者にとっては，それが何びとであろうとも，その生産要素を，あるいはさらに多く，あるいはさらに少なく使用することが，より有利であるからである。

数学的にいい表わせば，このことはつぎのことを意味する。すなわちいろいろな生産要因の収益の分け前は，変数としての前述の関数についての，当該要因に関する偏導関数に比例しなければならず，またこの単純な形式に事実上問題の真の解決があり，ただ同時に生産要素としての資本の特殊の位置に係わることが顧みられるべきであるのみである。

こうして定立された命題によって，私は終りに，生産を同時に顧慮しながらふたたび財交換の問題を取りあげることができるようになるのである。すなわちもっとも単純な定型的場合から出発して，はじめは二つのたがいに並立する経済団体を想定する。両者いずれもある量の資本と労働と自然力とを持ち，しかもそれによってそれぞれ一商品のみを生産し，やがてその商品がたがいに交換されるものとする，そうして後，私はこの二つの経済団体がただ一つに結合すると考えるのである。

このような場合に妥当する生産と交換の方程式が，現実の経済生活のはなはだしい多様性を含みうるためには，どのように拡張または修正されねばならないか，またまったく定常的な国民経済という想定を，どうして進歩的な国民経済という想定で代えることができるかということは，私は最後に暗示的にそれ

る，ということは真実である。けれどもこのことは，このような経済の大きな集団を概観する場合に「大数の法則」の作用によって，結果する運動が全然連続的な経過を示しうるということを，決して妨げるものではない。消費と需要の，これにまったく類似する現象については91-4頁を参照せよ。

原著者序

を示そうと試みた。

　価値と資本の新しい理論が，その深さで，また完全さで，すべての古い諸理論を凌駕する以上，それが，今日の実際の国民経済的論争問題の大部分を明らかに解く役割を果たすとともに，また国民経済の将来の構成についての価値の多い暗示を与える力を持っているということは，まことに少しも疑問の余地がないのである。私はこのような理論の応用の若干を，余り遠くない将来において，公にしうることを希望している。

　終りにのぞんで，この労作の出版を可能としてくれた当地のロレン社会科学奨励基金 (Lorén'sche Stiftung zur Beförderung der Sozialwissenschaften) に対し，またブレスラウ市統計局学術顧問オットー・グッチェ (Otto Gutsche) 氏が，はなはだしい苦心をもって，用語の正しさについて校正刷を校閲されたことに対し，心からの感謝の言葉を捧げるものである。

　1893年7月

ストックホルムにおいて
著　者

緒 論

第1章　理論経済学の現状

　前世紀の終りと今世紀の初め——またはその前3分の1——に，特にイギリスで，アダム・スミス (Adam Smith)，マルサス (Malthus) およびリカルド (Ricardo) によって理論経済学にもたらされた急速な発展——実にこの知識領域を精密科学と同様の水準にまで高め上げる希望を与えるかに思われたその発展——も，そののちイギリスにあっては，多少ともこれに匹敵するような程度では決して継続されなかった。経済学のある部分についての興味ある特殊研究——貨幣とその機能について，銀行制度について，国際交易についてなど——ならびに価値の多い歴史的特殊研究にあっては，新しいイギリス文献は決して乏しいわけではない。けれども，マルサスの人口法則やリカルドの地代理論とならべられる価値のある一般的法則は，われわれが後に詳しく考察するスタンリー・ジェヴォンズ (Stanley Jevons) の労作にいたるまで，その後継者のだれもこれを定立することができなかったのである。というのは，ケアンズ (Cairnes) の功績の大きい労作「経済学の新指導原理」(Some Leading Principles of Political Economy newly expounded) も，実際なんらかの終局的な成果というよりは，むしろ経済学の基礎理論についての新しく，またさらに立ち入った研究への方向と暗示とをもつものであり，J. St. ミル (J. St. Mill) の有名な著作「経済学原理」(Principles of Political Economy) は，すでにほとんど50年を経

緒 論

るにもかかわらず，今なお，あるいは少なくとも最近でもイギリスでの古典的経済学の知識の総括であると呼ばれることができたのである[1]。

　同様のことはまたフランスについてもいうことができる。およそこの国の経済的文献は，少なくとも，今世紀の間，なるほど多数のすぐれた著者をもったけれども，これという独創的思索家をもつことはほとんどなかった。理論経済学に関するかぎり，ドイツの学問についてもまた確かに同じことがあてはまる。ドイツの学問は経済学の領域に入ってくることが遅れ，ながらく英仏の学問の余波にとどまっていた。近頃それが採用してきた独特の方針については，まもなくこれを論ずるであろう。

　しかし学問の分野では，他の領域と同様，静止は多くは退歩を伴うものである。理論経済学が，すでに得られた成果に，もはやなんらの新しい成果も加ええなかったために，その当然の帰結として，前の成果の正しさもまたいよいよ疑われ始めるということになった。人びとは主張した。古い経済学者は，彼らが普遍的と考える命題を立てるにあたって，ただ彼ら自身の国と彼ら自身の時代の事情を眼中においていたに過ぎないと。しかもこの主張は決して理由のないものではない。さらに進んでまた人びとは次のように問い始めた。すなわち，はなはだしい程度で，時どきの変動する情勢やいろいろな民族の性格の特徴や，あるいはさらに人間精神の気まぐれな変化さえも影響をうける領域について，いったい普遍に妥当する規則を定めることが可能であろうかと。この批判的な，というよりもむしろ純粋に否定的な見方は——近頃イギリスでもまたその代弁者をもっているが（クリフェ・レスリー Cliffe Leslie, J. イングラム J. Ingram など）——，よく知られているように，いわゆる「歴史学派」が最近まで独占的勢力をふるっていた近代ドイツ経済学で，ますます主要な方針となっ

---

[1] マーシャル (Marshall) の「経済学原理」(Principles of Economics) は，終始一貫して新しい研究を基礎としているけれども，これの書かれたときには，まだ現われていなかった。

第1章 理論経済学の現状

てきたのである。この学派の見解によれば，経済学は歴史的科学 (historische Wissenschaft) であることを求めうるに過ぎない。われわれの住む世界部分の発展道程のうち限られた時間範囲についての，歴史的な細目調査と特殊研究——遺された記録と文書が許すかぎり——，これこそこの見方にとっては，経済的事象の真の洞察がわれわれに与えうる唯一のものである，たとえそれは必然的にはなはだ断片的であるに過ぎないとしても。それゆえ人びとは普遍的な結論については，きわめて慎重でなければならない。なぜなら，われわれが人間性の普遍的な様式や，われわれの生活の物質的条件について，持っていると信ずる知識を基礎として，まずもって，すべての時代と民族とに妥当する命題を定立しようとすることは，まったく幻想であるからであると。

　私見によれば，この推理のうちにはある真理の内容も含まれているが，また著しい誇張も含まれている。歴史的研究がすべての社会科学，したがってまた経済学に，いかに価値があり，いかに不可欠でさえあるとしたところで，それがこのような価値を得るのは，確かにただ人間行為を指導し左右する普遍的法則を示し，これを解明しうるかぎりのことに過ぎない[2]。このような法則が存在しなければ，歴史そのものが把握しえないであろうし，またその学説がわれわれ自身の時代の事情にまったく適用しえないとすれば，それはいま生活するわれわれになんの効用もないわけである。このことは，国民経済の事情を論ずる場合に，おそらくもっともよくあてはまるであろう。後者の今日の形態は，大部分が近時あるいは最近時の所産であって，過去の時代の経済生活と直接比較される点はほとんど——あるいはまったく——存在しない。われわれの現代の信用制度や銀行制度，またわれわれの国家基金制度や産業上の連合，国際的

---

[2] 私見に誤りなしとすれば，これは，ドイツに歴史学派を創始したヒルデブラント (Hildebrand)，ロッシャー (Roscher)，クニース (Knies) 等のような重要な人びとの主要な目的でさえあった。もともと上に述べた偏頗さは，おそらく，ますます歴史的な特殊研究に深入りして，結局ほとんどすべての理論を忌避しようとした彼らの末流の責に帰せられるべきものである。

緒　論

商業および通信制度，これらのすべてに対し，それと真に対応するものを，ただわずかばかり世紀をさかのぼってすら，いったいどこに見出そうとするのであろうか。すなわち信用銀行は存在せず，貨幣利子の認容は疑われてさえおり，組合のみがひとり勢力をふるって，商業はきわめて少なく，たとえば傲慢な英人の関税制度全体が，金数千磅の納入金で，年々私人に賃貸されえたというような時代の，いったいどこにそれを見出そうというのであろうか。

否定いってんばりの歴史主義の方針に，特に経済学の影響と名声を高める力があったなどとは，もちろん主張することができない。ひとつの確かな成果も示さず，またなんら一般に認められる学説も示さないような学問は，その当然の結果として，政府や議会の方策に指導的役割を演じようとすることを断念しなければならない。経済学のこのような純粋に歴史的な方針の結果として，結局，経済的事象については，およそどんなことも可能であり，どんなことも許される——特にみずから歴史を創り，あるいは創ろうと欲する人びとにとっては——というような意見が，指導的階級のうちに普及したとしても，決して不思議ではありえないであろう[3]。

しからば上に述べた偉大な学者たちによって作りあげられた古典的経済学

---

3) ドイツ経済学の発達がこのように，私見によれば，不十分であった主たる原因の一つは，この領域についての学説の自由が特に社会主義者法 (Sozialistengesetz) の通用していた間，はなはだしく制限されていた点に求められるべきことは疑いがない。一定の領域に踏みいることや，一定の結論を引き出すことを，前もって禁じられているような研究は，経験の証するところによれば，なんら大きな成果を供しないのが常である。ドイツの学者が「時事的論争問題」を回避し，比較的危険のないものとして歴史的研究に従うことを好んだのは，きわめて当然のことであった。人びとが克服しようとした社会主義はさらにその間生存しつづけ，学者の中からもさらにますます多くの練達家を戦いとった。というのは，その命題はもはや伝えることが許されなかったから，また決して真剣な批判を加えられることもなかったからなのである。社会主義的議論のうちのもっとも支持しえないものさえも，今日なんらかの装いのもとにドイツ教授の書きもののうちに，はなはだしばしば見うけられる。

第1章 理論経済学の現状

は，実際，単に見せかけに過ぎず，また欺瞞に過ぎなかったのであろうか。リカルドとマルサスの主著を細心に研究したならば，なにびとも決してこのようなことを主張することはできない。経済学の理論が，今日までただわずかしか国民の経済を改造しえなかったとすれば，その最大の理由は，単にその論理が決して真剣に，また全範囲にわたって，貫き通されなかったということにあるはずである。この場合，偉大な経済学者は，ちょうど自分勝手に医師の処方に従ったり従わなかったりしながら，病気の軽くならない不平をいうことは，いっこうやめない患者をもっている医師のようなものである。

彼らの国民経済的現象の分析が不完全であったことは認められねばならないけれども，この欠陥は彼らの使った分析的・総合的方法の責に帰せられる必要はない。この方法は，統計と歴史的研究とが今日われわれに提供するますます豊富な事実を用いることによって，また自然力とそれの与える経済的資源との状態について，今日われわれがもっているいっそう深い知識を用いることによって，いよいよ精細に発達させられ，理論的にも実践的にも，国民の経済生活——すなわちその内部の生計と相互の交通——に関する理論を，ますます明晰にし，まとまりをつくる力があると期待されるのである。

このような方向への希望を与えるものは，この労作の対象となるべき，交換価値理論とそれより引き出される資本および利子に関する推論とである。この新しい交換価値理論は，その根本においてはすでに40年前，惜しいことにほとんどまったく無視されたドイツ人ゴッセン (H. Gossen) の労作[4]のうちに展開され，70年代の初めにいたって，改めてほぼ同一の姿で，オーストリーの一人の学者と，フランス・スイスの一人の学者と，さらにイギリスの一人の学者によって[5]，同じ時代の他人の労作についても，また不当にも忘れられた先駆者に

---

4) Grundsätze des menschlichen Verkehrs und die daraus fliessenden Regeln für menschliches Handeln, Braunschweig, 1853, neue Auflage Berlin 1889.

5) カール・メンガー (Carl Menger), レオン・ワルラス (Léon Walras), スタン

緒　論

ついても，互いになんら知ることなく発展せしめられたのであった。

―――――――――――
リー・ジェヴォンズ (Stanley Jevons)

第2章　古典的価値理論

　価値の理論が経済学にとって根本的な重要さを持つはずのものであるということは，次のことを考えるとき明白である。すなわちこの学問はただ価値のみを取り扱うということ，いいかえれば，外的対象（およびたいていは人間の能力や性質も）の，まさにそれを持つことをわれわれにとって努力に値するものたらしめる側面のみを取り扱うということ，これである。固有の自然科学でも，ましてまた技術学でも，このような見地は大きな重要さを持っているが，経済学では，それのみがただ一つの決定的見地である。経済学のほとんどすべての新方針は，それぞれ特有の価値理論を立て，そこにいわばその特色のすべてが現われるということもまたよく知られるところである。いまこれらの理論のうちもっとも有名なものを，簡単に概観しようと思う。

　交換価値の性質を説明しようとするとき，またそれに適当な尺度を見出そうとするとき，存在するところの困難は二重である。

　対象がわれわれに価値を持つのは，いうまでもなく，ただその効用 (Nutzen) のためである。すなわち，それがわれわれに与える享楽 (Genuss) と満足 (Zufriedenheit) のためであり，あるいは——根本では同じことであるが——それがいくばくかの苦痛 (Schmerz) と不満 (Unbehaglichkeit) から，われわれを解放するためである。しかし，このような事情はどれも主観的性質を持つゆえに，わ

緒　論

れわれのため真の価値尺度である役目を果たしてくれることは，一見まったく不可能であると思われる。のみならず，またここに次のような独特の注目すべき事実がつけ加わる。すなわち「効用」は——この概念をどのようにひろく解するにしても——多くの場合，人が「交換価値」(Tauschwert) と呼ぶもの，すなわち対象の事実上相互に交換される数量の比率に，なんら直接の関係を持たないのを常とする，という事実これである。アダム・スミスは一つの有名な命題のうちでこの事情を指摘した。けれどもその逆説的性質は，彼も，その直後の追従者も，これを洞察しなかったように思われる。すなわちアダム・スミスはいう，「最大の使用価値 (value in use) をもつ対象が，しばしば小さな交換価値 (value in exchange) をもち，またはまったくこれをもたない，・あ・る・い・は・ま・た・そ・の・反・対・で・あ・る」と。ダイヤモンド，水のごとき，その例である。

　本来スミスの命題の前半のみが真実であるということは，ドゥ・クィンセ (de Quincey) と J. St. ミル (J. St. Mill) によって注目された。彼らによると，なるほど対象は交換価値より大きな使用価値を持ちうるけれども，その反対はそうではない。使用価値は常に交換価値の上限を形成するなど。しかし実をいえば，このことは交換によって獲得された財についてのみあてはまる。交換によって譲渡された財は，当然，常に使用価値（所有者にとっての）より大きな交換価値を持っていなければならない。いずれにせよ，ここに示された思想は追及されず，人びとはむしろ使用価値の概念をまったく排除することに決めたのである。

　なぜなら，本来交換価値のこのような主観的根拠は，あまりに不確定な性質を持つため，それを基礎として価値の学問を立てることはできないと思われたからである。J. B. セイ (J. B. Say) をはじめとして，「効用」が価値の決定根拠であることを確定しようとしたフランス学派は，こうして長い間克服されえないとみられた矛盾と困難のうちにまぎれこんだのである。そしてわれわれが次に論じようとする新しい研究こそ，初めてこの重要な，しかも曖昧な論点

第2章　古典的価値理論

を，完全に明白ならしめることに成功した。

　イギリス学派はどうかというに，彼らははじめから交換価値に対し，これと異なるいっそう満足な客観的根拠を見出そうと考えていた。そしてこのような根拠は労働にこそあると信じたのである。労働すなわち努力こそは，われわれが欲望満足のために——自然みずからがその満足の途を講じないとき——支払わねばならない代価であり，またほとんどすべての生産に欠くことのできない要因である。この労働こそ，交換価値のもっとも自然な説明根拠であるのみならず，またさらにそれは交換価値の尺度として，次のような重要な長所を持つと思われた。すなわち，労働は労働時間の長さによって，他のすべての物理的数量と等しい正確さをもって測られることができる，という点これである。決して厳密な定義を与える人ではなかったアダム・スミスにあっては，概念規定はやはりはなはだしく動揺している。交換価値の尺度としての労働は彼にあっては，時にはその財の生産に必要とされる労働である。しかもまた時には，その同じ言葉において——否むしろ同一命題においてすら——人がひとたび財をもつとき，みずから免れ他人に課しうる労働，すなわちその財の所有者が「支配し」(kommandieren) あるいは購入しうる労働の量が，意味されているのである。けれども，いうまでもなく，この相異なる労働量を同一視することは，資本利子も地代も存在しない，いわば原始的社会事情に帰らぬかぎり，まったく許されることができない。本来アダム・スミスもまたおそらくこのような社会事情を考えていたのであろう。けれども，彼は決して明瞭な言葉をもってそれを表現しなかった。とにかく彼においては，資本利子と地代の，財の交換価値に対してもつ意義の，明晰な説明がないことが残念である。

　リカルドはこの二義性を免れている。彼にとっては「労働」は常に財の生産に投ぜられた労働量である。それにもかかわらず，彼は労働が交換価値の尺度であるという命題を固持しうると考えた。そして経済問題の労作では決してしばしばみられえないような，力と徹底さとをもってこの命題を発展させたので

ある。社会主義者，特にマルクス派の社会主義者は，よく知られているように，リカルドの価値理論を，すべての資本主義的社会秩序に対する直接の攻撃武器として用いうると信じた。確かにこれは不当である[6]。リカルドの命題はまったく形式的であって，ただ交換価値の一般的な尺度または規制者 (allgemeiner Messer oder Regulator) を定めることのみを考えている。価値の唯一の源泉 (Quelle) としての労働——われわれの今日の社会についても——というようなことは，彼は決して問題としていない。しかも他方で，リカルドの展開は多くの末派の人びとの空想や弁証法的飛躍を全然まぬがれていて，一見確実であることが大へん困難であると思われる問題についての，厳密な論理的推理の模範というべきである。

たとえば狩猟民族におけるように，土地の私有はいまだ行なわれず，資本はほとんどまったく存しなかった原始社会では，すでにアダム・スミスによって注意されたように，労働が交換価値の唯一の源泉であり，したがってまたその自然の尺度であった。1海狸を得るには平均3日を要し，1鹿を得るにはただ2日を要するに過ぎないとすれば，必然的に，価値で2海狸が3鹿と等しくなるであろう。もちろんこの際，すでに原因と結果がそもそも取り違えられていることを注意することができる。というのはほかの理由によって，海狸が鹿より高く評価されるのでないならば，獲得がいっそう困難であるからといって，前者がより高い価値を得るということは決してないであろう。このような場合唯一の帰結は，海狸を殺すというような労多く収益の少ない労働に，何びともその時間を投じようとはしないということであろう。けれども形式的にみれば，かの命題は，上になされた前提のもとで，確かにまったく正当である。

しかしほとんどすべての土地が私有財産であり，ほとんどすべての生産が資

---

[6] リカルドの理論は，経済的な力の盲目的な，純粋に機械的な作用を曝露するから，間接には，今日の社会秩序の批判に役立つはずであるということは，当然否定されるべきでない。

第2章 古典的価値理論

本を必要とするわれわれの今日の社会においても，また労働が交換価値の唯一の尺度であるとみられうるであろうか。リカルドはこの問題を肯定的に答えている，詳しくはつぎのような考慮によって。

はじめ地代が無視されるとすれば，あるいは支払うべき地代の少ない産業分枝を考えるとすれば，その生産物の価格は二つの部分，すなわち賃金と資本利子とに分解される。そしてそのいずれの部分も生産に投ぜられた労働と一致しないが，リカルドによれば，そのそれぞれがこのような労働量に比例する。したがって財の相対的価格すなわち交換価値は，結局たがいにその生産に必要とする労働量に比例することとなる。

まず労働についていえば，これは労働者相互の競争の結果であって，賃金はこの競争のために常に同一の水準に圧下されているのである。もとよりこの際，つぎの非難に対抗しなければならない。すなわち事実上，相異なる種類の労働は通常はなはだしく異なる報酬を与えられる，という非難これである。確かにリカルドはこの事情を十分に顧慮しなかった。彼は彼に先立つアダム・スミスと同様に，ただ競争――すなわち熟練労働の報酬になんらかの期間の間変わらない確かな測度を作り出すといわれる競争――の作用を指摘するに過ぎない。これが正当でないことは，特にケアンズ[7]が詳しく示した如くである。労働者あるいは社会一般のいろいろな階層の間には，事実上，なんら効果ある競争が存在しない。

そのうえ，普通労働の賃金について，リカルドは，よく知られているようにつぎの命題を定立した。すなわち，それはすべての労働者に対して相等しいのみならず，また実質賃金については，変わらない大きさであるとさえみられうる。しかもその大きさというものは，労働者がみずから生活するとともに，普通の数の子供を育てるに必要な生存資料の総額と，おおよそ一致するものであ

---

[7] Some Leading Principles of Political Economy newly expounded

緒論

ると。これがちょうどあの悪評のある「自然」賃金の学説であって、確かにわれわれは、それが必ずしもまったく真実ではないにしても、とにかくいまなお遺憾なことに、あまりに真実であり過ぎるということができる。けれどもいまはそれの批判にさらに立ち入ろうとは思わない。これはそののち J. St. ミルなどによって、われわれがのちに再び論じようとするいわゆる賃金基金説 (Lohnfondstheorie) をもって代えられたのであったが、この賃金基金説は、学問的見地よりみて、さらに一層不満足なものである。

労働者の生存資料は資本家によって前払いされる。資本は、しばらくその「固定」部分を無視するとすれば、当然労働量に比例する大きさであり、しかも労働と等しく容易に、またはさらに一層容易に、その仕事を変えうるから、資本利潤もまた、すべての生産分枝でおおよそ相等しくなるであろう、他方、国を異にするにつれ、また時を異にするにつれ、どんなに変わりうるにしても。経済学者のあるものは非難する。リカルドは資本利潤の成立の仕方を立ち入って研究することなく、単にそれを自明の事実として前提すると。私はこの意見に賛成することができない。リカルドにとって資本家は事業の企業者である。したがってひとたび彼が賃金と地代を支払った以上、すなわち前払いした以上、生産の成果は彼のものになる。しかし、リカルドによれば、賃金はあらかじめ確定した大きさであり、地代の高さは、彼が後に示すように、独立の原因によって定められる。だから、ここに資本利潤の原因はすでに確定されており、別の根拠より説明されることは不可能であり、また不必要である（その他の前提の有効なことが証されるかぎり）。

これに反し、リカルド自身はっきりと述べたように、価格と労働量とが比例するというその一般的命題は、資本の固定資本と流動資本との分配がすべての事業で等しくないということによって、重要な修正をうける。流動的資本部分のみが労働者を働かせ、賃金を支払うものであるにもかかわらず、利潤は資本全体について算定され、また資本全体に比例する。あるいはまったく同じこ

第2章 古典的価値理論

とであるが，資本の各部分は生産の全期間の間，すなわちそれが完成生産物の売上げによって代わられるまでに，ただ一度だけ労働（すなわち機械等を完成するに必要な労働）を働かせるに過ぎない。そうだのに，その資本個片が消耗されつくすまでは，毎年毎年通例の利子あるいは利潤をもたらすのである。

　リカルドはここに現われてくる理論的困難を解決しなかった。また価格と労働量と比例するということがなお認められるように，この困難を解決することは不可能である。しかし注目に値することは，リカルドがここでもまたもつれあっている原因の連鎖を正しく把握していたということである。すなわち貨幣賃金が上がるとすれば（これはリカルドによるとき，長期には，ただ労働者の生計資料を生産することが一層困難となることによってのみ生じる。けれども一般的にはすべての資本増加の結果とみられることができる）彼が巧妙な例で示したように[8]，以前は不利とみられた機械の採用が，いまはより有利となるであろう。なぜなら，機械の価格は賃金のほかに利潤をもまた含んでおり，この利潤は他のすべての利潤と等しく賃金騰貴に際して低下し，その結果として，機械の価格は決して賃金と同じ比率では騰貴することができないからである。新しい術語を使うならば，これはすなわち，賃金騰貴がつねに，一層多くの時間を必要とするが一層有利な生産迂回の採用を刺戟し，それによって一部分補償されるということを意味する。実際，リカルドのこの例には，近ごろベーム・バウェルクが学問に加えたすぐれた理論が，あたかも胎芽におけるように含まれている。資本利子と賃金の関係は，この理論によってはじめて明白となった。けれどももちろん，この関係がリカルドの賃金「鉄則」や賃金基金説で考えられていたほど単純なものでないことも，それによって明らかとなる。

　しかし生産は労働と労働手段のほか自然力をもまた必要とする。この自然力

---

[8] Principles, Ch. I, Sec. V.〔小泉信三訳「経済学及課税之原理」第1章，第5節〕

が自由に解放されず，その使用が地主から買い入れられねばならぬ以上は，ここに生産費の新しい要素がつけ加わる。地代すなわちこれである。もしすべての生産で，各労働単位がつねに同一分量の自然力（たとえば等しい性質の等しい土地面積）を必要とするものとすれば，もとより商品相互の交換価値は，依然として投下された労働量に比例するであろう。けれどもこれは事実ではない。いろいろな生産分枝は，労働と自然力とを著しく異なる比率で使用する。のみならず，すでに同一種類の財生産——たとえば農業——においてすら，等しい労働投下が，土地および気候の性質の如何によって，著しく異なる生産量を与えるであろう。

　よく知られているように，まさにこの最後に述べた事情こそ，本来マルサスとリチャード・ウェスト卿 (Sir Richard West) に由来しながら[9]，リカルドの名を冠せられている巧妙な地代理論の定立に，その動機を与えたのである。国民数の増加と資本の増加に伴い，他の事情に変化がないとすれば，農業生産物の需要と価格は増大する。その結果はすなわち一層劣等な土地の開墾であり，またすでに開墾された土地の集約的耕作である。比較的優良な土地の所有者，あるいは一般に土地所有者は，これによってその独占の収入として，土地収益の絶対的にも相対的にも，ますます大きな部分を取得しうる地位におかれる。ただ最劣等の土地のみはなんらの地代をも与えることなく，農業に雇われる最後の労働者は，彼自身の生計資料の価値に（この生計資料が資本家によって，彼に前払いされる場合には，それについての通例の利子を合わせて）等しい生産物を作り出すに過ぎない。それだからこの極端の点では，農業生産物も，その交換価値については，固有の工業におけると同じ法則に支配されている。最劣等の土地に投ぜられた労働こそ，あるいは一層一般的にいえば，なんらの地

---

[9] それは実はすでにアダム・スミス以前に，アンダーソン博士 (Dr. Anderson) という人によって定立せられたけれども，当時いまだ顧みられずに残されたということである。

第2章　古典的価値理論

代もなんらの資本利潤も与えない農業労働こそ，リカルドの見方によれば，農業生産物一般の価値を決定する。こうして価値尺度としての労働という命題は，いうまでもなくまったく形式的な仕方でではあるが，この点についてもまた貫き通されたのである。商品の価格がその生産に現実に投ぜられた労働量に比例するというようなことは，ここではもはや語られていない。

とにかくリカルドは，ここから彼自身——またその後ミルも——はなはだ重大視した有名な結論を引き出したのである。すなわち地代は決して農業生産物の価格の「要素」をなすものでは・ない・。言いかえれば，たとえ地代が地主の側からまったく免除されるとしても，農業生産物の価格は下落しないであろうと。この主張は一見奇異のようであるが，確かに一つの深い，また注目に値する真理を含んでいる。ただその真理は単に土地のみならず，固有の意味の資本についても，また等しくあてはまるのである。もし地主がその地代を免除するとすれば，その唯一の帰結は，——リカルドとミルによるとき——ただ小作人自身が，いまや「田紳 (gentlemen) のように」生活しうるというだけのことであろう。まことにこのような場合，彼みずからが事実上地主となって，単にそのふところに地代を押し込むだけのことであろう。またわれわれは，たとえば土地国有化などによって，地代がより一般的に役立つように使われることも，確かに考えることができよう。あるいはこれとほぼ同じことであるが，消費組合の純益と同じように，地代がパン消費者の間に，持・分・に・比・例・し・て (pro rata parte) 分配されることもできるであろう。もとよりそれならパン消費者にとっては，大いに有利となるに相違ない。実際彼らは，いまやこの新しい収入をもってそのパン消費の一部分にあてることができるであろう。けれどもパンの価・格・は，それによって下落しないで，むしろ反対に騰貴するであろう。なぜなら，こういう事情のもとで，パンの消費と需要は疑いもなく増大するに反し，実に生産の可能性はまったく以前と同一に止まるであろうから。

この命題は社会主義的見方に対してもまた重要である。こういう見方は，す

べての賃料 (Rente) に労働の搾取 (Exploitation) を認め，労働は社会主義社会で初めて，その完全な報酬を得るとするけれども，社会主義国家でもまた，労働の報酬は大体いまと変わらぬはずである。なぜならここでもそれは供給と需要の関係によって定まり，たとえば最劣等地や，そのほか，もっとも不利な生産分枝になお投下される労働の収益を，決して超えることができないであろうから。私有制が共有制によって代わられるとすれば，前には無所有であった人びとが，それぞれ増加した収入を得るであろう。これは自明のことである。けれども彼らが，こういう収入を得るのは，賃金の騰貴としてではなく，いまは国有化された資本（土地を含む）の賃料の分け前としてである。言いかえれば，地代と資本利子は社会主義者が望むように純粋に「歴史的な範疇」ではなく，反対に，とりわけベーム・バウェルクによってはなはだ明瞭に説かれたように，破壊しにくい経済的要因である。そして特にこの事情こそ，人口問題の一般的重要さを示すものであり，この人口問題の顧慮は，社会主義国でも，たとえば一世紀はおろか，一日として怠ることが許されない。

　すでに明らかなように，リカルドの価値理論は著しい程度で首尾一貫し，また厳密に貫き通されている。けれども他方では，すでに述べたように，それは純粋に形式的な性質を持ち，交換価値の内的原因については，まったくなんらの解釈も与えないのに等しい。そのうえ，それは市場流通における商品価格といわゆる「自然価格」とに，二つのまったく異なる解明方法を選ぶという欠陥を持っている。なぜなら，前者は「需要と供給」によって定まると解かれ，後者は上述のように解かれるのであるから。けれども，実際，与えられた各瞬間の価格の高さを定めるに十分な根拠は，またそれの唯一にして真正の原因と呼ばれねばならない，ということほど明白なことはないように思われる。

　それにもかかわらず，リカルドの理論は，確かに真理の重要な内容を含んでいる。わけても地代の理論は，近代の限界効用の概念に対する明白な類似を示している。

第2章 古典的価値理論

だからリカルドの価値理論は、確かに経済現象の深い分析によって、学問的に拡張されることが可能であったに違いがない。それなのにこのようなことは決して企てられることなく、かえって二つのたがいにまったく対立する学派——すなわち一方調和経済学者（バスチア等）と、他方社会主義者——によって、この理論はきわめて非学問的な、背理的な誇張に作り上げられてしまったのである。このイギリス学者の虚心で純学問的な研究は、われわれの現代経済生活の弱点を赤裸々に曝露した[10]。いまや問題は、現存社会秩序の弁護者にとっては、できるかぎりその弱点を隠蔽し、あるいは無視することにあり、また

---

10) リカルドがこの際、決して資本所有を土地所有と十把ひとからげに論じなかったということは、私の見方によれば相当の根拠あることであった。前者は後者にくらべ、少なくともその客体である資本がまず創り出されねばならぬという長所を持ち、大きい資本の存在は社会に対し、直接にはただ福祉増進の結果を持ちうるに過ぎない。しかしこのことは、おそらく土地の独占については主張しにくいであろう。アドルフ・ヘルト (Adolf Held) の非難（イギリス社会史に関する2巻）は、それだから正当でないと考えられる。リカルドの労働階級に対する表面上の「残酷さ」に関し、注意されねばならないことは、彼が賃金の低い状態を労働者の唯一の可能な状態であるとか、いわんやそれ自体喜ばしいことであるなどとは決して論じなかったということである。どうして——彼の意見よりみれば——労働者がその当時の状態より向上しえるであろうかということを、彼は直接に示しもしたし、あるいは間接にそのマルサス学説への賛成を通して示しもした。労働者に対する同情的な意向を、時としてはいわば自慢しながら、現実に救済しうべき方法については、一向に知ろうともしなかった経済学者などよりも、マルサスやリカルドのように、社会事情とくに労働者の低い生活状態の真の理由を探求せんと努めていた人びとこそ、私の見るところでは、労働者の幸福のために一層多くの貢献をしたのである。しかし最近ドイツの非常に有名な、また多方面にわたって功績の大きいある経済学者は、社会的困窮の原因について大学の講演を行ないながら、しかも人口問題にはただの一言も触れることなく済ませてしまった。1891年11月の経済学雑誌 (Revue d'Economie politique) に、同じ著者はつぎのような驚くべき主張を述べている。すなわちカール・マルクスが、「賃金は全人口の増減によって定まり各産業に存在する過剰によって定まるのではないという命題を、もはやそれが学者仲間では支持されるべくもないほどに、論駁してしまった」と。このマルクスの、リカルドとマルサスに対するいわゆる勝利の、おそらく証拠としてであろう、後につぎのことが

緒　論

その攻撃者にとっては，逆に，それをできるかぎり明白な照光の下におくことにあった。両方針は，不思議なことに，労働を，交換価値の単に形式的な尺度にとどまらず，さらに——リカルドが賢明にも思いとどまった——価値本来の原因，すなわちその実体にまで高め上げようとする企図で，相一致していたのである。

述べられている。独仏戦後の好況期に，ダーラム (Durham) とノウザンベルランド (Northumberland) の炭坑労働者がその地位を改善せんとした企ては，王国のすべての部分から——しかも他の業務分枝から——新しい労働者が流入したために，失敗に帰したのである。「そこに殺到したものは，とくに水夫らであった」と。

　普通の読者にとってみれば，この例証はまさにマルクスの見解に反し，リカルドを弁護している。どうして論者がこれを看過しえたのか，私はそれを理解することができない。

第3章　調和経済学者と社会主義者の価値理論

　われわれがすでに見たように，リカルドにあっては，労働のほか資本利潤と地代が，生産物収益の分け前に与ろうとする要求をもって現われてきた。けれども，この後の二つもまたそれ自身労働の生産物ではないであろうか，とバスチアおよびその一派の人びとはたずねた。資本もまたそれ自身労働によって作られるのではないか，耕地の豊饒な性質は前の時代の労働に依存するのではないか。この二つの問いに，彼らは然りと答え，こうしてリカルドの理論に重要な改善が遂げられたと思った。いまや，およそすべての価値は労働の直接ないし間接の生産物である。固有の資本家ばかりでなく，地主もまたその利得としては，単に彼自身およびその祖先の労働報酬を得るに過ぎない。あるいはそこに，この労働の成果を消耗しなかったという棄権の報酬を得るに過ぎない。こういう見方がいかに不合理――とりわけ土地所有に関して――であるかを示すためには，多くを語る必要がない。ただ極端な場合をとるならば，たとえばわれわれの森林，炭層，鉱区，自然の牧場，漁場等は，一体なにびとの手によってその価値を付与されたのであるか，またそれがその所有者に与える収益の源泉は，なにびとの手によって「生産された」のであるか。ルロア・ボーリユ (Leroy-Beaulieu) がその著「富の分配」(Répartition des richesses) でなしたように，この生産されなかった価値を，社会全体の産業的労働の成果であると説明

緒 論

しようとするにしても——よく知られているように，これはラッサール (Lasalle) もまた，社会主義的興味においてではあるが，主張しようとした思想である——事態はなんら本質的に改善されない。人口稠密な都市の中央にある建築空地は，誰もが知っているように，はなはだ高い価値を持っている。それならば，この価値は都市住民の産業の生産物であり，所産であるであろうか。確かにこれは概念の錯倒だ。産業や労働の生産力でなく，まさにこの労働が十分に生産的でないという事情こそ，こういう現象の真実の原因である。どのような勤勉をもってしても，また通信制度その他のどのような改善をもってしても，無数の都市人口は，距離のますます増大することから生まれる不都合を，完全に克服することができない。それゆえに，中央の建築地や空地はその価値が高い。土地に対して与えられるものは，なるほど産業の所産であるかもしれない。けれどもその価値そのものはこれと異なり，かえって土地によって満足させられる欲望の総和によって決定される。人間の思想や力が，直接にはなんの働きをも加えることなく，以前無価値であった対象に往々高い価値を与えうる場合も，確かにありうる。すなわちたとえば鉄工業におけるベッセマー法の採用によって，前には無価値とされたある鉱石[11]が，新方法の最良の原料であることが明らかとなり，したがってこのような鉱区の持主は，おのずから一躍して著しい財産を持っていることを知ったというようなのがこれである。もとよりこの価値は，ある程度までベッセマーの発明の才の産物であると見ることもできる。けれどもこの場合，ベッセマーがその発明に用いた労働（たとえその先駆者のすべての労働がともにふくまれるとしても）と，それが後に生み出すやら生み出さぬやら，おそらく彼には全然判らなかった価値との間に，なんらかの比例を見出そうとするようなのは，まったく不合理なことであろう。とにかくルロア・ボーリユさえそこまでは行なっていない。

---

11) 私見に誤りなしとすれば，いわゆる鏡鉄鉱 (Spiegelerz) がこれである。

第3章　調和経済学者と社会主義者の価値理論

　けれども，すべての価値を労働の生産物と説明しようとする調和経済学者の企てが，すでに学問的理論として失敗したものであったとすれば，ましてや，彼らが財の交換価値の問題を社会的分配正当化の問題と化して，現存財産関係の新しく，より良い権利根拠を，このような理論のうちに示しえたと信ずるに及んでは，その失敗はなおさらはなはだしくなった。社会的正義の問題は結局社会的有用と可能の問題に帰着する。自己保存の衝動のうちにさえ含まれ，とにかくまったく斥けえない権利——わたしはいいたい，正当防衛の権利と——よりもさらに高い権利を，現存資本家および地主の多数のために要求するというようなのは，どんなに豊富な学識と明察をもってしても，決して可能ではないであろう。

　あまりに多くを証する者は何事をも証しないのである，という命題が，この場合ほどよくあてはまることは珍しい。調和経済学者の著作は，事実上，まさにその反対者である社会主義者が，現存社会秩序に対するもっとも鋭利な攻撃武器を取り出した武器庫となった。どんなに無遠慮な諷刺が，ラッサールの側から，バスチアとそのドイツの模倣者シュルツェ・デリッチ (Schulze-Delitzsch)（とにかくその功績は大きい）とに向けられたかということは，人びとのよく知るところである。社会主義者は，その反対者の命題，すなわち労働のみが価値の源泉であるという命題に熱心に同意した。あまりにも熱心に。けれども，それなら一体なにびとがその労働を果たしたのであるか，いまにせよ，過去にせよ，という問いが答えられねばならぬとすれば，まさに通常労働階級とよばれる階級にこそ，当然その功績が認められねばならぬ，と彼らは考えたのである。そうしてこれは，必ずしも理由のないことではない。

　いまはさらに詳しく社会主義学説の吟味に立ち入る場所ではない。いずれにせよ，こういう学説は，なんらかの経済理論と死活をともにしない多くのものを，そのうちに含んでいる。けれども社会主義的著述家は，その現存生産組織への批判に際しても，また彼ら自身によって推奨される生産組織の経済的方策

緒 論

の判定に際しても，著しい程度で独特の価値理論——すなわちすでにマルクスの最初の著述以来，漸次ますます社会主義的学説建築の礎石となってきた価値理論——の影響のもとにあるのである。マルクスがその命題（労働は交換価値の実体であり，資本家の利潤は支払われなかった労働に等しい）に与えたいわゆる証明というものは，彼の大著「資本論」(Das Kapital) が，ただそれへの引き続く注釈たるに過ぎないにもかかわらず，決して真面目に論議されうべき性質のものではない。このことは今日いよいよひろく承認されていることであろう。それは排中律 (Principium exclusi tertii) の，はなはだしく勝手な一種の応用から成り立つものである。マルクスはいう。市場取引で二商品が相互に交換される場合には，その二商品はなんらかの点で相等しくなければならない。それにその相等しい点は，それらが同じ使用価値を持つということにはありえないで，逆に使用価値は必然に相異なっていなければならぬ。でなければ，実際交換はなんらの意味も持たないであろう。いろいろな商品の使用価値は，事実上相互に比較しえない (inkommensurable)[12]数量である。それゆえ残ることは，両商品が同じ長さの労働時間の生産物であるということ以外にはないと。あるいは同じことが，マルクスによって他の箇所では，つぎのように表現されている。もしわれわれが商品から，その（たがいに比較しえない）使用価値を形成する特殊の性質を取り除いてしまうならば，ただ一つ，それが「労働の膠質物」であり，一定の「凝固した労働時間」の結晶であるという性質のみが残るのであると。こういう推理に存する間隙はおそらく取り立てて論ずるを要しないであろう。たとえ二つの相異なる商品の使用価値，あるいはそれらがそれぞれ創り出しうる効用は，まったく比較しえない量であり，したがって，交換価値の決定にあたって考慮に入れえないものとするにしても，およそ労働のほ

---

[12]　この表現そのものはマルクスでは，ただところどころに現われてくるに過ぎない。たとえば "Kapital" 3. Aufl. S. 96. N. 80. けれども，それは正確に彼の意見を表わしている。

第3章 調和経済学者と社会主義者の価値理論

か実に無数の事情が存在し，それらは，両商品に相等しくない場合にも，なお相合して等しい交換価値を形成することができるのである。両商品は，たとえばその原料生産のためにも，また完成品加工のためにも，どれだけかの土地面積を必要とし，すでにそれらを市場に売り出さんがためには，またいずれもどれだけかの動力（石炭）を必要とした，などというようなことがこれである。そして労働時間についていうも，事実上，単にそれの長さのみならず，またいろいろな生産段階の時間的距離，いいかえれば労働者の生活資料と生産手段が前払いされねばならない時間も，また労働の生産力に影響を及ぼす[13]。

---

13) 労働時間のみが，交換価値に決定的であるとすれば，たとえばそこに10人の労働者が10年間労働したにしても，100人の労働者がただ1年間労働したにしても，それは生産物の価値あるいは数量に，なんの相違を生むものでもない。しかし，事実においてはこういう相違が生じうる。でなければ，資本をこういう一層長い生産期間に投下することは，実際決して引き合わぬことであろう。

ところで，すべてこれらの争う余地なく，どこでも知られている事実を，マルクスがどうして否定しえたのであろうか，また彼がたとえば「処女地，自然の牧場，野生の森林など」は「使用価値ではあるが価値ではない」("Kapital" Bd. I. 3. Aufl. S. 7.) などと断言したとき，一体そこになにを考えていたのであるか，それは実際容易に理解しにくいことである。「資本論」第1巻で，この矛盾はそのまま，価格（しかも平均価格）が単純に価値と同一視されえないという一般的な，しかも決して説明されなかった主張によって隠蔽されている。またそれから202頁注31に，この秘密は第3巻（今日なお現われていない）において，明らかにするつもりであるという約束がなされた。いずれにせよ，こうして，必要な説明はいずれあとから出て来るのであろう！

けれどもわれわれは確かに確信をもって，敢えてつぎのように主張することができる。すなわちマルクスは，彼に先立つロードベルツス (Rodbertus) と等しく，価値の名の下に——いかにも彼みずから明言したとおり——現実の交換価値を理解するのではなく，むしろ資本と土地とが私有財産でなくなってしまった場合に，初めて現われるある観念的な交換価値を理解しており，上記の謎の解決は単にここにあるに過ぎないと。

なお，こういう前提のもとですら，すでに見たように，労働が交換価値の唯一の実体であるという命題は，決して正当ではない。しかしこの場合にはそれは少なくとも可能な，またなんとか理解しうるひとつの見方を含んでいる。いまのマルクス価値学説を文字通りに見るとき，決してそうはいうことができない。

緒論

しかし現実において、いろいろな使用価値または「効用」は、決してたがいに比較しえない量ではない。われわれは日々きわめて異なる効用を相互に比較し、またその相対的大きさを商量している。マルクスの用語を使っていえば、二財からその特殊の性質を取り除くとしても、なおつねに、それらがいずれもわれわれに対し、ある量の効用を作り出すという性質が残るのである。けれども、両財が同じ交換価値を持つためには、両財にとってこのような効用が相等しいという必要はない。いろいろな商品が、公開の市場においてたがいに交換される確定的比率は、事実上、市場には行なわれるが個別的交換には行なわれない、特別の法則の結果である。すなわちまずなによりも自由競争の法則、あるいはジェヴォンズが「無差別の法則」(the law of indifference) と呼んだのもこれであり、この法則によって、各瞬間、各商品に対しては、おおよそただ一つの価格が、市場に行なわれうるに過ぎない。

われわれは以下において、ここに述べた見地の大部分について、さらに立ち入る機会を持つであろう。それらが相合して近代交換価値理論の骨格をなすものである。けれどもこのような理論の定立に導いた考察は、必ずしも生易しい性質のものではない。マルクスがそれを定立しなかったからといって、われわれは決して彼を非難することはできない。しかしたとえばカウツキイ (K. Kautsky) のような現代の社会主義的著述家が、その有名なマルクス基礎学説の説明において、すでに新しい研究が学界にいよいよ力強い興味を喚起した後であるにもかかわらず、それに全然触れない態度を示しているのは、私には一層ゆるしがたいものであると思われる。

われわれがいろいろな価値理論の発達史について、ここに行なった簡単な概観も、つぎのことを十分に示したであろう。すなわち一方交換価値の本源とい

第3章 調和経済学者と社会主義者の価値理論

う問題は，結局決して無益な言葉の詮議にあるのではなく，かえってきわめて広汎な実践的な興味のある問題であること，またさらに事態の核心は，根本において，はなはだ覆われているために，それを発見しようとするためには，事実上，新しい一層深い研究が必要であったということ，これである。そしてこういう新しい研究は，近頃この問題についてもまた与えられた。イギリスでのあまりに早く没した，かの豊かな天才スタンリー・ジェヴォンズ (Stanley Jevons)，スイスにおいてはローザンヌ大学教授レオン・ワルラス (Léon Walras)，またオーストリーにおいてはカール・メンガー (Carl Menger) およびその一派——なかんずくベーム・バウェルク (Böhm-Bawerk) が第一に数えられるべきである——これらの人びとがはなはだしい努力をもって，また著しい成果を挙げて，こうした研究に身を捧げたのであった。

第1編
新しい価値理論

第1章　ジェヴォンズ，ワルラスと　オーストリー学派の価値概念

　新しい価値理論の説明は，ちょうど上に述べたアダム・スミスの，使用価値と交換価値とがたがいに独立であるという命題を修正することから，都合よくこれを始めることができる。ドゥ・クィンセ (De Quincey) およびミルとともに，すでにわれわれはつぎのことを知っている。すなわちこういう完全な独立性は存在せず，使用価値は——ある人がある事物より受けると考え，または得ると期待する利得ないし満足と見られるのであるが——むしろ交換によって取得された対象にあって，譲渡された対象におけるよりも，必然的に大であり，しかも交換する人びとのそれぞれについてそうであるということ，これである。この最後に述べた事情のうちに，すでに重要な事態が表現されている。なぜなら，それから数学的な必然さをもって次のことが出てくるから。すなわち交換される対象は，その使用価値の点より見れば，交換者の一人に対しては，他の一人に対するのと逆の順序に立っていなければならない。言いかえればある対象の使用価値は，決して変わらぬ大きさではなく，人を異にするにつれ，事情を異にするにつれ，変化するものであり，しかもそのこういう性質こそまさに交換の，したがってまた交換価値の必要な条件であるということである。この点に注意しなかったことが，スミスの見解の根本的欠点となっている。すぐにわかるように，彼にとって使用価値は，ある対象または同じ財のある量が

第1編　新しい価値理論

一般にもたらしえる平均的な効用であり，あるいはおそらくそれらの最大可能の効用でさえある。けれども，こういうものは決して交換価値を決定するものではなく，むしろ，交換価値は，ジェヴォンズが最終効用 (final utility) と呼び，ウィーザーが限界効用 (Grenznutzen) と呼んだもの，すなわちその対象またはその財量が事実上，各交換者にもたらす——またはもたらすと予想される——最小の効用によって規制される[1]。

　いくばくかの量の消費財が，われわれに与えうる効用の程度の，はなはだしく相違することを考えるならば，またある消費期間に対しわれわれがすでに備えている貯えの大小によって，通常われわれがその物品に認める価値の異なることを考えるならば，この事柄は著しく明瞭になるのである。ベーム・バウェルクによって用いられた例証を引用するために，われわれは原始林における一人の移住者を考えよう。彼の全財産は，彼がちょうどとり入れを終って，次の収穫まで用を足さねばならぬ小麦の貯えより成っている。いま単に冬の間生命を維持するためにも，一袋の小麦はまったく欠くことができない。第二の袋は，彼に健康と力を保ちうるだけの栄養を与える。第三の袋は，もはやこの目的のためには無くてよろしいけれども，家禽を肥飼いし，それによってこれまで野菜ばかりであった食物に，渇望していた変化を与えることを，彼に可能ならしめるから価値がある。第四の袋は，彼はこれをウイスキーに作りかえる。最後に彼がなお第五の袋を持っているにしても，それより，たとえばオームを飼う楽しみ以上の幸福の増加を得ることができない。

　いまこのわれわれのロビンソンに対し，彼の穀物一袋と交換に，なにか新しい財が提供されると考えるならば，明らかに，彼が譲渡すべき小麦量の価値は，彼の評価によるとき，必ず，上の使用方法のうち急迫さのもっとも小さな

---

[1]　二つの対象の交換比は，それゆえ，単純な交換の場合においてすら，少なくとも四つの要因，すなわち各対象の各交換者に対する限界効用によって左右される。

第1章　ジェヴォンズ，ワルラスとオーストリー学派の価値概念

もの，あるいはそれの対応する欲望によって定まるであろう。彼が譲渡するものは，いわば前四つの袋のいずれでもなく，確かに第五の袋である。いいかえれば，提供された財の効用が，彼にとって，オームによる楽しみを償うに足るだけの高さを持つと思われるならば，彼としては交換を承諾するであろう。けれども，彼がその後さらに一袋の小麦を取り去らねばならず，したがってこの袋の所有が彼に与えていたウイスキーの享楽を，断念しなければならぬとすれば，そのとき，交換において彼に提供される対象は，前の場合に必要であったより，必ずや遙かに強く心を惹くものでなければならない。さらにまた彼をして，その後もはや肉食しえなくなるようにする第三の袋の交換を決心させようとするためには，いうまでもなく，この対象はもっともっと強く心を惹くものでなければならない。最後の二袋を交換するということは，いかに強い魅惑の下ですらも，彼はほとんどその決心をつけえないであろう。実際それは彼の生命と健康の条件なのであるから[2]。

また同時にわれわれはこのはなはだ巧妙に選び出された例証より，一方稀少性と他方生産費（古い理論によれば，そのいずれかより自然価値の生じて来る二つの源泉である）が，現実に交換価値の決定に際して演ずる役割を，少なくともその一般的特徴において推知することができる。稀少性は，もとよりそれだけでその財のもたらしうる効用を大ならしめることはできない。けれども間接にそれは，ある種の財によって満たされうる欲望のうち，ただもっともさし迫ったもののみを，現実に充足するにとどまらせ，したがって交換価値を定めるその最小の欲望すら，なお大きな重要さを持つという結果をひき起すのである。もしわれわれの移住者が五袋ではなく，ただ三袋を収穫していたとすれ

---

[2]　厳格にいえば，しかし，穀物の貯えのいろいろな用途の内においても，また逓減する効用が区別されるべきであろう。それだから，この移住者に対する穀物の限界効用は，すべての用途で結局同一となるであろう。たとえそれが全体としては彼の幸福に対してどれほど相異なる重要さを持つにしても。以下の推論を参照せよ。

第1編 新しい価値理論

ば，すでにただ一つの袋の交換が，彼から肉食しうる可能性を奪い去るであろう，等々というようなのが，すなわちこれである。

　生産費については，すぐにつぎのことが理解される。すなわち移住者の側でのいろいろな袋の評価は，決して労働の支出や，あるいは彼がその生産に費やした努力の大小によって，上下するものではない，ということである。むしろ事実はその逆であって，もし彼がただ小麦一袋または二袋だけを生産するのみで満足したならば，おそらく毎日一・二時間の労働時間をもってその生産を成し遂げえたであろう。またこういう適度の努力は，おそらく彼に労苦よりも一層大きい楽しみを，与えたことでもあったであろう。しかし，労働時間を延長するごとに，労働の辛苦は増大するに反し，生産物——たとえその量は新しい各労働量について同じであるとしても——の効用は，漸次ますます小さくなるにいたるのである。結局，辛苦ははなはだしく大となるに対し，予想される生産物の価値ははなはだしく小となって，移住者の評価によれば，両者がたがいにおおよそ釣り合うにいたるとき，合理的には，労働がやめてしまわれるはずである。

　だから，労働の内在的な価値創造力というようなものは，確かに存在しない。労働，労働時間あるいは労働のエネルギーというものは，他のすべての財と同様に，一の財とみられねばならぬ。そうしてそれがまだ労働者自身の手に所有されているとき，その主観的評価を左右するものは，彼がその期間（日，週など）のうち，すでにそのいくらを譲渡したか，あるいはすでに決定している労働規律に従ってどれだけ譲渡するであろうか，ということであり，またこうして彼自身に睡眠，食事，家庭生活，休養等のために，どれだけ残されているかということである。資本主義的に行なわれるか否かを問わず，すべて生産は，これをその要素に分解すれば，つねに一種の交換とみられえるのであって，そのただ一つの根本的条件は，ここでもまたすべての交換と同様，両方の効用利得をもたらさねばならぬということ，これである。

第1章　ジェヴォンズ，ワルラスとオーストリー学派の価値概念

　ただしこのことは，交換価値と投下労働量あるいはその他の生産費との間の比例性が，ある程度まで認められうるということを妨げるものではない。けれどもそれはただ第二次的法則（ベーム・バウェルク）としてに過ぎない。なぜなら，自由競争の場合，資本，労働および自然要因はつねに最も有利な生産分枝に向かい，やがてこういう商品の供給増加（稀少性減少）のため，その交換価値は低下し，また通常その生産事情も一層困難となって，結局こういう事業分枝も，その他の分枝と同じ程度の有利さを持つこととなるであろうからである。

　ここに述べた事実は，どれもきわめて単純であり，非常に平易であることが認められるであろう。しかも経済的事象を取り扱った大思想家たちに，それが知られなかったとは，ほとんど考えることができない。新しいことは，このような使用価値または主観的評価の可変性という平凡な事情を，唯一の原則として，交換理論全体の根底に据えるという思想にある。

　ひとたび発見されると，この原則は，すべての交換現象を包括するに足るほど一般的であるのみでなく，さらにはなはだ正確であって，この原則それ自身にも，またそれを通じて交換理論全体にも，完全な数学的確実さと鋭さとが与えられうる，ということがわかるのである。

　われわれは一層複合的な場合が導き出されうるような，きわめて単純な場合を想定しよう。すなわち，ある商品が（問題とする期間の間は）直接生産によって得られにくく，また決して他種の財でもって代用されにくく，しかもさらに任意に分割することができて，任意の量で消費されうるという場合である。このような場合，商品所有者のいずれかに対する，その商品の新しい量単位の効用は，変数（唯一の）としての所持量の大きさの，数学的意義での一つの関数（しかも減少関数）とみることができることは，すでに述べたところによって明らかである。だからこの所持量が逐次減少すると考えるならば，脱落してゆく各量単位は，それぞれ新しい，相異なる効用をあらわし，そしてこれらの

第1編　新しい価値理論

効用の総和こそ，問題である所持量の全部効用 (der ganze Nutzen) 以外の何ものでもありえない。それゆえ，限界効用は総効用 (der Gesamtnutzen) の，変数としての所有財量についての微分商，すなわちその第一導関数であるとみられるのである。

　こういう総効用そのものを測定することは，ほとんど問題となることがない。それは往々無限大であり，あるいは測りえないほど大きいとすらみることができ，通常はただ一財の所持量または日常消費量の小変化が問題となるに過ぎない。もちろん限界効用といえども，それが測定されるのは，ただ他財の限界効用と比較され，あるいは同じ財の異なった事情の下での限界効用と比較されるかぎりにおいてに過ぎない。けれどもこれをなしうるということ，言いかえれば，いろいろな財の使用価値はたがいに比較しえない大きさではなく，比較しうる大きさであるとみること，それが近代価値理論の要請 (Postulat) である。ところで，やがて明らかにするように，任意に分割しえる商品の単純な交換の場合に，経済性の原則 (das Prinzip der Wirtschaftlichkeit) は，つぎのことを要求する。すなわち交換は，最後に交換された小商品量が，同じ効用を――しかも各交換者のそれぞれに――与える点まで，行なわれるということ，これである。財がいずれも習俗的量単位によって測られるとすれば，このことはまたつぎのように表現されることもできる。すなわち，交換の行なわれたのち，財の限界効用は，双方で，その相対的価格に比例していなければならないと。こうして，いまわれわれは結局，上のスミスの命題を，つぎのように多少訂正することができるであろう。すなわち，財の交換価値は実際その使用価値に比例する。詳しくいえば，それは当該財の，交換で最後に与えられまたは受け入れられた量単位の使用価値または効用に比例すると。

　けれどもすでに上に示したように，確定的な交換比，すなわち現実の交換価値は，ただ市場の働きによってのみ現われるものであり，しかもこの場合すら，ただ近似的にのみ現われるにすぎない。

第1章　ジェヴォンズ，ワルラスとオーストリー学派の価値概念

　個々別々の交換にあっては，両当時者はなお一般に大変広い範囲にわたって，それぞれ交換の利得を得ることができる。この範囲のなかで価格がいかに定まるか，いいかえればそれらの財が結局どんな比率でたがいに交換されるか，ということは，たくさんの事情によって左右される。たとえば各当事者それぞれの判断力，習慣，冷静さ，あるいは彼ら相互の正義感等々のようなものである。これらの個人的性質や思惑の大部分が，全面的な競争によって相殺される公開市場でのみ，初めて，理論によって考えられるように，通例それぞれの商品に，近似的にただ一つの価格のみが行なわれるということが可能であろう。

　私は本編においても，次編においても，ジェヴォンズとワルラスによって採用された方法を，かなりに拡張された仕方で利用するであろう。数学的な式と記号を用いる方法である。この方法は，一日一日とますます経済学文献のうちに採用されつつあるけれども，ここにその権利根拠について二，三の言葉を述べることが，おそらく適当であろうと思われる。数学的取扱方法の古い企て（カナアル Canard などによる）は，あまり成功しなかったもののようである。とにかく多くの経済学者にとっては，およそこのような方法によっては，推理の一層大きな確実さや，知識の拡大は決して得られることができないということが，長い間既定の事実であったのである（おそらくはいまなおそうであるであろう）。ステュアート・ミルさえ（その「論理学」"Logic" において）同じ趣旨のことを述べて，次のように注意している。曰く，卓越した数学的科学の一つである天文学にあってさえ，三つの天体の相互の率引とそれより結果する運動というような，一見はなはだ単純な問題（有名な三体問題 Dreikörperproblem）さえも，今日まで正確な数学的取扱いの，あらゆる企ての手におえなかったのである。いわんや限りなく錯雑している経済現象においては，いよいよもってしかりでなければならぬと。

　けれども，もしミルが，三体問題の数学的取扱いは決して成功しなかったに

第1編　新しい価値理論

反し（もちろんこれはただ問題の一般的場合にのみあてはまる），なんらかの他の取扱方法が試みられ，一層多くの成果を挙げうるということを示したのであったならば，その時にかぎって，この選ばれた例証が証明力をもっていたであっただろう。明らかに，こういうことはばかばかしいことであろう。しかも測定されうる数量を扱い，その相互関係を研究しようとするどんな学問についても，確かに同じことがいえるのである。いやしくもこういうことをその学問が行なう以上は，疑いもなくそれは数学的科学であって，なんらかの程度においてそれに数学的取扱いが許されていないならば，およそそれにはなんらの取扱いも許されていないのである。それなら，それはせいぜい当面の現象の記述を持つのみであって，その現象の内的連関を真に明白ならしめるということは，決してできない。

　もう一つの問題は，いうまでもなくこうである。一体われわれは数学的公式や方程式などを用いることが，なんらかの著しい効用を与えるほど（言いかえれば，それが推理の明瞭さと厳密さを真に促しうるほど）立ち入って経済事象とその法則を追及しうるであろうか。この点については，ワルラスとジェヴォンズの著作が，それみずから証明しえていると私は信ずる。特に私が注意を喚起したいと思うものは，三（またはそれ以上の）商品の交換の問題において，交換された商品量と価格とを表わす方程式である。数学的用語を用いることなくして，この関係を十分な厳密さをもって表現し，あるいは導き出すことは，容易なことではないであろう。原則として数学的記号の使用を避けているオーストリー学派の経済学者は，実に交換理論全体に根本的なこの問題（けだしそれの論究によって，商業の意義も貨幣の意義も初めて明らかになるのであるから）に，全然触れなかったということも，また注目するに値する。

　同様に，私が第2編で，資本利子と賃金との関係についてのベーム・バウェルクの理論に与えた数学的表現は，やがて判るように，このすぐれた理論に一層多くの単純さと明瞭さを与える力があるものと，私は考えている。また私自

第1章 ジェヴォンズ，ワルラスとオーストリー学派の価値概念

身が初めて定立したところの，この理論の完全化[3]は，それによって土地用役もまた顧慮されるにいたるのであるが，数学的形式においてでなければ，決して表現することの出来ないものであった。

もとより人びとは，この方法から，それが与えうるよりもさらに多くを期待せぬように，十分用心しなければならない。計算の鍋からは[4]，そこに入れられたより，すこしも多くの真理が出てくるものではない。前提が仮設的であるから，結果もまた，非常に限定された妥当性を要求しうるに過ぎない。数学的表現は推理を容易ならしめ，結果を一層明瞭ならしめ，したがって起りうべき思惟の誤謬を予防すべきものであって，そうしてそれ以上ではないのである。

そのうえ，つねに経済的見地が決定的でなければならぬということは，いうまでもないことである。数学的優雅への願望のために，経済的真理が犠牲に供せられるということは，断じて許されることができない。私見によれば，ジェヴォンズもワルラスもこの規則に違反しなかったけれども，そのドイツの追従者ラウンハルトは，しばしばこれを犯したのである。

---

[3] 私の労作のこの部分は，コンラート年報1892年12月 (Conrad's Jahrbücher, Dez. 1892) に，その概要が発表された。

[4] いずれにせよ，現実に計算する手続までは，おそらくなおなかなか進みえないであろう。

第1編　新しい価値理論

第2章　同種の財の種々な用途

　ある財量を所有するものが，その財量の違った部分を，違った用途に用いることができ，そのうえ，また彼がそれを欲する場合，これをわれわれは交換のもっとも単純な形式と呼ぶことができるであろう。上述の移住者は，たとえば，その穀物の貯えのうちただ一部分のみを，自己みずからと家禽とオームとのための食料として保有し，残りはこれをウイスキーに作りかえようとのぞむ。いうまでもなく，このとき彼は限界効用が双方で相等しくなるように，二つの部分を計らなければならない。すなわちなお残る穀物の最後の量が，ウイスキーに作りかえられた穀物の最後の量と，同じ満足を彼に与えるようにしなければならない。

　解析的にいえば，これはつぎのように表現されるであろう。1単位たとえば1 kg の穀物の，最小の満足（穀物の限界効用）は，一部分をウイスキーに作りかえて後，なお残っている所持量の，減少関数であると見られる。たとえばはじめの所持量は a kg の小麦より成り，すでにそのうち x kg はウイスキーに作りかえられ，したがって $a-x$ kg の穀物が残存しているとすれば，はじめ $F(a)$ であったその限界効用は，いまや $F(a-x)$ に高まっている。同様に，ウイスキーに作りかえられる穀物の 1 kg の最小満足（ウイスキーの限界効用，あるいは一層正しくいえば，ウイスキー用穀物の限界効用）は，このように用いら

第2章 同種の財の種々の用途

れる穀物量の減少関数であり，$f(x)$ で表わすことができる。こうして問題の解は，単純にこの両関数値を等しいとおくことにあり，すなわち

$$F(a-x) = f(x) \tag{1}$$

あるいは，われわれはウイスキーの限界効用を，直接ウイスキーの出来高の関数であると見ることもできるであろう，$m\,\mathrm{kg}$ の穀物から $1\,l$ のウイスキーが得られるとすれば，ウイスキーの製造された所持量は $\frac{x}{m}l$ より成り，最後に作られたウイスキー $1\,l$ の満足は，こうして，$f_1\!\left(\frac{x}{m}\right)$ をもって表わされねばならない。ここに f_1 は，新しい関数の形を示すのである。けれどもいま，すでに均衡が生じているときには，この満足は，残存する穀物の最後の m 単位の満足と，相等しい大きさでなければならない。あるいは同じことであるが，ウイスキーの限界効用（ウイスキー $1\,l$ の満足）は，穀物の限界効用（穀物 $1\,\mathrm{kg}$ の満足[5]）の m 倍の大きさでなければならない。よってわれわれは

$$m \cdot F(a-x) = f_1\!\left(\frac{x}{m}\right)$$

とおき，こうして――くわしくいえば $F(\ )$ と $f(\ )$ または $f_1(\ )$ の関数の形を知り，正確な数式をもっておきかえることができるならば――すでに問題は解けているわけであろう。それならば，すなわち残ることはただ上の方程式の第一または第二のものを，x について解くことのみであって，これは一つの純粋に数学的な問題であろう。われわれの移住者は，理論についてなにごとも教えられていたのではなく，この問題を試行法 (Versuchsmethode) によって解くのである。かれがウイスキーをあまりに少なく作ったときには，さらにいくらかこれを作るし，あまりに多く作ったときには，残る穀物の所持量が，彼にはあまりに乏しくなってしまう。彼は翌年のために，この経験を心に銘記する。

---

[5] もとよりこの際，極めて小さい変化に関しては，限界効用がおよそ不変であると想定されている。

第1編　新しい価値理論

しかし正確な関数の形を知らないとしても，われわれはこれらの方程式から，一つの重要な結論を引き出すことができる。もちろんそれは，まったく記号によって表わすことがないとしても，容易に見出されるものではあるが。すなわちわれわれは，残存する穀物の所持量と，ウイスキーに作りかえられた穀物量との，それぞれの全部効用および使用価値を，その問題である量の関数であると見ることもできるであろう。いうまでもなく，変数とともに増大はするが，それより緩やかに増大する関数である。この関数を $\varphi(a-x)$ および $\psi(x)$ で表わすならば，すでに明らかにされたごとく，限界効用 $F(a-x)$ および $f(x)$ は，それらの――前者は $a-x$ についての，後者は x についての――微分商である。

さてわれわれは

$$\varphi(a-x)+\psi(x)$$

が極大となるように x を定めるという問題を出すとする。そうすればこの問題は，よく知られているように，この和の x に関する微分商を零に等しいとおくことによって，解かれるべきものである。だからわれわれは

$$\frac{d}{dx}\varphi(a-x)+\frac{d}{dx}\psi(x)=0$$

を得る。あるいは

$$\frac{d}{dx}\varphi(a-x)=-\frac{d}{d(a-x)}\varphi(a-x)=-F(a-x)$$

であり，また

$$\frac{d}{dx}\psi(x)=f(x)$$

であるがゆえに

$$F(a-x)=f(x)$$

であり，すなわちはじめに見出したのと同じ方程式を得る。

第2章　同種の財の種々な用途

　いいかえれば，われわれの最初の問題の解が，同時にまた，穀物の貯えを，最大の総効用または総満足を生ずるようにその二用途にふり分けるという課題の，解をもなすわけである。

　いずれにせよ，これは自明のことである。なぜなら，ウイスキーを作ることは，まさに小麦の貯えの一部分から，その直接消費によって得られるよりも，いっそう大きい満足を得ようとする目的を持っていたのであって，効用利得がなお得られる以上は，すなわち最大可能の効用が得られるまでは，それは必ず継続されるものであるからである。

　ところで，さらに関数 $\varphi(\ )$ および $\psi(\ )$，あるいは $F(\ )$ および $f(\ )$ の形についていえば，上述のように，その姿について，アプリオリには，ほとんど何ごともいうことができない。ただつぎのことだけは前もって確実である。すなわち $\varphi(\ )$ と $\psi(\ )$ とは，関数記号のうちにある変数とともに増大しても，それよりは緩やかに増大し，前者が零となるとき，それみずからもまた零となる，ということ，これであって，このことから，それらの微分商 $F(\ )$ および $f(\ )$ は，減少関数であるということが出てくる。このような条件を満足する$\overset{\cdot}{も}\overset{\cdot}{っ}\overset{\cdot}{と}\overset{\cdot}{も}\overset{\cdot}{単}\overset{\cdot}{純}\overset{\cdot}{な}\overset{\cdot}{近}\overset{\cdot}{似}\overset{\cdot}{式}$は，$z$ がなんらかの変数を表わすとき

$$\varphi(z) = \alpha z - \beta z^2, \ \psi(z) = \alpha' z - \beta' z^2$$

であり，したがって

$$F(z) = \alpha - 2\beta z, \ f(z) = \alpha' - 2\beta' z$$

である。ここに α と β 及び α' と β' は正の常数であり，その値は，それぞれの場合について決定されなければならない。もしこの際，たとえば β が α に比してはなはだしく小であるとすれば，$\varphi(z)$ は初めほとんど z に比例して増大しても，やがてその増大は次第に緩慢となり，$z = \frac{1}{2}\frac{\alpha}{\beta}$ において極大に達し，そののち減少して結局零となり，また負とさえもなる。α と β に α' と β' をおきかえるならば，同様のことが $\psi(z)$ についてもあてはまる。

　これに反し $F(z)$ と $f(z)$ とは z の小さい値に関しては，ほとんど恒常な α お

よび $α'$ なる値を持ち，z の増大につれてつねに減少して，それぞれ $z=\dfrac{1}{2}\dfrac{α}{β}$ および $z=\dfrac{1}{2}\dfrac{α'}{β'}$ において零となり，そうしてのち負となる。

　関数のこのような姿のうちには，なんら経験と矛盾するものはない。というのは，ある財量の総効用も限界効用も，結局「負」となることができる。すなわち存在量があまりにも大となる場合，それは損害に転化することができるからである。たとえば水，糞土，鉱滓，鋸屑等々である。

　けれども，このような単純な近似式が，それを適用しうるほど正確に，ただ一つの場合にすら，あてはまるかどうかということは，もちろんこれによって証明されたわけではない。多くの場合，このことはきわめて確からしからぬことでさえある。ところがラウンハルトはその著[6]において，まさにこの式のきわめて広い適用を行ない，一度として，それがどれだけ事実に一致するかを，実際に研究することがなかった。したがって彼がこういう近似式を用いて発見し，字の間隔をあけて印刷した立派な成果や結論が，現実となんらかのかかわりを持つかどうかは，少なくとも疑わしいことである。

　ただし，われわれは物理学の先例にならって，つぎのように主張することもできるであろう。すなわちある狭い限界内の変化が問題となるに過ぎない場合には，正確な関数の形が，たとえ他においてどのような性質を持つにしても，この範域のうちにあっては，その関数の形に代えるにこの種の近似式をもってすることができると。たとえばわれわれの上の例で，求める x の値[7]が二つの既知の，そんなに相隔たらない限界 b と c との間になければならぬということが，あらかじめ確定しているとすれば，われわれは，この範域については，ちゅうちょなく近似式を利用することができるであろう。すなわちそれならば，

---

6) Mathematische Begründung der Volkswirtschaftslehre, Leibzig 1885.
7) ここではしばしば「値」("Wert") という語が，数学的意味で，すなわち「大きさ」("Grösse") の同義語として用いられるが，何らの誤解をも，惹き起さないことを望む。

第2章　同種の財の種々な用途

方程式 (1) $F(a-x) = f(x)$ の代わりに，
$$\alpha - 2\beta(a-x) = \alpha' - 2\beta' x$$
がおかれる。この際，常数 $\alpha, \beta, \alpha', \beta'$ を決定しうるためには，われわれは，この範域に属する x の値の少なくとも二つについて，限界効用関数 $F(a-x)$ および $f(x)$ の，これに対応する四つの値を知らなければならない[8]。$x=b$ において，穀物の限界効用は v であり，ウイスキーに作りかえられる穀物の限界効用は v' であるとし，また $x=c$ においてはこれらの値がそれぞれ w および w' であるとせよ。そうすれば $\alpha, \beta, \alpha', \beta'$ は容易に v, w, v', w' で表わされることができ，われわれは

$$x = \frac{(v-v')(a-c) - (w-w')(a-b)}{v-v'-(w-w')}$$

あるいは

$$= a - \frac{c(v-v') - b(w-w')}{v-v'-(w-w')}$$

を得る。この式は，明らかに v, v', w', w に関する同次式であり，しかも零次の同次式である。言いかえれば，どんな測度をもって限界効用が評価されるとしても，x の値はつねに変わることなく，ただ問題となる財の種類か用途のいずれに関しても，この測度は同一でなければならないというだけのことである。もとより，これはそのとおりであるほかはない。一財の効用というものは，一種独特のもの (etwas sui generis) であって，メートルによっても，キログラムによっても，測定されえず，ただ自己みずからと比較され，あるいは他財の効用と比較されうるに過ぎない。

　ゴッセン，ジェヴォンズその他の先例にならって，幾何学的にみれば，この

---

[8]　ただし，すぐ明らかにするように，厳密には，ただこれらの四つの値の三つの比を知ることを必要とするのみ。

第1編　新しい価値理論

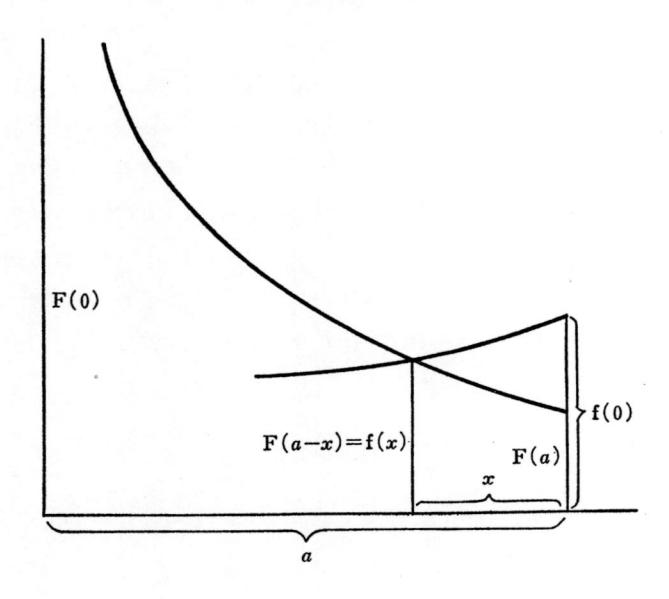

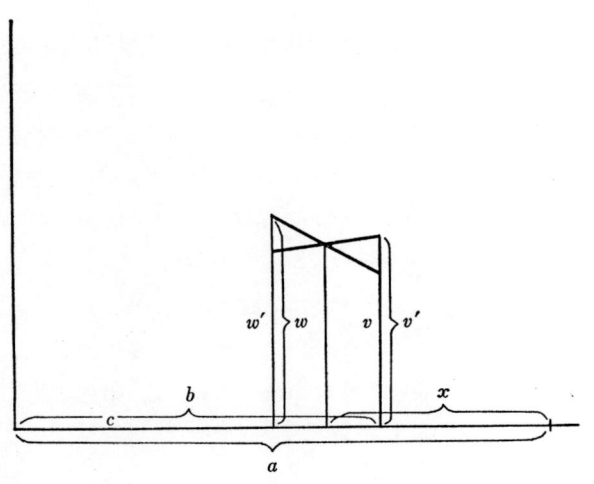

$F(0)$

$F(a-x)=f(x)$　$F(a)$　x　$f(0)$

a

w' w v v'

b　x

c

a

第2章 同種の財の種々な用途

事がら全体の理解は著しく容易となるであろう。逐次削減される穀物の所持量と，その時々の限界効用とは，いずれも任意の単位で測定され，一つの曲線の横座標と縦座標に表わされることができる。このとき，この曲線の面積[9]は，積分法の原理にしたがって，総効用を表わしている。同様に，ウイスキーに作りかえられた穀物量の限界効用は，他の曲線の縦座標によって表わされることができる。ただし，これに対応する横座標は，その穀物量そのものを表わし，点 a より始まって左に向かって測られるのである。

いまや問題の解は，単にこの両曲線の交点を見出すことによって与えられる。近似式を用いることは，ただ交点の近くでは（一般に短部分が問題とされる場合にそうであるように），両曲線が直線とみなされえるということを意味する。

このようにして，他のすべてのことがらもまたはなはだ簡単に，幾何学的に解釈されるのである。

---

9) すなわち曲線と両座標軸及び当該縦座標によってかぎられる平面である。

第1編　新しい価値理論

第3章　価格一定の場合の交換

　いまやわれわれは本来の意味の交換に向かって行こう。するとまず最初に，二商品の交換比がすでにあらかじめ確定している単純な場合を取り扱うことができるであろう。あるいはその商品の一つを価格財 (Preisgut) と見て，他の一つを商品と見るならば，後者の価格がすでにあらかじめ確定している場合であって，通常たとえば小売商業においてそれが大体事実である。商品の買い手は，結局，当該消費期間について，両商品の限界効用の比がちょうど価格と一致するように，その商品を買い入れ，かつ売り手の側より定められた交換比にしたがって，価格財を譲渡する。

　たとえば彼ははじめ価格財をb量またはb単位持ち，商品はまだ少しもこれを持たないとし，商品単位に対しては，価格財p単位を与えねばならないとする。そして商品の限界効用をF( )，価格財の限界効用をf( )で表わすとすれば，

$$F(x) = p \cdot f(b-y) \qquad (2)$$

[訳者注，原本はこの番号を欠く]

となるであろう。xは獲得された商品単位数を，yは譲渡された価格財単位数を表わす。さらにこの際，われわれは

$$y = p \cdot x$$

を持っているから，関数 F( ) および f( ) の形を知るとすぐ，ただちに問題は

第3章 価格一定の場合の交換

解けている。この場合，関数 f( ) が常数であることが，はなはだしばしば生じるであろう。もしたとえば価格財が貨幣であるならば，実際その限界効用は，買い手の所得あるいはその全財産状態によってさえ左右され，通常，ただ一回の交換によっては，その大きさに著しい変化を生じない。よって v をもって貨幣単位の恒常な効用（買い手に対する），すなわち通常「1マルクの価値」または「1グルデンの価値」といわれるものを表わし，望まれる商品1単位の価格は，さしあたり p マルクまたは p グルデンであるとすれば，きわめて簡単に

$$F(x) = p \cdot v$$

が得られる。われわれはこの場合においても，また当然，適当な限界内においては，F( )（ならびに f( )）の代わりに1次の近似式を用いることができるであろう。たとえば x が a の近傍にあるとすれば，

$$F(x) = p_1 \cdot v + w \frac{a-x}{c}$$

よって

$$F(x) = p \cdot v$$

より

$$x = a + c \cdot \frac{v}{w} \cdot (p_1 - p)$$

となる。この際，あたかも p_1 は商品の平均価格を表わし，a は問題の買い手によって通常買い入れられるその商品量を表わす。w と c とは均斉のため選ばれた二つの常数であって，w は価値または効用量を，c は商品量を表わすはずのものである。こうしてこの最後の方程式は要求される価格が平均価格よりいくらか低いとき，あるいは高いとき，商品がその消費期間については，この価格差に比例してつねより多くあるいは少なく，問題の買い手によって買い入れられ消費される，ということを表わしている。

売り手の側から価格が恒常的に確定されているということは，当然，この売

第1編　新しい価値理論

り手にとっては，商品の限界効用も，価格財の限界効用も，交換によって変化させられることがない，ということを前提としている。このようなことは，彼のその商品の所有が，交換されようとする量に比して著しく大であるか，あるいは仲立業におけるように，彼みずからは固有の交換者である生産者と消費者の間のつぎ目であるに過ぎないか，そのいずれかによって起りうる。この後の場合に一体価格がいかにして決定されるかということは，われわれがまだまだ取り扱いえない別個の問題である。さて，ここでもまた極大問題が解決されることは，いうまでもないことである。買い手にとって，商品量の全部効用は $\varphi(x)$，価格財の全部効用は $\psi(b-y)$ をもって表わされるとせよ。そうすれば，彼が最大可能の効用を得る場合，すなわち $\varphi(x)+\psi(b-y)$ が極大となるべき場合には

$$\frac{d}{dx}\varphi(x)\,dx+\frac{d}{dy}\psi(b-y)\,dy=0$$

でなければならない。ところが前述のように

$$\frac{d}{dx}\varphi(x)=\mathrm{F}(x)$$

であるとともにまた

$$\frac{d}{dy}\psi(b-y)=-\frac{d}{d(b-y)}\psi(b-y)=-\mathrm{f}(b-y)$$

である。よって

$$\mathrm{F}(x)\,dx=\mathrm{f}(b-y)\,dy$$

が得られる。

　この際 dx と dy とは，最後にたがいに交換された小財量を表わし，したがってその比は恒常な価格 p である。あるいは，同じことであるが方程式 $y=p\cdot x$ より $dy=p\cdot dx$ が得られ，したがって上と同様に

$$\mathrm{F}(x)=p\cdot\mathrm{f}(b-y)$$

が得られる。

第3章　価格一定の場合の交換

第1編　新しい価値理論

第4章　孤立した交換

　交換者の双́方́にとって，問題となる財の一方または他́方́——それを (A) と (B) と呼ぼう——の限界効用が交換によって変化し，したがって価格があらかじめ確定していないとする。この時，もし交換が完全に孤立しており，他の調達方法が無視されねばならないとすれば，およそ理論上確定しうべき交換比は問題となりえない，すなわち問題は不定である。ただ確実なことは，両当事者が利得を見出すかぎり，あるいは見出すと信ずるかぎり交換が起るであろうということであり，またそれはいかに僅少であっても双方に効用利得の見込みを与えるかぎり，継続されるということである。さきの場合と等しく，特に連続的な数量，すなわち任意に分割しうべく，任意の量で消費されうる商品を取り扱うものと考えるならば，次のように主張することができる。すなわち交換は，一つの商品の限界効用の，他の商品の限界効用に対する比が，双́方́の́側́に́お́い́て́等しくなる点にいたって初めて中́止́されるということである。この条件がまだ満足されないかぎり，依然として双́方́の側に交換継続の動因が存するであろう。たとえば交換の行なわれた後，(A) の初めの所有者はなお依然として商品 (B) 1単位を，価値において商品 (A) 3単位に等しいと評価し，他方 (B) の所有者は，その同じ (B) 1単位を，商品 (A) $2\frac{1}{2}$ 単位の価値があるに過ぎないと考えるとする。すると，もしこの第二の当事者が第一の当事者

第4章　孤立した交換

に，たとえば商品（A）$2\frac{3}{4}$ 単位ごとに，なお依然として商品（B）1単位あるいは2単位3単位を与えるものとすれば，双方とも効用利得を収めうると考えるであろう。ただしいかなる比で前の交換が行なわれたか，またいったいいかなる大きさの数量で，したがってまたいかなる平均比で，両商品が結局その所有者を変えるかということは，いずれもこの説明によって明らかにされたのではない。

数学的取扱いはこの事実を明瞭に反映する。一人の所有者は，商品（A）を a 単位所有し，商品（B）はまだこれを少しも所有せず，他の一人の所有者は（A）を少しも所有せず，（B）を b 単位所有すると想定しよう。商品（A）の限界効用関数を，第一の所有者については F( )，他の一人の所有者については F( )，商品（B）の同様の関数を，それぞれ f( ) 及び f( ) とせよ。すると，交換は

$$\frac{F(a-x)}{f(y)}=\frac{F(x)}{f(b-y)} \tag{3}$$

なる点にいたるまで継続されるであろう。x および y はそれぞれ商品（A）および（B）の交換された単位数を表わす。

けれどもここにわれわれは二つの未知数の間に，ただ一つの方程式を持つに過ぎない。したがって問題は不定であり，かぎりなく多数の解を持つ。x のいかなる値に対してもこれに対応する y が見出され，その逆もまた然りであるかのようにさえ思われるであろう。けれども実はそうではない。なぜなら，すぐわかるように，各交換者は利得をあげて，あるいは少なくとも損失を受けることなしに，交換しなければならないという制限条件がつけ加わるからである。だから可能な解は，それぞれの場合，一方または他方の当時者がなんらの利得をも得ることなく（またしかし損失をも受けることなく）そこで中止するに至るところの，二つの限界（x と y との二対の限界 Grenzpaare）のうちに含まれている。この限界を定めることは，双方の側の限界効用関数が与えられている

第1編　新しい価値理論

場合，積分法の問題である。企てられた交換を，かぎりなく多数の部分的交換取引に分って考え，つねにかぎりなく小さな量 dx と dy とが，たがいに交換されるとすることもできる。この際，(A) の初めの所有者が利得なしに交換するとき，たがいに対応する dx と dy とは，必ず，両商品のこれに応ずる限界効用と——彼の評価によるとき——まさに逆比の関係に立っていなければならない。よって，われわれはつねに

$$F(a-x) \cdot dx = f(y) \cdot dy$$

を持つ。あるいは両辺共に零より x および y まで総計すれば，

$$\int_0^x F(a-x)\,dx = \int_0^y f(y)\,dy$$

この際，積分の上限は方程式(3)を満足しなければならない。

しかしながらこの積分は，容易にわかるように，ちょうど商品 (A) の譲渡された量と，商品 (B) の受け入れられた量との，(A) の所有者に対するそれぞれの総効用 (Gesamtnutzen) を表わしている。かくていま積分することによって見出されたこの全部効用関数を，それぞれ $\varphi(\ )$ および $\psi(\ )$ をもって表わすならば，

$$\varphi(a) - \varphi(a-x) = \psi(y)$$

が得られる。そうしてこの方程式を，方程式(3)と結合することによって，問題とする x および y の値が決定されうる。

同様にして，(B) の所有者に関する同様の関数を χ および ω をもって表わすならば，可能な交換比の他の限界は，つねに

$$\chi(x) = \omega(b) - \omega(b-y)$$

を方程式(3)と結合することによって与えられる。このように決定された限界のうちでは，あらゆる交換比が可能であると説かれなければならない。

上述のことを例証によってさらに一層明らかならしめるために，つぎのように単純化して考えることを許されたい。すなわち交換者の双方（これを A および B と呼ぼう）に対し，同一商品の限界効用関数——すなわち $F(\ )$ と $F(\ )$，

第4章 孤立した交換

またf( )とf( )と——が相等しく、したがってそれらの値は、ただ所有される商品量、または交換により取得された商品量によってのみ定まり、個人的性向その他の事情によっては左右されないものとする。その上、両限界効用関数は1次の近似式 $\alpha-2\beta x$ および $\alpha'-2\beta' y$ でおきかえられることが可能であり、しかも問題の全範域にわたってそうであると想定する。——すでに注意したように、確かにこれはただ特別の事情の下においてのみ生じうることであるが。このとき、方程式(3)は

$$\frac{\alpha-2\beta(a-x)}{\alpha'-2\beta' y}=\frac{\alpha-2\beta x}{\alpha'-2\beta'(b-y)}$$

となり、いま分母子それぞれ相加えると、この分数は、いずれも

$$=\frac{\alpha-\beta a}{\alpha'-\beta' b}=\frac{F(a)+F(0)}{f(b)+f(0)}$$

となる。

こうして、均衡における双方の限界効用の比は、右の想定の下にあっては、不変であり、x および y のこれに応ずる値よりは独立であって、所有量の平均的限界効用の比に等しい。この場合反覆される交換によって、商品がいかなる比において交換されるにしても、均衡に導くところの最後の交換取引は、必ず同一の比率において行なわれるであろう[10]。

Aは牡牛10を持ち、Bは羊100を持つとしよう。牡牛の限界効用関数は $200-100x$、羊のそれは $10-0.1y$ をもって表わされるとせよ。換言すれば、Bは未だ何らの牡牛をも持たないとき、牡牛1頭を200（マルクの価値が不変のものと見られるならば、例えば200マルク）の価値ありと評価し、交換によって牡牛1頭を得るごとに、牡牛1頭の価値が10（10マルク）ずつ低下すると、彼

---

10) この事情がラウンハルト（37頁）によって一般的定理として提出された。けれども、これはただ上になされた単純化の前提の下でのみ妥当し、一般的前提の下では、妥当しないものであることはいうまでもない。

第1編 新しい価値理論

は考える，等々である。Ａについてもまた同様のことがあてはまる。したがって，彼は牡牛10をなおことごとく所有する場合，牡牛1頭の価値をわずか100マルクと見積るに過ぎず，交換によって1頭引き渡すごとに，その価値を10マルクずつ高く評価する，等々である。羊の限界効用関数についてもまた同様である[11]。ただし，いうまでもなく，われわれはここに牡牛も羊も，任意に分割しうる連続的数量として取り扱うものであり，したがってＢは牡牛の最初の小部分，たとえばその最初の $\frac{1}{100}$ を2マルク，第二の $\frac{1}{100}$ を1マルク90ペニヒの価値ありと見積る，等々という方が一層正しいであろう。

こうしてここにわれわれは

$$\alpha=200,\ 2\beta=10,\ \alpha'=10,\ 2\beta'=0.1$$

を持つ。よって均衡が成立するためには

$$\frac{200-10(10-x)}{10-0.1y}=\frac{200-10x}{10-0.1(100-y)}$$

でなければならず，またさらに簡単にすれば

$$\frac{100+10x}{10-0.1y}=\frac{200-10x}{0.1y}$$

であり，したがって，分母子それぞれ相加えれば

$$=\frac{30}{1}$$

となる。この最後の分数は，均衡における限界効用の，不変にして双方相等しい比を表わし，したがってまた，両商品が必ず最後には交換されるべき比を表

---

[11] 羊の所有者にとっては，1頭の羊さえ初めはまったくなんらの価値がないと思われるでもあろう。だからわれわれは，彼が100番目の羊を飼養することも，食いつくすことも，またそのほか何に使うことも，できぬものと仮定しなければならない。他の交換の可能も，ここでは原則として無視される。これに反して，Ａは初め羊1頭10マルク等々と評価する。

第4章 孤立した交換

わしている。

　前記の方程式は，容易に知られるように結局
$$10x+3y=200$$
となる。

　この方程式は交換の行なわれた後，つねに満足されていなければならない。けれどもこれが満足される以上は，上記の限界内において，すべての可能な交換比が生じうる。この限界を決定せんがためには，さきに見出したところに従い，Aがなんらの利得なく交換する場合
$$\int_0^x (100+10x)\,dx = \int_0^y (10-0.1y)\,dy$$
または
$$100x+5x^2 = 10y - \frac{y^2}{20}$$
とおき，Bが利得なく交換するとする場合
$$\int_0^x (200-10x)\,dx = \int_0^y 0.1y\,dy$$
または
$$200x-5x^2 = \frac{y^2}{20}$$
とおき，それぞれ方程式
$$10x+3y=200$$
と結び合わす。

　これらの方程式より，われわれは一方の限界については
$$x=6\sqrt{5}-10 \quad ; \quad y=100-20\sqrt{5}$$
$$=3.42 \qquad\qquad =55.28$$
他方の限界については
$$x=20-6\sqrt{10} \quad ; \quad y=20\sqrt{10}$$
$$=1.03 \qquad\qquad =63.24$$

第1編 新しい価値理論

を得る。したがって可能な交換比は，およそ牡牛1対羊61および牡牛3.4対羊わずか55（または平均牡牛1対羊約16）の中間を動揺することができる。第一の場合にはBが，第二の場合にはAが，それぞれ利得なしに（しかし損失もなく）交換を行なったことになるであろう。

限界効用の比は，必ず最後に「牡牛1が羊30に値する」ことになるから，われわれは，たとえば両当事者が初めからまさにこの比において交換することに合意していたと想定することもできる。そうすればつねに満足される方程式

$$10x+3y=200$$

のほかに，今やまた

$$x=30y$$

を得べく，よって $x=2$, $y=60$ となる。すなわちAはBに牡牛2頭を渡し，それに対して羊60頭を得る。この際，効用利得は双方同一——詳しくいえば200（マルク）——となることは，容易にこれを示すことができる[12]。

けれどもまた，たとえばBが交換比を自己に有利に操縦することを心得ているとすれば，わずか $56\frac{2}{3}$ の羊に対して牡牛3（平均牡牛1対羊19）を，Aより受け取るというようなことも可能である。ただ一回のみの交換取引で，それを行なうことは，おそらくAが承認しないであろう。なぜなら，彼ははじめ牡牛1を，わずか羊10の価値があるに過ぎないと考えるけれども，交換の後には，

---

[12] けだし，Aの総効用の増加は

$$10y-\frac{y^2}{20}-100x-5x^2=200$$

またBのそれは

$$200x-5x^2-\frac{y^2}{20}=200$$

であるからである。この特徴もまたラウンハルトによって注目された。けれども，これはただ右になされた前提の下においてのみ，妥当するに過ぎない。この前提は，彼の主張するように「近似的に正当と認められるべき」ものでは断じてなく，せいぜい例証としてすることが許されるに過ぎない。

第4章 孤立した交換

この限界効用比は「牡牛1が羊30に値する」ところまで高まっており，したがって彼に，このような取引は有利さの疑わしいものと思われえようからである。われわれの仮定によれば，実は，彼になんらの損失も与えるものではないのであるが。

しかし，もし最初に牡牛1が羊13と，つぎに第二の牡牛が羊$17\frac{2}{3}$と，つづいて牡牛$\frac{1}{2}$が羊11と，こうして最後になお牡牛$\frac{1}{2}$が羊15と，交換することが彼に求められるとすれば，彼にとって各交換後における牡牛と羊との間の限界効用比は，それぞれ依然として1：13, 1：$17\frac{2}{3}$, 1：22以上であり，最後にまさしく1：13であり，したがって彼には，一つ一つの交換がそれぞれ利得をもたらすこと疑いなしと考えられるに相違がない。ただしこのようにして彼は，結局牡牛3を57には足らない羊と交換したこととなるのではあるが。

孤立した交換においてもまた，一種の極大問題が解決されることはいうまでもない。なぜなら，交換者のそれぞれは最大可能の利得を目標とし，交換によってそれ以上なんらの利得も得られにくくなるまで，交換を継続せんと欲するであろうから。ただし問題全体が不定であるから，確定的な解は，ただ新しい付加的条件の下においてのみ論ぜられることができる。

このような条件は，たとえば，両当事者の得る効用利得の合計すなわちいわば「国民経済的」利得が可能な最大となるように，交換されるべき財量を定めるというようなこと，すなわちその一つである。こういう目標が，交換の行なわれたのち実現されているためには，いうまでもなく，両財の限界効用比は双方の側において同一であらねばならず，したがって方程式(3)が満足されていなければならない。なぜなら，もしそうでないとすれば，すでに見たように，必ず交換は双方に効用利得を与えつつ継続されることができ，したがってすでに得られた効用利得は可能な最大であることができないからである。ただしこういうことは，この問題の解もまた上述の可能な解のうちにあるというのではない。

第1編　新しい価値理論

　こういう問題の数学的取扱いははなはだ簡単である。ただ双方の効用利得の総計，あるいは，同じことであるが，双方において得られた総効用の和

$$\varphi(a-x)+\psi(y)+\chi(x)+\omega(b-y)$$

が最大となることを必要とする，といえばそれでよろしい。ここに x と y とはたがいに独立であるがゆえに，われわれは同時に，

$$\frac{d}{dx}(\varphi(a-x)+\chi(x))=0$$

あるいは，同じことであるが

$$F(a-x)=F(x)$$

ならびに

$$\frac{d}{dy}(\psi(y)+\omega(b-y))=0$$

あるいは

$$f(y)=f(b-y)$$

を持たなければならない。いまこれによって方程式(3)が同時に満足されることは明らかであるが，こうして定められる x と y との相対応する値が，また交換可能の限界内にあるかどうかは，まだ決定されるべく残されている。

　われわれが上に選んだ例におけるように，限界効用関数が双方において相等しい——すなわち $F(\ )$ と $F(\ )$，$f(\ )$ と $f(\ )$ が相等しい——と想定されるならば，事柄はとりわけ単純となる。しかしこのような場合，方程式

$$F(a-x)=F(x) \quad および \quad f(b-y)=f(y)$$

は，明らかに $x=\dfrac{a}{2}$ および $y=\dfrac{b}{2}$ によって満足され，限界効用関数の一般的性質によって，それが他の（実の）解を持つことがないということが明らかであるからである。換言すれば，こういう条件の下においては，最大可能の総効用は，単純に，現存する所持量が均等に両交換者に分配されるとき，達成される。まことにこれは自明のことである。

第4章　孤立した交換

こうして，われわれの例においては，AはBに牡牛5を引き渡し，それに対して羊50を得るであろう。これによって確かに，条件方程式

$$10x+3y=200$$

は満足され，限界効用比は，理論上要求されるように，双方牡牛1＝羊30と見積られるような状態にある。けれども，こういう交換は，可能な限界のはるか外部にあって，事実上Aには利得ではなく損失をもたらすべく，したがって，交換者のそれぞれが自己の利得を追及する場合には，起りうべきことではない（なお第5章を参照せよ）。

われわれはさきにはつねにつぎの仮定から出発した。すなわち交換されるべき財は，なんらかの仕方によってたがいに代用されることができない，したがって限界効用はただその財の所有量によってのみ定まり，他財のそれによって左右されない，という仮定である。けれども現実においてはこれは必ずしも事実ではない。まったくそうであるというような場合はおそらく決してないであろう。それゆえ，われわれの例において，牡牛の評価に対しては，その所有者が一定量の牡牛のほかに，さらに羊もまた所有するか否かということが，事実上意味を持たないわけには行かない。したがってエッジワース (Edgeworth)[13]のしたように，Aに対する牡牛と羊の総効用の合計を，xとyとの一般的な関数Uと見るならば，一層よく現実にあてはまるであろう。この際Uのxおよびy（正として）についての偏導関数は，それぞれAに対する牡牛と羊との限界効用を表わしている。Bに対する同様の関数をVとするならば，交換の条件方程式（エッジワース教授によって「契約曲線」Kontraktkurve と呼ばれた）として，はなはだ上品な次式をえる。すなわち*

---

13) Marshall, Principles of Economics, Appendix, Note XII.
  * 〔訳者注，いうまでもなく通常 $\frac{\partial U}{\partial x}$ 等々と表わされるのであるが，ウィクセルの原文に従う。〕

第1編　新しい価値理論

$$\frac{dU}{dx} : \frac{dU}{dy} = \frac{dV}{dx} : \frac{dV}{dy}$$

これは

$$U = \varphi(a-x) + \psi(y)$$

および

$$V = \varkappa(x) + \omega(b-y)$$

と想定することが許されるならば——すなわち各財の効用が（総効用も限界効用も），ただその財の所有量によってのみ左右される場合には——ただちに上の方程式(3)に移りゆくのである。

第5章　公開市場における交換

　そもそもわれわれが個別的交換をこれほど詳細に取り扱った理由は，それが実際上重要であるからではない。ただ正確な取扱方法のもっとも重要な根本原理を，単純な場合について説明しようとしたからである。しかしその実際的意義は僅少であり，現代の経済生活にあっては，ほとんどすべての交換比が公開市場を通し，あるいは間接にその影響のもとに決定されているのである。

　さて，市場では一つの要素がつけ加わる。その結果，われわれがまさに不定であると説かざるをえなかった問題が，いまや相対的に確定したものとして現われてくる。こういう要素をジェヴォンズは「無差別の法則」(the law of indifference) と呼んだけれども，それはその実，競争——すなわち買い手，売り手双方の側における競争——以外のなにものでもない。普通にいわれているように，競争の作用のもとにあっては，市場とその周囲にはただ一つの価格のみが行なわれ，したがってすべての部分的交換取引はおおよそ同一の交換比で取り結ばれるのである。

　市場当事者の一方または他方の側が，最初売りおしみすることによって，やがて市場の一般情勢に一致していることがわかる価格よりも，さらに高い価格をまず獲得するということも，確かに可能であり，また事実上しばしば起ることであろう。けれども，こういう場合必ず次のような危険がある。すなわち，

第1編 新しい価値理論

その側にあるいくらかの人びとが，そのような商況を巧みに利用し，おそらく，人為的に高められた価格で，その持ち高の全部を売ろうとするであろう。そのため残りの人びとにとっては市場の情勢ははなはだしく悪化し，こういう取引方法は結局彼らに利得よりもさらに大きな損失をもたらすこととなるであろう。市場と個別的交換取引との間の主要な相違は，まさしくこの最後の事情に基づいている。販売または購入しようとする商品量について協定することによって——すなわちカルテルその他によって——この危険を避けようと企てられるならば，多かれ少なかれ個別的交換の事情がふたたび現われてくるのである。

ここには単に事実としてつぎのことを前提しよう。すなわち市場においては，短期間には，各商品に一つの価格，すなわち二商品間ごとに一つの交換比が定まり，そののち取引の大部分はそれにしたがって結ばれるということである。そして，ただ二つの商品のみが市場にあってたがいに交換される場合，市場に均衡の達成されるべき交換比を見出すという問題を提出しよう。この比が $1:p$ とすれば，商品 (A) 1単位に対し商品 (B) p 単位が与えられる。したがって交換者のおのおのはまさにこの比で交換すべく，しかも——上に取り扱う価格一定の場合とまったく同様に——彼らにとって，商品 (A) の限界効用の商品 (B) の限界効用に対する比が $p:1$ となる点にいたるまで，交換をつづけるであろう。商品 (A) の所有者は m 人，商品 (B) の所有者は n 人あるとしよう。簡単のために，彼らは初め両財のうちどちらか一つのみを持つものと想定しよう。こうして商品 (A) の各所有者に対する商品 (A) の限界効用関数，ならびに商品 (B) の所有者に対する商品 (A) の限界効用関数を，それぞれ $F_1(\ )$, $F_2(\ )\cdots\cdots F_m(\ )$, $F_1(\ )$, $F_2(\ )\cdots\cdots F_n(\ )$ で表わし，またこれらの所有者に対する商品 (B) の限界効用関数を，それぞれ $f_1(\ )$, $f_2(\ )\cdots\cdots f_m(\ )$, $f_1(\ )$, $f_2(\ )\cdots\cdots f_n(\ )$ で表わすならば，われわれはつぎの方程式組織を得る。

第5章 公開市場における交換

$$\left.\begin{array}{ll}\dfrac{F_1(a_1-x_1)}{f_1(y_1)}=\dfrac{y_1}{x_1}=p & \dfrac{F_1(x'_1)}{f_1(b_1-y'_1)}=\dfrac{y'_1}{x'_1}=p \\[6pt] \dfrac{F_2(a_2-x_2)}{f_2(y_2)}=\dfrac{y_2}{x_2}=p & \dfrac{F_2(x'_2)}{f_2(b_2-y'_2)}=\dfrac{y'_2}{x'_2}=p \\[6pt] \cdots\cdots\cdots\cdots\cdots\cdots & \cdots\cdots\cdots\cdots\cdots\cdots \\[6pt] \dfrac{F_m(a_m-x_m)}{f_m(y_m)}=\dfrac{y_m}{x_m}=p & \dfrac{F_n(x'_n)}{f_n(b_n-y'_n)}=\dfrac{y'_n}{x'_n}=p\end{array}\right\} \quad (4)$$

ここに $a_1, a_2\cdots\cdots$ は商品 (A) の各所有者最初の所有状態, $x_1, y_1, x_2, y_2\cdots\cdots$ はそのうちの各人によって交換し授受された (A) および (B) の数量を表わし, また $b_1, b_2\cdots\cdots$, $x'_1, y'_1, x'_2, y'_2\cdots\cdots$ は (B) の最初の所有者について同様のことを表わす[14]。

こうしてわれわれはここに $2m+2n$ 個の方程式を持ち, しかもその上, さらに次の二つの方程式が加わる。それは両商品のそれぞれについて, 交換によって引き渡された商品量の合計と, 受け入れられた商品量の合計とが, 等しくなければならないということを表わし, したがって

$$x_1+x_2+\cdots\cdots+x_m = x'_1+x'_2+\cdots\cdots+x'_n \quad (5)$$

ならびに

$$y_1+y_2+\cdots\cdots+y_m = y'_1+y'_2+\cdots\cdots+y'_n \quad (6)$$

すなわちこれである。

けれどもすぐわかるように, この二方程式のうちのいずれか一つは, 他の一つより方程式(4)を用いて導き出されることができる[15]。だから, われわれは

---

14) $x_1, x_2\cdots\cdots y_1, y_2\cdots\cdots$ は一般に $x'_1, x'_2\cdots\cdots y'_1, y'_2\cdots\cdots$ と異なるであろうから, いうまでもなく, 一般に各所有者は, 彼の欲する商品の所有者の多数と取引を結ぶと考えなければならない。

15) なぜならば, 容易に明らかなように,

$$\dfrac{y_1+y_2+\cdots\cdots+y_m}{x_1+x_2+\cdots\cdots+x_m}=p=\dfrac{y'_1+y'_2+\cdots\cdots+y'_n}{x'_1+x'_2+\cdots\cdots+x'_n}$$

が得られるからである。

第1編　新しい価値理論

全部で $2(m+n)+1$ 個のたがいに独立な方程式を得るわけであって，ちょうど未知数 $x_1\cdots\cdots x_m$, $y_1\cdots\cdots y_m$, $x'_1\cdots\cdots x'_n$, $y'_1\cdots\cdots y'_n$ および p と同数であり，こうしてわれわれの問題は，理論的にはすでに解けている。この方程式とその不連続性についての論究は，後に需要と供給を論ずるに及んで，はじめてこれを行ないたいと思う。

　つぎのように想定することが許されるならば，そこに多少の単純化が行なわれるであろう。すなわち，一方の商品の限界効用関数も，他方の商品のそれも，ともにただ所有量にのみ依存し，交換者の個人的気質によっては左右されず，したがって関数 $F_1\cdots\cdots F_m$, $F_1\cdots\cdots F_n$ が，近似的には同一の関数，たとえば $F(\ )$ でおきかえうると同時に，また $f_1\cdots\cdots f_m$, $f_1\cdots\cdots f_n$ もまた，すべて関数 $f(\ )$ でおきかえうると想定することこれである。さらに——これは一層いかがわしいものと思われ，事実上ただ特別の場合を表わしうるに過ぎないけれども——$F(\ )$ と $f(\ )$ とが問題の全範囲にわたり，十分精密に，それぞれ一つの一次の近似式 $\alpha'-\beta x$ および $\gamma-\delta y$ で表わされうると仮定するならば，方程式(4)の分母子それぞれ加えることにより，また(5)(6)を用いることによって

$$p=\frac{(m+n)\alpha-\beta(a_1+a_2+\cdots\cdots+a_m)}{(m+n)\gamma-\delta(b_1+b_2+\cdots\cdots+b_n)}=\frac{\alpha-\beta\dfrac{A}{m+n}}{\gamma-\delta\dfrac{B}{m+n}}$$

が得られる。ここに A と B とは，(A) および (B) の現存する総所持量の大きさを表わす。こうして均衡価格は，ここではあたかも商品 (A) および (B) の平均的限界効用の比として現われてくる。あるいは現存する所持量が，もし交換者のすべてに均等に分配されるとすれば現われる限界効用の比，すなわちこれである。この均衡価格は，ただ交換者の数と総所持量の大きさによって定まり，この所持量の初めの分配のどうかによっては左右されない。こうして p がすでに定まっているとすれば，問題のなかのその他の未知数 x_1, x_2 などは，それぞれ一次の方程式によってはなはだ簡単に得られるのである。

第5章 公開市場における交換

　いずれにせよ興味あるこういう論述は，ラウンハルトによってなされた。これになんらかの実際的意義を認めうるべきかどうかは，いまは立ち入らずにおきたい。われわれがすでにしばしばした注意によれば，この命題が一般に（すなわちすべての関数の形に）妥当しうるのは，ただきわめて小さな偏差を問題とするときにかぎられている。す・べ・て・の交換者がはじめから——あるいはすでに行なわれた交換によって——同一商品のおよそ相・等・し・い数量を所有し，したがって，商品（A）の限界効用も，商品（B）のそれも，彼らすべてにとって，すでにおおよそ相・等・し・い場合，すなわちこれである。けれどもかくのごときは，現実に決してしばしば起ることではない。なぜなら，たとえ問題の限界効・用・関数が，ことごとく同一であるとしても，なお財産状態は異なるであろう。したがって，いかにもこの関数は，いろいろな近似式の一連でおきかえうるであろうが，この命題の妥当性が要求するように，同一の式でおきかえることはできないからである[16]。

　交換問題の上記のような取扱いは，ワルラスにその源を発している。ジェヴォンズもまた等しく数学的方法を用いたけれども，その正確さはワルラスに劣っていた。ジェヴォンズは，一方の商品所有者全体と他方の商品所有者全体を，どちらも一・団・体（「取引団体」"trading body"）と見ることによって，解を二・つ・の方程式に総括しうると信じた。いま彼によれば，この取引団体のそれぞれについて，各商品に関し，一種の集合的限界効用（kollektiver Grenznutzen）というものが認められ，それは所・有総所持量または獲得された総・所持量の関数であると見ることができる。したがってAとBとが商品（A）および（B）の総所持量，XとYとがそれらの交換された総量であり，いわゆる集合的限界効用はそれぞれ$F(\ )$，$F(\ )$，$f(\ )$および$f(\ )$で表わされるとすれば，われわれ

---

[16]　幾何学的に見れば，それは一つの曲線で表わされる。この曲線は，近似的にはいかにも一つの折線によって代置されうるも，一つの同じ直線によっては代置されることができない。

第1編　新しい価値理論

は[17]

$$\frac{F(A-X)}{f(Y)} = \frac{Y}{X} = \frac{F(X)}{f(B-Y)}$$

を得べく，まさに決定されるべき交換比は，当然 $\frac{Y}{X}$ で与えられるというのである。

けれども一つの・取・引・団・体の，このような集合的限界効用というようなものは，一体なにを意味しうるであろうか。それをジェヴォンズは，一度として明確な言葉で説いていない。彼みずからそれについて十分明晰な観念を持っていなかったように思われる。一団体に対する一商品の限界効用というものは，おそらく平均的限界効用，すなわちその成員の個人的限界効用の，算術平均またはそのほか何らかの平均値以外のものではありえないであろう。ところが，どのようにしてこのような平均的限界効用が——ジェヴォンズによって要求されるように——交換比を決定するものでありうるかが明らかでないのみならず，またわれわれは，どのようにしてその平均的限界効用が，所有総所持量の大きさの関数であると見られえるかを知ることもできない。なぜなら，それは事実上，その所持量の分配しかも交換・後の分配のいかんによってもまた左右され，後者はまだ知られていないからである[18]。

---

17) ジェヴォンズの著書では，これらの記号は $\varphi_1(\ )$，$\varphi_2(\ )$，$\psi_1(\ )$ と $\psi_2(\ )$ で表わされている。

18) ただ一つの場合にかぎって，ジェヴォンズの式が使われうると思われる。すなわち当面の限界効用関数が，その市場当事者の一方の側のすべての成員に対して，同一の一次の近似式でかえうる場合である（この関数が，・双・方の側の成員に対して同一でなければならない上記の場合よりは，多少特異さの劣る場合である）。何となれば，実際このような場合には，容易に明らかなように，かの限界効用値のすべての算術平均が，ただその商品の，獲得されまたは残存する総所持量とその所有者数とにのみ依存するであろう。このとき，ジェヴォンズの式は，あたかも

$$\frac{m\alpha - \beta(A-X)}{m\gamma - \delta Y} = \frac{Y}{X} = \frac{n\alpha' - \beta' X}{n\gamma' - \delta(B-Y)}$$

のような形をとるべく，したがって，それは市場に均衡の行なわれる交換比を定め

第5章 公開市場における交換

　一方の側の成員がそれぞれ自分で市場に活動しないで，共同の計算によって販売しまたは購入するとき，言いかえれば，彼らがただ仮想的な団体をなすだけでなく，現実の団体をつくるとき，われわれは確かにその集合的限界効用を論ずることができるであろう。けれどもこの場合には，まさに相互の競争が排除されているのであって，われわれはまだ孤立した交換の領域にあり，そこには決して確定的な均衡価格が存在しないであろう。

　それゆえ，ジェヴォンズは理論の根本思想をただしく把握していたにもかかわらず，その解は十分であるといえない。

　ところがわれわれがワルラスとともに交換された総量そのものではなく，その比すなわち平均的交換比を独立変数とするならば——いますぐ明らかにするように——実際，交換の方程式をただ一つの式に結合することが可能である。そうしてこの場合，この式は需要と供給の均等の数学的表現以外のなにものでもない。

　公開市場における交換でも，またさきに取り扱った場合とひとしく，極大問題が解決される。けれどもそれは，ただ交換者のそれぞれが（したがってまた全部合して），市場で定まった価格のもとに達成することのできる最大可能の効用利得を得る，という意味においてに過ぎない。ところが，なんらかの他の方法，たとえば官憲の指令によって，均一な価格があらかじめ定められている場合には，いうまでもなく，このような意味の最大利得は生じない。なぜなら，この場合，ただ市場の一方の側——しかも保護されていない側——のみが，満足のゆくまで交換することができる。他方の側の成員は，決してその全員が，この価格で彼らに有利なだけの商品量を売り払うことができない。おそらく，この側のなにびともそれができないであろう。とにかく保護される商品の供給が需要を超過する以上は，およそ市場に均衡は不可能であろう[19]。

　　　　るために，事実上十分である。
19)　その商品の他の販売可能性と生産とはここではつねに無視されている。

第1編 新しい価値理論

　それにもかかわらず，この後の場合に，交換者全部によって達成される効用利得が，完全な自由競争の場合よりも，必然的に小であるとは主張されえない。

　大体においては，確かにそれは当っていよう。なぜなら，もし定められた価格が均衡価格より著しく離れているならば，当然，交換される商品量がついにはなはだしく小さくなって，双方の効用利得も，自由競争の場合にえられるものには及ばないであろうから。けれども，ある限度までは，このように価格が変えられるごとに，保護される側の利得は大となる。しかもその際，他方の側の利得が，これと匹敵するだけ減少するということは，一般的に決して証明できない。

　いわんや，自由競争によって，いわば国民経済上もっとも有利な財分配（すなわち最大可能の一般的満足）が生ずるなどとは，なおさら主張することができない。もしこの問題を絶対的意味に解するなら，その解は，容易にわかるように，それぞれの商品一つ一つについて，交換者すべての限界効用が等しくなることを必要とする[20]。ところが，このような状態は若干の交換者に，利得ではなく損失をもたらすであろうから，交換可能の限界の外にあることがきわめて多いであろう。けれどもこれは，この問題が相対的意味で，すなわち交換条件と両立しうるかぎりにおいて，解かれうるということを妨げるものではない。ただし，これは明らかに，ただ個々の取引がそれぞれ異なる価格において取り結ばれ，自由競争の要求するように，唯一共通の価格で取り結ばれないために生じうるにすぎない[21]。

---

20)　二人の交換者についての，この問題の上記の取扱いを参照されたい。
21)　ワルラスがラウンハルトによって，つぎの点を「重大な誤謬」と非難されている。すなわちワルラスの意見によるとき「自由競争の支配の自然的作用によって，普遍的最善がもっとも確実に達成される」という点である。けれども，ワルラスはこの題目について，いささか不用意に論ずるきらいはあるにしても，私の知るかぎりでは，一度もこのようなことを主張したことはなかった。

第5章　公開市場における交換

　けれども，本来，財のもっとも合目的的な分配という問題は，交換の理論とは根本的に異なった問題である。なぜなら，この問題は，相異なる人びとの効用や満足もまた，たがいに比較できるということを前提にしている。ところが交換の理論は，これとまったく異なる事がら，すなわちただ異なる財の，一人の同じ人に対する効用がたがいに比較できるということから出発するに過ぎないからである。

　しかしラウンハルト自身こそ，まさにこの点において一つの重大な誤謬を犯しているのである。なぜなら，彼は「交換がただ一つの交換取引によって行なわれるという前提の下にあっては，均衡価格での交換において，国民経済上最大の利得が達成される」ということを，みずからすでに証明したと信じているからである。（上掲書 S. 38）これは全然正しくない。ラウンハルトが問題の箇所 (S. 28) で証明したことは，これとまったく異なったことであり，しかも上に示したことと同一の事柄である。すなわち均衡価格における交換にあっては，交換者のそれぞれ——したがってその全部——にとって，この価格のもとに達しうる最高の満足が生ずる，ということである。けれどもこの総満足が，他のいかなる価格において生じうるよりも大であるというようなことは，彼は決して証明しなかったし，また一般に真実でもない。たとえば，交換者の一人（またはその一方の側）に対する両商品の限界効用がはなはだ小さく，この人（または側）の効用利得が，本来考慮に入りえないものと想定するならば，このことは容易に洞察することができる。このような場合，他方の側が価格を自利のために操縦しうる程度に応じ，総利得が大となることもまた明白である。

第1編　新しい価値理論

第6章　多数財の交換，間接交換

　三またはそれ以上の財が交換のため市場に現われる場合，われわれの式はこれに応じて一層複雑となる。のみならずまた，経済上きわめて重要なまったく新しい現象，すなわち間接交換が現われてくる。間接交換の本質は，ある商品が，保有され消費されるためではなく，ふたたび交換し引き渡される目的のもとに受け入れられるという点にある。

　たとえば三商品 (A) (B) と (C) が市場に存在し，同時にたがいに交換されるものとしよう。そうすれば次のように思われるかもしれない。商品 (A) の各所有者は，それぞれの限界効用の比例の法則にしたがって，(B) のある量と交換に，彼の (A) の所有の一部を譲渡し，また (C) のある量と交換に (A) の他の部分を譲渡するに過ぎない（そして (B) の所有者，(C) の所有者についてもまた同様である）。したがって (A) の所有者によって (B) の所有者に譲渡された (A) の量が，(B) の得られた量に対する代償をなす，等々と。けれども一般にこれは事実ではない。なぜなら，これによって，市場に一般的均衡はまだ達成されないであろうから。おそらくここにはほとんど必ず，直接でない間接交換が，直接交換につけ加わるのである。すなわち少なくとも (A) の所有者のあるものは後にふたたび (C) の相当量と交換する目的で，(B) のある量と交換すること，あるいはその逆を有利とするであろう。またこ

第6章　多数財の交換，間接交換

れに類する活動は，当然 (B) または (C) の所有者の側でも，あるいは同時に異なる側の成員によっても，行なわれることができるであろう。

　・・・・・
　信用や貨幣を用いることによってもまた同一の結果が達せられうる。この場合 (A) の所有者は，直接の代償を得ることなく，あるいは貨幣と交換に，(A) のある量を (B) の所有者に譲渡する。他方において，彼は直接の代償なしに，あるいはいま (B) の所有者より貰ったばかりの貨幣と交換に，(C) の所有者から (C) の相応量を受け取る。結局 (B) の相応量が，(B) の所有者から，(C) の所有者へ，ちょうど (A) の所有者が (B) の所有者より受け取って (C) の所有者に譲渡したところの，貨幣または債権と交換に，譲渡されるのである。こうして貨幣は結局出発点に帰着し，あるいは債権が帳消しとなる。結果は最初に想定された場合と同様であり，ただ先には仲立商人である (A) の所有者の手を通って行った (B) の量が，いまは直接 (C) の所有者に譲渡されるというだけのことである。

　信用取引も貨幣取引も，また仲立商業も，なんらかの原因によって排除されているならば，もとより，相互に譲渡される商品量は，おのおの二つずつ，相互に直接交換されなければならない。けれどもそうすると (A) と (B)，(B) と (C)，(C) と (A) の間の，三つの交換比は，相互になんらの関連をも持つことなく，それゆえ，たとえば (A) の所有者と (B) の所有者との間の取引においては，(B) 1単位ごとに (A) 2単位が与えられ，(B) と (C) との間の取引には，(C) 1単位ごとに (B) 3単位，(C) と (A) との間の取引には，(C) 1単位ごとにおそらく (A) の5単位，6単位，あるいはおよそ何単位でも，与えられることが可能である。これに反して，自由な取引の場合においては，このような事情のもとにあっては，(C) の1単位ごとに，まさに (A) の6単位が与えられなければならない。

　反対に，三商品の交換比が相互に依存しあい，したがってそのうちの一つは，つねに上記のような単純な方法によって，他の二者により決定されるもの

第1編　新しい価値理論

と想定するならば、われわれは、その上になお、最後的に引き渡される商品量がおのおの二つずつ決済されるとか、あるいは相互に直接交換されねばならないというような要求を提出することはできない。これでは問題が決定され過ぎるであろう。

ここにおいて、われわれは明らかに交換理論のもっとも重大な問題の一つの前に立っているのである。「三者間の交換」は、原始的交換取引の状態より、発達した経済生活の状態へ移りゆくいわば連鎖の橋をなすものである。通常発達した経済生活においては、二人の、生産者その他の商品所有者が、直接に交換するというがごときは、実際、ほとんどないことである。Aはその商品をBに、Bはその商品をCに、Cはその商品をDに、等々というように譲渡し、通常多くの分枝を経て、鎖がついに完結するにいたる。

この問題の数学的取扱いをできるだけ簡単に行なうためには、つぎのようにすることがもっとも好都合であろう。いろいろの商品所有者を、多数の集団ではなく、ただ一つの集団に結合し、その集団の成員のいずれもが、すでに初めからすべての商品のある量を（したがってただ三商品を想定するときは、彼らがこれら三商品のすべてのある量を）所有するものと見ることである。しかし、これらの量のうちあるものがはじめ零でありうることはいうまでもない[22]。

交換者全体の数を n としよう。そのうちの一人は初めに三商品 (A) (B) (C) をそれぞれ a_r, b_r, c_r の量だけ所有する、ここに r は任意の指標である。交換の行なわれた後、彼は a_r+x_r, b_r+y_r および c_r+z_r の量を所有するであろう。この際、量 x_r, y_r, z_r のうち少なくとも一つは、負でなければならぬ。すなわちそれは交換により受け入れられた商品量ではなく、引き渡された商品

---

[22] 当然二商品の交換もまたこのように取り扱われえたであろう。こうするとき、さらにつぎのような一層一般的な場合が現われてくる。すなわち交換者のおのおのが、はじめ両商品を所有し、価格の状態に応じて、あるいは一商品の買い手、他の商品の売り手として現われ、あるいはまたその逆として現われるというような場合である。

第6章 多数財の交換，間接交換

量を表わす。しかしまたこれらの量のうち二つが負であることも可能であろう。すなわちその場合，その人は初めに三商品のうち（少なくとも）二商品を所有し，第三の商品のある量に対して二商品のある量を譲渡したわけであったであろう。

さらに三商品の均衡価格を任意の尺度で測り，これを p_a, p_b, p_c としよう[23]。それなら，経済性の原則（各人の最大可能の利得の原則）は，問題の所有者が，彼に対する三商品の限界効用が，それらの価格に比例する点にいたるまで，交換することを要求する。それゆえ，彼に対する三商品の限界効用を $F_r(\ )$, $G_r(\ )$ および $H_r(\ )$ で表わすとき

$$F_r(a_r+x_r) : G_r(b_r+y_r) : H_r(c_r+z_r) = p_a : p_b : p_c \tag{7}$$

を得るべく，これは二つの独立の方程式に相当する。

交換者のおのおのに対し，二つの同様の方程式が存立し，すなわち合計 $2n$ 個の方程式が存在する。

ところでさらに進んで，各所有者にとって，受け入れられた財の価格の和は，それと交換に，彼の初めの財所有量中より譲渡された財量の，売上高と相等しいことが表わされなければならない。これによって，容易に明らかなように

$$x_r p_a + y_r p_b + z_r p_c = 0 \tag{8}$$

のような形の n 個の方程式を得る。けれどもさらに最後に，この際三商品のそれぞれの，交換によって受け入れられた量（正）と，引き渡された量（負）との代数和は，零でなければならないということを表わす三つの方程式が顧慮さ

---

[23] もちろんいずれの商品も，それみずから価値尺度であると見られることができる。このような場合，それ自身に関する価格＝1であろう。けれども，均斉のために，われわれは別の価値尺度を採用した。これは現実にもっともよくあてはまることでもある。なぜなら，二商品が単に，たとえば二商人相互の信用によって，たがいに交換される場合においてさえ，それらはほとんど必ずまず貨幣で見積られるからである。

第1編　新しい価値理論

れねばならない。こうしてさらに

$$\left.\begin{array}{l} x_1+\cdots\cdots+x_r+\cdots\cdots+x_n=0 \\ y_1+\cdots\cdots+y_r+\cdots\cdots+y_n=0 \\ z_1+\cdots\cdots+z_r+\cdots\cdots+z_n=0 \end{array}\right\} \qquad (9)$$

が得られる。

けれどもこの最後の方程式のうち，ただ二つのみが独立である。なぜなら，容易に明らかなように，第三のものは，つねに n 個の方程式(8)を用いることによって，それを加えて他の二者より得られることができるからである。

それゆえ，われわれは合計 $3n+2$ 個の方程式を，同数の未知数に対して持つわけである。すなわち未知数とは $3n$ 個の量 $x_1\cdots\cdots x_n$, $y_1\cdots\cdots y_n$, $z_1\cdots\cdots z_n$, と三価格の間の二個の比，たとえば

$$\frac{p_b}{p_a} \quad \text{および} \quad \frac{p_c}{p_a}$$

であり，これによってまた

$$\frac{p_c}{p_b}=\frac{p_c}{p_a}:\frac{p_b}{p_a}$$

もまた決定される。

もとよりこれらの価格の絶対的な大きさは，ここでは見出されえない。それは任意の，さらに詳しく決定しえない尺度をもって測られたからである。

これに反して，商品の一つ例えば（A）を価値尺度として選んでいたならば，$p_a=1$ であり，したがって当然 p_b と p_c そのものが決定されうべく，このとき，それらはそれぞれ（A）をもって表わされた（B）および（C）の価格を示すであろう。

明らかに，この場合，いろいろの商品の所有者の間には，なんらの差別もなされていない。けれどもこのような差別をすることは，はなはだ容易であるであろう。すなわちたとえば，各人は初めただ一つの商品のみを持つという前提

第6章 多数財の交換，間接交換

のもとにおいては，交換者を三つの集団に分つべきであろう。その際，われわれの上に用いた記号法によれば，第一の集団においてはbとcの最初の総量が零であり，第二の集団においてはcとaの量，第三の集団においてはaとbの量が零であろう。問題のその他の取扱方法は上述したところと全然同一であるだろう。けれどもこの際，同時に，yの第一集団内における和と，xの第二集団内における和は，それぞれp_aおよびp_bをもって乗ずるとき，たがいに相等しからねばならないという規定（したがってこれからただちに次のことも出てくる。すなわち第一集団内におけるzの和にp_cを乗じたものと，第三集団内におけるxの和にp_aを乗じたものとは，たがいに相等しからねばならず，また同様に，第二集団内におけるzの和と，第三集団内におけるyの和とは，それぞれp_cとp_bをもって乗ぜられるとき，たがいに相等しからねばならないということである）を導入しようとするならば——言いかえれば，市場へ参加するものは，ただ直接交換によってのみ商品を獲得しうると想定するならば——問題は決定され過ぎ，解くことができない。なぜなら，それではそこに$3n+2$個の決定されるべき未知数に対し$3n+2$個のみではなく，$3n+3$個のたがいに独立な方程式を持つであろうから。

これに反し，われわれが (A) と (B) との間，(A) と (C) との間，また最後に (B) と (C) との間の三つの交換比を，たがいに独立な三つの大きさとみるならば[24]，確かに直接交換のこのような条件を導き入れることができるであろう。こうすることによって，問題の未知数もいま一つ増加し，したがって$3n+3$個となるであろう。

この問題は，同じ仕方で，ジェヴォンズによって取り扱われている[25]。ただ彼はこの際，二財間の交換の場合と同様に，一の「取引団体」の限界効用とい

---

24) 当然，この場合には上に用いられた記号法が，これに応じて変えられねばならない。
25) Theory of Pol. Ec., 2^d ed. p. 124 ff.

第1編　新しい価値理論

う不明確な概念を立て，それによって方程式の数をわずか 2・3＝6 個に減ずることができると信じている。

　けれどもジェヴォンズは，彼の方程式によって表わされる均衡状態が，仲立商業や貨幣取引，信用取引の可能性を，原理的に排除するものであり，これらの登場が許されるや否や，均衡がふたたび破壊されるであろう，ということに気づかなかったように思われる。彼は同一市場においては，同じ一対の財は，ただ一つの交換比を持ちうるにすぎないことを注意している。けれども完全に自由な流通の場合には，三財の間にただ二つ（一般には n 財の間にただ $n-1$ 個）の独立な交換比が，与えられうるに過ぎないということについては，なにごとも述べていない。事実上，彼はこの交換比を，ちょうどその三つとも独立であるかのごとく取り扱っているのである。

　最後に，最大可能の利得という問題はどうかというと，この場合にもこの問題については，ただ二財間の交換におけると，およそ同じことがあてはまるのである。各人は，自由競争によって定められる均衡価格のもとにおいて，まさにこの価格のもとに達せられうる最大可能の利得を得る。とりわけここに注意すべきことは，初めは直接交換のみが許され，しかもその後，市場がまったく自由に解放されるとすれば，いまや現われてくる仲立商業と鞘取引によって，交換者はおのおの増加した利得を受け，その結果，総利得もまた一層大となることができるということである。もちろんこうして達せられる均衡状態は，以前から取引がまったく自由であった場合に現われる均衡状態と，一般に異なっているであろう。それゆえ，まったく自由な取引の場合には，たとえば直接交換のみの許される場合よりも，例外なく，一層大きな総利得が達成されると主張することもできない。しかしこれが，だいたいにおいては事実であるはずであり，分業のすでに行なわれることが大であればあるほど，またしたがっておよそ直接交換取引の起りうることが少なければ少ないほど，なおさらそうであることは，容易に知られうる事柄である。

第7章　需要と供給

　もとよりわれわれの右に定立した方程式を，現実に応用し，あるいは現実について験証しえることは，まだなかなか前途遼遠である。すでに，そのために必要とする方程式の数が，打ち勝ちにくい限界をなしている。このような方程式を現実に定立しえんがためには，実際われわれは，個々の消費者すべての，諸商品それぞれに対する意向や，また現存するそれぞれの所持量の大きさをも，正確に知らなければならず，それが不可能であることは，いうまでもないことである。

　しかも第二に，さきには，交換されるべき財がいずれも任意に分割しうべく，また一定の消費期間の，それの消費は，各個経済の内部にあってすら，連続的に変化する量であると，前提されていたのである。

　この両者はいずれも，現実に正確にあてはまるわけにはいかない。多くの商品はどんなときも，ただ一つまたは二・三の分けにくい品目 (diskrete Exemplare) としてのみ個々の消費に用いられうる。またたとえ商品自身は任意に分割しうる場合にあっても，消費は，たいていただ非連続的に飛躍してのみ変化しうるに過ぎない。このことは，上記のような数学的取扱いをますます困難ならしめ，あるいは不可能とさせるのである。

　しかし，もし市場において交換される商品の総体，あるいはその経済範囲の

第1編　新しい価値理論

内部で消費される商品の総体を問題とする場合には，はなしは別である。第一，このような場合には，通常，問題の商品量が統計的にはるかによく決定されうべく，第二に――正確な取扱いにとっては，ほとんどこれと等しく重要なことであるが――たとえ一商品の個人的費消は，ただ飛躍的にのみ変化するとしても，なお「大数の法則」によって，その総消費はほとんどつねに連続的に変化する量とみられることができるであろう。だから，交換者を集団，すなわち「取引団体」に総括しようとしたことは，ジェヴォンズのはなはだ正当な考えであった。ただすでにみたように，このような集団の限界効用という概念は，たいして役に立つものではない。しかしワルラスの先例にならって，価格ないし交換比を変数，しかも問題中のただ一つの独立変数と見るならば，あるいはまた同じことであるが，交換過程を需要と供給の観点から見るならば，われわれは目的を達することができるのである。

まずわれわれは二財の交換に立ち返ろう。

方程式(4)のすべてを $x_1, y_1, x_2, y_2 \cdots\cdots x'_1, y'_1$ などについて解く場合，もし方程式(5)と(6)とはまだこれを顧みないものとするならば，x と y，また x' と y' とは，いずれも p の関数と見られうるであろう。この際 p は変数と見られる。言いかえれば，なんらかの仕方によってあらかじめ定められた両商品の交換比 $1:p$ の，どんなものでも，商品(A)の個々の所有者 A_r より，この商品のある供給 x_r が出てくる。したがってまた商品(B)のある需要 y_r もでてくる。ここに x_r, y_r はそれぞれみずから p の関数であり，たがいに必ず

$$\frac{y_r}{x_r} = p \quad \text{あるいは} \quad y_r = p x_r$$

という単純な関係に立っていなければならない。

同様に，商品(B)の各所有者 B_q より，商品(B)のある供給 y'_q と，商品(A)のある需要 x'_q とが出てくる。y'_q, x'_q も p の関数であり，たがいに上記と同様の関係に立っている。けれどもここでは，x' が需要を，y' が供給を表わ

第7章 需要と供給

すものであるがゆえに，われわれはむしろ

$$\frac{x'_q}{y'_q}=\frac{1}{p} \quad \text{あるいは} \quad x'_q=\frac{1}{p}\cdot y'_q=\pi y'_q, \quad \text{ただし} \quad \pi=\frac{1}{p}$$

と表わしたいと思う。こうして p は商品 (A) の (B) で表わされた価格を表わし，したがって $\frac{1}{p}$ すなわち π は，商品 (B) の (A) で表わされた価格を表わす[25]。

さて，われわれが x のすべてを，和 X に一括して考えるならば，この和は商品 (A) の総供給を表わす。同様にわれわれは，y のすべてを加えることによって，商品 (B) への総需要 Y を得る。

同様に，Y′ は y' のすべての和，すなわち (B) の総供給を表わし，また X′ は x' のすべての和，すなわち (A) への総需要を表わす。

こうして，これらの量はいずれも p または π ——すなわち商品のたがいに逆な価格——の関数となり，しかも，たとえ個々の需要と供給は飛躍的にのみ変

---

[25] ここで，われわれはさきに掲げた関数の，若干の不連続性に注意しなければならない。それはいままで，なお論じてはいないのである。われわれの価値方程式

$$\frac{F(a-x)}{f(y)}=\frac{y}{x}=p$$

は，もしそれが正な y，と等しく正で a より小さい x によって満足されえない場合には，もはやなんの意味も持たない。もしすでに p がはなはだしく小となっており，x も，したがってまた y も，零である場合，なおさらに p が減少するとすれば，上の方程式は，$x=0, y=0$ をもって代えられなければならない。すなわちそのとき，問題の所有者は，もはやそれ以上およそ交換はしないのである。

逆に p の増大する場合に $x=y$ となるならば，所有者は，この価格で，その (A) の持ち高全部を売却すべく，さらになお価格がいくらか高いにしても，またその価格で，一般に彼の持ち高の全部を交換し譲渡するのであって，決してそれ以上をではない。実際，彼はそれ以上の (A) を所有していないからである。このような場合，われわれの方程式は，まず一層簡単な関数 $x=a, y=pa$ によって代わられなければならない。

その上，さらに個々人の消費と需要の不連続性を考えに入れるならば，x と y とは一般に p の連続関数とは見られえないのである。

第1編　新しい価値理論

化するにしても，この関数は一般に連続的な関数となるであろう。p が少し増大し，したがって π が減少するならば，通常，量 X, Y, X′ と Y′ はそれぞれきわめて少量だけ増大または減少する。また p が減少し π が増大するならば，その逆である。こうして，もし p が $p+dp$ に移りゆくならば，X は X$+d$X（ここに dp と dX は負でもありうる）に，あるいは X$+\dfrac{d}{dp}$X$\cdot dp$ にかわる等々である。

いかにも，一般に，価格の推移ごとに，いまや (A) の所有者がその (B) に対する消費を，たとえば $\dfrac{1}{100}$ ずつ増加し，あるいは減少するというようにして，これが現われてくるのではない。このようなことは，商品 (B) の性質上，おそらく決して可能ではないであろう。彼らのうち多くのものは，おそらく，価格の変化が生じたからといって，その商品の消費を，きわめて少し増加しあるいは減少しようというような気持を起すわけではない。けれども，彼らのうちあるものは，あるいは前の価格 p で，ちょうどそれまでまだ用いなかった商品 (B) を，まさにその消費に取り入れようとしていたかもしれない。あるいは逆にその (B) の消費を，一部または全部，まさに放棄しようとしていたかもしれない。よってこれらの者に対しては，価格騰貴または下落 dp は，いわば容器を溢れさせるに至らしめる一滴の露のようなものである。彼らはその消費を変化させる。しかも無限小だけ変えるのではなく，相当大きい量だけ変えるのである。にもかかわらず，全体として変わらない多数の消費者の消費にくらべるとき，それは依然としてきわめて小さい大きさであるであろう。

いま，われわれは方程式 (5) と (6) をも考慮に入れよう。前者は

$$\mathrm{X} = \mathrm{X}' \tag{10}$$

となり，ただ価格の均衡に際して財 (A) の供給と需要とはたがいに相等しからねばならない，という事実を表わす。実に Y$=p$X, Y′$=p$X′ ということが明らかであるから，方程式 (6) すなわち

$$\mathrm{Y} = \mathrm{Y}' \tag{11}$$

第7章 需要と供給

もまた満足される。一財の供給と需要の均等は，他財に関する同様の関係を生ぜしめる。われわれがもしXとX′，あるいはYとY′の関数の形をすでに知っているならば，これらの方程式のいずれかによって，いまや p が決定されうる。

けれども，いまさらに立ち入って吟味すれば，つぎのことが明らかとなる。すなわち供給と需要の均等はいかにも市場の均衡にとって必要な条件ではあるが，少なくとも理論的には，まだ十分な条件ではない，ということである。すなわち市場が安定的であるためには——言いかえれば，交換比が，偶然の推移の後にはおのずから（およそ）同一の状態に復帰すべきためには——それはいまだ十分な条件ではないのである。

たとえば商品（A）の需要と供給についていえば，一般に，p（(B)で表わされた（A）の価格）が増大するとき，（A）への需要は必ず減少し，反対に p が減少するとき，（A）への需要は必ず増大するということができる[26]。ここ

---

[26] けれども厳密にいえば，これは一般に，ただ商品（A）と（B）とがたがいに代用しえない場合にのみあてはまる。したがって上に想定したように，その商品の一つの限界効用が，この商品の所有状態または獲得量によってのみ定まり，同時に他の商品の獲得量や所有状態によって左右されない場合にのみあてはまる。しかるにもし両商品が完全に，あるいは部分的に，代用しうる場合には，事柄が別である。たとえば（B）は小麦であり，（A）は馬鈴薯であるとしよう。小麦の所有者はそれをもって，その全1年間の食料の必要を充足しえない。しかし馬鈴薯が栄養価の割には比較的安価であるとすれば，彼はおそらく年々小麦のある量を，一層安価な馬鈴薯と交換するであろう。しかしいま馬鈴薯の価格（小麦で表わされた）が，さらに低下するとすれば，彼はまず馬鈴薯の同じ量を，小麦の一層少ない犠牲をもって調達することができるであろう。しかし，こうして彼は一層多くの小麦をなお保有するから，このような方法によって，彼の1年の食料の必要は，充足されて余りあるでさえあろう。だから，彼にとってそれの充足のみが問題であるとすれば，彼は，なんらの損失を受けることなく，さらに多くの量の小麦を保有することもできるであろう。こうして彼が，馬鈴薯のより少ない量をもって満足するとすれば，結局，馬鈴薯に対する彼の需要は価格の低下につれて増加せず，むしろ減少するであろう。

第1編　新しい価値理論

で，逆に (A) の供給が，少なくとも見出された均衡価格（すなわち(10)または(11)より見出された p の値）の近傍においては，価格の増大につれて増大し，価格の減少につれて減少することが確実であるならば，いうまでもなく均衡の安定性は確保されているであろう。なぜなら，価格が偶然，上へかたむくとき，供給が需要を超過し，また価格が下へかたむくとき，需要が供給を超えるであろう。いずれの場合でも，供給と需要の不均等が，価格をおおよそ以前の状態に復帰せしめるはずであろう。

しかし (A) の供給については，次のことが知られる。すなわちその大きさに (A) の価格を乗ずるとき，それは (B) への需要を示すということである ($Y = pX$)。

いま，(A) への需要が，(B) で表わされた (A) の価格の騰貴につれて減少するとすれば，同じ理由によって，(B) への需要は (A) で表わされた (B) の価格の騰貴につれて減少するはずであり，したがって (B) で表わされた (A) の価格の騰貴につれて増大するはずである。だから，(A) への需要すなわち X' を $\varphi(p)$ に等しい ($X' = \varphi(p)$) とおき，また (B) への需要すなわち Y は $\psi(p)$ に等しい ($Y = \psi(p)$) とおくならば，その結果として，$\varphi(p)$ は p の減少関数（p の増大につれて減少する関数）であり，$\psi(p)$ はこれに反して，その増加関数である。こうして (A) の供給すなわち X については次式がえられる。

$$X = \frac{1}{p} \cdot \psi(p)$$

こうして p のいろいろな値についての，この積 $\frac{1}{p} \cdot \psi(p)$ は，場合により p の増大につれて増大することも，また減少することもありうる。もし $\psi(p)$ が p より強く増大するならば，それは増加するべく，これに反し $\psi(p)$ が p より小さい比率において増大するならば，それは減少する。

それゆえ，価格が騰貴する場合，その商品の需要のみならず，供給もまた減

第7章 需要と供給

少することが可能である。この際，もし需要が供給より強く減少するならば（したがってまた逆に，価格の低落するにつれて，より強く増大するならば），容易に知られるように，ここでもまた均衡の安定性は確保される。けれども，実際，同一財の供給と需要は，いろいろな人びとから出るものであり，したがってたがいにまったく独立なものであるがゆえに[27]，$\frac{\psi(p)}{p}$ が問題とする p の値の近傍で，$\varphi(p)$ よりも強く減少ないし増大しうることには，なんらの妨げもない。

こういう場合には，決して価格の真の均衡は存在することなく，ただ供給と需要の一時的な均等があるに過ぎない。なぜなら，こういう場合，価格がわずか少しでも上に移るやいなや，需要が供給より大となり，したがって価格はますます上へ上へと騰貴せざるをえない。こうしてついに需要の減少が，減少する供給に再び追いつくにいたるまでそうであろう。同様に，価格の下へのわずかの推移は，需要を供給より強く増加せしめる。したがって価格をますます下へ下へと導き，結局需要の増加が，増加する供給にふたたび追いつくにいたるまでそうであろう。

いずれの場合でも，均衡は結局達成される。けれども均衡価格は，それぞれの場合異なっているであろう。したがってまたここには，市場の（ただ一つではなく）二つの相異なる（安定的）均衡状態が，理論上可能であるという特異性がつけ加わるのである。

ワルラス——および彼にならってラウンハルト——は，需要と供給の曲線を，仮設的形態で描き出した。そこでは，価格が直角座標軸の横座標として，需要され供給される商品量が，いろいろな曲線の縦座標として示されている。このほかマンゴルト (Mangoldt) は，すでにその1863年に現われた「国民経済学原論」(Grundriss der Volkswirtschaftslehre) で，類似の曲線を描いていたけ

---

27) もとより財の生産は，ここでは依然として無視されている。

第1編　新しい価値理論

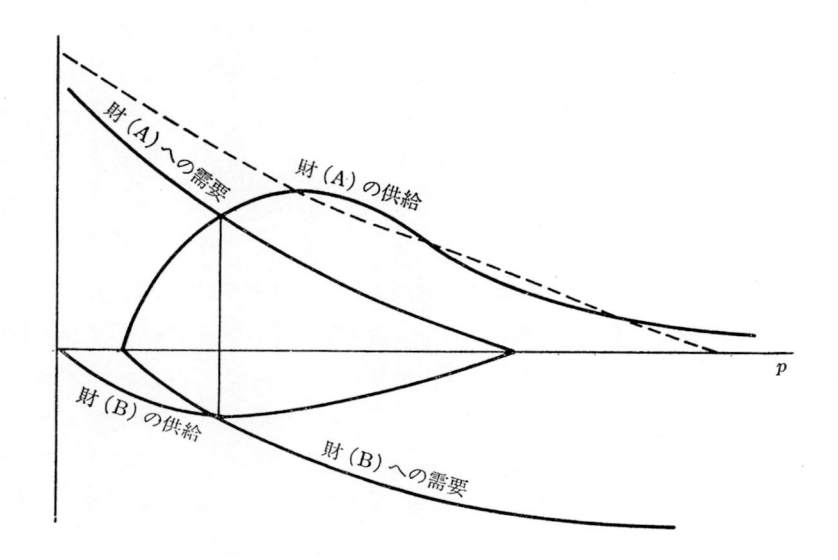

[図：財(A)への需要、財(A)の供給、財(B)の供給、財(B)への需要の曲線]

れども，それは，その著の後の改訂者によって，また棄てられた。

　私はここにラウンハルトの図解を写しておく。それにはもちろん上記の特異性は現われていない[28]。曲線中の二者は，概見に便利なように，ここには横軸の下方に描かれている。p が零のとき，すなわち財 (A) がなんらの代償もなく得られるとき，なにびとも——したがって (B) の所有者も——それを飽満するまで備えるであろう。しかしその無限量を欲するようなことはない。それゆえ，需要の曲線は原点よりある一定の距離で縦軸に交わる。p が増大するとき (B) の所有者の側の (A) への需要が減少し，ある一定の価格で，この需要は零となる。

---

[28] なぜなら，両当事者について同一の一次の限界効用関数(商品のそれぞれに関し)というたびたび述べた彼の前提にしたがって，作図されているからである。こういう場合，確かに曲線は唯一の (実な) 交点を共有しうるに過ぎない。

第7章 需要と供給

　横座標が，(B) で表わされた (A) の価格ではなく，(A) で表わされた (B) の価格を表わすならば，すなわち π が横座標に選ばれるならば，(B) への需要曲線が同様の経過を示すであろう。けれどもそれゆえ財 (B) への需要は，p が零でないある値で，はじめてその端初を持ち，その後 p の増大につれて増大するも，ある一定の大きさを決して超えることができない。その大きさというのは，すなわち p がかぎりなく大，したがって $\frac{1}{p}=0$ の場合，言いかえれば財 (B) が無償で得られる場合，(B) の欲せられる数量これである。だから (B) への需要の曲線は，横軸に平行に，この距離を保って引かれた直線に，漸近的に近づくのである。なおこれまで述べた二つの曲線は，われわれの前提によれば，たがいにまったく独立である。

　これに反し，残る二つの曲線は，どちらも前の曲線のそれぞれ一つの形によって，まったく決定されている。(A) への需要が，すでに関数 $\varphi(p)$ によって与えられているとき，すでにみたように，(B) の供給は必然的に $p \cdot \varphi(p)$ によって表わされる。同様に $\psi(p)$ が (B) への需要を表わすとき，$\frac{1}{p}\psi(p)$ が (A) の供給を表わす。

　これから出てくる直接の帰結は，(A) の供給曲線と需要曲線との交点は，(B) の供給曲線と需要曲線との交点の上に垂直にあるはずであるということである。両交点は一つの同じ p の値，すなわち均衡価格を決定する。

　特に財 (A) の供給曲線についてみるに，それはある最高点を持ち，それから漸近的に横軸に近づくことが明らかである。けれどもそれは，同じ財の需要曲線の形からはまったく独立であるから，この需要曲線とそれとの交点とは，最高点の右側にあることも，また左側にある（図におけるように）ことも可能である。交点のこういう二つの位置は，われわれが上述した安定的な価格の均衡の，二つの場合に相当する。ただし両曲線が一つ以上の点，したがって少なくとも三点を，共有しうることには，なんらの妨げもない。たとえば図における，点線（(A) への需要について）によって示されるようなもの，これであ

第1編　新しい価値理論

る[29]。このような場合，容易に確かめうるように，もっとも外側にある二つの交点が，安定的均衡の価格を決定する。これに反し，中間にある交点は，なんら真実の価格の均衡を示すことなく，上述のように，ただ供給と需要の一時的な均等を示すに過ぎない。

最初ワルラスによって注目されたこの興味ある理論の成果が，有名なアウシュピッツとリイベンの著作において論駁されている[30]。くわしくいえば「両需要曲線（財（A）および（B）の）が同時に妥当するということは，たがいに矛盾する前提の上に」立っているという主張によって。すなわちこれらの著者がさらに説くところによれば，ここでは一方，財（B）を除いて「他のすべての物品相互の価格または交換比が，不変である」と想定されねばならず，他方，また財（A）を除き，しかも財（B）を含んで，すべての物品の相対的価格が，不変であると想定されねばならぬ，というのである。

この非難はまったく不当であると，私には思われる。ワルラスの説明においては，われわれの上の考察におけると等しく，市場における他の物品の存在は，原理的に無視され，（A）への需要はまったく財（B）の所有者のみより，また同様に（B）への需要はまったく財（A）の所有者のみより，出てくるものと想定されている。もとよりわれわれは，決してこのまったく抽象的な想定のところに止まっている必要はない。財（A）を除いて，市場におけるすべての商品総体を，財（B）の代わりにおくとすれば，あるいはまたおよそ同じことになるであろうが，両商品のうち一つを貨幣と考えるならば，（A）への需要（いまはすべての，他の商品の所有者および消費者より出てくる）も，（A）の供給（いまは（A）の所有者の側の，他のすべての商品への需要によって定められる）も，財（A）の貨幣価格の変わるにつれて，だいたいにおいて，わ

---

29) いうまでもなく，このとき財（B）の曲線も，それらのもとに垂直にある三点において相交わる。
30) Untersuchungen über die Theorie des Preises, Vorrede S. XXIII.

第7章 需要と供給

れわれのすでに見た二財のみの場合と同様の経過を示すはずである。

なるほど他の商品相互の交換比または貨幣価格が、この場合影響を及ぼすけれども、他の事情に変化なしとすれば、これらの価格はすべて、商品 (A) の貨幣価格によって定まるものと見られることができる。ゆえに (A) の需要曲線と供給曲線とは、それに依存する貨幣の供給曲線と需要曲線 ((A) の所有者の側の) と共に、現実に存在するのである。変化する (A) の貨幣価格を横座標とすれば、(A) の供給曲線はある最高点を持ち、そののち漸近的に横軸に近づくであろう等。したがって、これらの曲線の間に、いろいろの特徴を持つ交点の存在することや、また一度に多数の交点が可能なことは、少なくとも先験的には否定されることができない。さきの成果は、一の確証された事実であるとすらみられることができる。

もとより、アウシュピッツとリイベンのように、すべての交換者の側の貨幣の評価を、不変なものと想定するならば、確かに、個々の商品それぞれの供給曲線は、つねに逓増的な経過をとるはずであり、このような場合、曲線の多数の交点は問題とならない。しかしこのような想定は、なるほど多くの場合になされうるが、決してすべての場合になされうるのではない。

もし――二、三の具体的な例をあげるならば――ある年の穀物の価格が、収穫高と貯え高は変わらないのに、なんらかの理由によって例年よりは高いとする。しかも穀物の輸入は行なわれない。このような場合、この商品の供給が増大するはずであると、決して先験的に説明することはできない。以前はおそらく食べたいものも、ろくろく食べずにすまさねばならなかった農民たちは、いまその所得の高まっているとき、一層多くの食物を得ようとするかもしれない。あるいはそのほか、自分の穀物消費を増加することがありうるであろう。このような場合には穀物の供給が逆に減少するであろう。もとよりこれは、農民の側の貨幣の評価が、いまや著しく低下していることを前提としている。でなければ、価格の騰貴は、彼らをして一層大きい供給、したがって自己の消費

第1編 新しい価値理論

の縮小に向かわせるであろうから。

あるいはいま考察すべき商品として，いわゆる「労働という商品」をとろう。富裕な人びとの間ではなはだ広く聞かされる不平は，比較的賃金の高いとき民衆が「働こうとしない」ということである。おそらくこの不平は事実に基礎を持つものであろう。労働者は一層良い報酬を得るとき，前より多くの余暇を得ようとし，労働の供給は増加しないで減少する——あるいは少なくとも，このような結果が生じうる。けれどもこれは，くり返していえば，ただ労働者の側の貨幣の評価が，まさに賃金騰貴のために，十分低下しているという前提のもとにおいてのみそうである。

したがってこれら二つの場合においては，需要曲線（これはつねに減少的な経過を示す）が，供給曲線の減少的な部分に交わる。ところがこの時，もし両曲線のある部分が，たまたまたがいに近接して経過するとすれば，明らかに多数の交点の可能があり，すなわち同一市場において，相異なる価格による多数の均衡状態の可能がある。

もちろん多くの場合には，理論的に可能な供給曲線と需要曲線の，ただはなはだ短い部分のみが，現実に存在しうるに過ぎないであろう。なぜなら，実際，他の方法による調達または販売の可能性のために，およそ著しい価格の動揺というものは決してしばしば起るものではないからである。

三財あるいはそれ以上の m 財の交換比が見出だされるためには，いうまでもなく，われわれは各商品の総供給と総需要とを，問題である諸財の交換比ないし価格のすべての関数であると見なければならない。各商品それぞれの供給と需要の等置が m 個の方程式を与えるけれども[31]，そのうちただ $m-1$ 個のみが独立である。また，たとえば商品自体のうちの一つが価値尺度と考えられる

---

31) 三財の場合には，方程式(9)に同じ。

第7章 需要と供給

がゆえに，変数である価格も，ここでは $m-1$ 個である[32]。

　幾何学的解釈はもとよりここでは不可能である。せいぜい三財のみが問題となるとき，それらの商品量が，三商品の二つの価格あるいは交換比とともに，空間座標軸に記入されるならば，供給曲面および需要曲面を論じうるに過ぎない。

――――――――

　以上の概説も，供給と需要に関する旧来の学説が限界効用理論の手によって，著しく拡張され深められうると考えられる理由を示すには，十分であろう。この場合われわれは，たがいにからみ合っている経済的関連のほとんど絶望的な錯綜に，直ちに直面することは事実である。けれども正確な取扱方法は，たとえ他に何ごとをもなしえないにしても，なお，われわれの知っていることや，あるいは知りうべきことを，われわれが本来まったく知らないことや，あるいはまったく知りえないことより，厳格に区別することだけは，必ずなしうるのであって，実に，これこそすべての真の科学の端緒である。

---

32) 三財の場合には，方程式(7)は，方程式(8)を用いることにより，x, y, z 等について解かれたものとみられる。この際，正である x および y は需要（個々の）であり，負であるそれらは供給であると見られる等（適当な符号は，当然，問題の性質によって与えられていると見られねばならない）。

第1編　新しい価値理論

第8章　費用法則，ワルラスの生産理論

　われわれがこれまで考察してきたものは，つぎのような仮想的な場合に過ぎない。すなわち交換されようとする財の，各所有者の側における評価が，単に所有される財の量の大きさと，交換によって獲得されたその財の量とによってのみ定まる場合これであり，あるいは，二つまたはそれ以上の種類の財が，一部分たがいに代用されうるときには，このような評価がただこれら財量のすべてによってのみ定まる場合これである。現実において，たとえば市場価格の日にちの変化は，このような場合に含まれるであろうが，それも，ただ即時に消費されるべき財を問題とするときにかぎられている。それ以外のどのような場合にあっても，買い手と売り手はいずれも，将来の供給と需要，生産および販売の可能性を顧慮するであろう。そのため現在の価格もまた影響を受けざるをえない。のみならず，もし長期間にわたる——たとえば1年あるいはそれ以上の年月の間の——価格の平均的高さが問題であるならば，まずなによりも，生産の要因が考慮に入れられなければならない。すなわち交換されるものは，必ずしも単に商品たるにとどまらず，むしろ生産物であり，窮極には生産的用役そのもの，すなわち労働，自然力，資本用役にほかならない。

　けれどもいったいこれによって，実際，われわれの交換問題に新しい要素が入りくるであろうか。人は，実に次のように考えようとするかもしれない。す

第8章 費用法則，ワルラスの生産理論

なわち生産的用役は，まったく財そのものと等しく，その所有者——すなわちこの場合，労働者，地主および資本家——に対する，その限界効用の均等または比例の法則に従って取り扱われうると。現に，このような問題取扱方法が，レオン・ワルラスによって企てられたことは，いますぐこれを明らかにするであろう。

いくばくかの商品を欲する人は，実際，暗黙のうちに，まさにこの商品の生産に必要な生産用役のいくばくかを欲しているわけである。そして彼自身，彼によって順次需要され消費される財に対する支払手段としては，結局，彼が自分の手で，処分しうる生産用役以外に，なにものも持っていない。いずれにせよ，彼の労働，すなわちこれであり，それから，おそらくは彼が所有している土地ないし資本の用役もまたこれである。したがって生産および流通は，関係する生産用役相互の間の間接交換以外のなにものでもなく，まったく，普通の市場法則に従うものと見られうるかもしれない。実際，しばしばこのように主張されたのである。

けれどもことがらは，それほど単純ではない。ここにおいて，「財への需要は，労働（またはその他の生産用役）への需要と同じではない」という J. St. ミルの有名な命題の正しさがわかるのである（確かに，彼はみずからそれのはなはだ不当な拡張を行なったのであるが）。生産には時間を必要とする。一般に，生産用役の売り手は，商品の完成を待って，その売上げによって彼の報酬を得るということができない。あるいはまた，それを望まない。彼らはこの報酬を，すでに終了した生産期間の売上げから受け取るのである。したがって生産は，現実には決して単純な財市場のような姿を示すことはないであろう。生産の本質は，むしろ一連の時間的に相異なる交換行為である点にある。そして，このような交換行為が全部合して，生産の端初よりその財の販売にいたる全期間を形成する。われわれが，このような事情を考慮しさえすれば，生産における資本の役割，すなわち資本の あの謎のような「生産力」(Produktivität)

第1編　新しい価値理論

を，十分に解明することができる。と同時にまた，それに劣らず謎のような資本利子の現象に，ことごとくあてはまる合鍵を得るのである[33]。われわれは次編において，ベーム・バウェルクのすぐれた貢献を論ずべきときに，この問題をさらに，立ち入って解明するであろう。けれどもなお，いわゆる費用法則 (Kostengesetz) の古い形態と新しい形態とについて，あらかじめ若干のことを述べておきたい。

　古典的経済学は，広く知られるように，交換価値の説明に二つのみちをもっていた。一つは「需要と供給の関係」を指摘することであるが，それは，限界効用の概念と関連させなければ，いささか空虚になるのが必然である。第二は，少なくとも国内市場においては，財の交換価値が，結局つねにその生産費に一致するはずであると主張することである。もし費用のうちにいろいろな企業者の利潤もまた含まれるものとすれば，これは，確かに自明のことである。けれども，多少なりとも陳腐以上のものであるためには，そしてまた絶望的な循環をぐるぐるまわらないためには，このような説明方法は，いろいろな費用要素の独立の決定根拠を求めなければならなかった。事実上不可能なこの問題に，リカルドの炯眼が，少なくとも形式上一つの解を，いかにして与ええたかということは，すでにわれわれの見たところである。労働という費用要素は，およそ不変と見られる労働者の生計によって決定され，地代は周知の方法によって排去される。最後に，資本利子はいかにも先験的には決定されないけれども，少なくとも前払いされた資本の大きさに，あるいは——これと同じことを指すはずであるが——投下労働量に，比例する大きさであると説かれた。

　近代価値理論は，もとよりこのような説明方法を許すことができなかった。それがただちに知ったことは，費用要素の価値が，窮極においては，生産され

---

33) そのうえ，完成された商品の交換すら，時間を必要とする。そうであるかぎり，交換も生産に算入されうべく，またそれは資本利子の源泉の一つでさえあるわけである。

第8章 費用法則，ワルラスの生産理論

た財の価値以外の，なにものによっても決定されるものではないということであり，したがって価値と費用は，つねにたがいに依存し合う大きさと見られねばならないということである。けれども，このような相互関係を正しく取り扱い，真に「生産の方程式」を定立しようとする企ての遂行は，私の知るかぎりでは，ただレオン・ワルラスによってのみなされたのである。

ワルラスはつぎの前提から出発する。すなわち，固有の企業者利潤は，企業者相互の競争によって零となり，したがって，彼はただ企業を指揮する労働に対し，他の労働者と等しく，競争によって定められる標準にしたがって，報酬を受けるにすぎないと。けれども，さらにつづいて，次のような想定がなされる。というより，むしろ擬制が導入される（そしてまさしくこの点にこそ，ワルラスの説明の弱点が存在する）。すなわち企業者は「生産用役の市場」において，その財生産に必要とする用役，すなわち地用，いろいろの資本用役[34]，および労働を買い入れる。しかも，現金払いでもなく，商品と引換えでもなく，単に同じ用役の同じ量を，生産終了の後に返還するという約束のもとに買い入れるのである。現実においては，企業者はこのような行動をとるのではないが，彼らは「生産物の市場」において，完成商品を，いまは消費者したがって買い手として登場する生産用役提供者に売却する。しかもそれによって，生産用役そのものをふたたび旧態に復するという彼らの約束は果たされたのである。なぜなら，生産と消費との間の均衡が存立し，企業者が利益も損失も得なかったとすれば，生産物の交換価値は，その完成に必要とする生産用役の交換価値と一致するはずであるから。したがって生産用役は，ワルラスがはっきりと述べたように「結局は」(en fin de comte) それら相互に交換されるのであり，しかも限界効用の原則にしたがって交換されるのである。つまり，現存する生産用役は，直接に所有者自身に対しても，また間接に完成生産物の形にお

---

[34] この語のもとに，ワルラスによるとき，なにを理解すべきであるか，それはいまただちに明らかになるであろう。

第1編　新しい価値理論

いてこの生産物の消費者に対しても（この消費者もまた彼らの側で売るべき生産用役をもっている），等しくある効用および限界効用を持っているのであるから。

　この見解——ワルラスによって厳密に数学的な形式で貫徹されたこの見解——が，どれほど巧妙であると思われようとも，なおそれは，一つの原理的な誤謬におちており，その誤謬のために，成果は必然的に錯覚とならざるをえない。つまりここでは，生産において時間のもつ意義がまったく無視されている。ワルラスによって生産用役はいかにも時間単位で測られているが——若干年の賃借り，若干日の労働等というように——，彼は事態をあたかも，たとえば1ヘクタールの土地1年間の利用は，地主が将来いつか同じヘクタールの土地を1年間無償で利用することが許されるということによって，報償され，労働についてもまた同様であるかのように，説明している。これは明らかに事実ではない。しかも地主が，いわんやまた労働者が，彼らの協力によって完成された生産物の売上げによって，その報酬を受けるということもまた，真実ではない。むしろ彼らはその報酬を，前払い的 (vorschussweise) に受け取るのである。もしそうでなければ，実際，われわれは「結局」生産における資本の役割を，まったく無視することもできるであろう。なぜなら，いろいろの資本個片 (Kapitalstück)，機械，建物等は，実際，窮極においては，労働と地力の生産物にほかならないから。したがってまた生産は，結局，全然資本がないものとみられることができるでもあろう。

　このワルラスの誤謬は，資本概念の彼特有の見方と結びついており，われわれは次編において，ふたたびこの見方を問題とするであろう。つまり，彼はただ持続財，たとえば建物及び機械のようなもののみを資本と認め，消費財は，これに反し「収入」("revenu") として，資本用役と同列におこうとしたのである。アダム・スミスが流動資本とよんだ原料，半製品等や，また労働者そのほか生産に従う人びとの生計資料も，ワルラスによれば収入であり，決してそ

— 108 —

第8章 費用法則，ワルラスの生産理論

れ自身が利子を生むものではない（それらは利子を生む資本個片の完成のために用いられうるものではあるが）。もとよりこれは不当である。人は学問的用語を，どのようにでも組立てうるであろうが，それによって，現実の事態はなんら変えられるものではない。消耗財は，それが生産に用いられ，あるいはその他の方法によって資本主義的 (kapitalistisch) に用いられる場合，利子を生むことはまったく確実であり，しかもまさにそれが利子を生むということこそ，資本利子理論の主要問題にほかならない。

　こうして，われわれは，この点において直接，資本利子の本質に関する立ち入った考察を促されているのであって，いまや，それに移ってゆきたいと思う。

第2編
新しい資本理論
ならびにその賃金,地代および財価値の理論に対する関係[1]

1) 本編全体の基礎として，私はベーム・バウェルクの卓越した労作，とりわけその「資本の積極的理論」("Positive Theorie des Kapitals") を利用するであろう。この書はおそらく，大部分の読者に知られていると前提することが許されるであろう。

第1章　資本概念

　資本概念の十分に満足な定義——すなわち学問的に厳密であると同時に，日常用語と密接な関係にあるような定義——を定めることは，全然不可能でないまでも，困難なことである。精密科学にあっては，一般用語にかかわりなく，まったく新しい術語がつくりだされる。しかし経済学のように実際生活のまんなかに位しており，また位していなければならぬ学問にあっては，そのようなことは可能ではなく，またそうすることによって，利益よりははなはだしく大きな不利益を受けるであろう。

　けれども，実際生活において，慣用語がまさにこの点について著しく動揺していたことは，われわれが資本概念の発達史を想起するとき，容易に理解することができる。元来この語は，よく知られているように，利子と対照して，貨幣貸付の元本 (Hauptstamm eines Gelddarlehns-capitale oder capitalis pars debiti) を表わし，したがって利子を生む貨幣額を表わした。実にこの語のそれ以上の意義は，いずれも，多かれ少なかれ，この元本概念の巧妙な拡張によって得られたのである。

　ここにおいて，す・べ・て・の・利子を生む所有対象物 (Vermögensobjekte)——すなわちみ・ず・か・ら・消・耗・さ・れ・る・こ・と・な・く・そ・の・所・有・者・に・所・得・を・与・え・る・す・べ・て・の・財・な・い・し・財・複・合・体・——に，資本の名称を与えようとすることは，至極もっともなことで

—113—

第2編　新しい資本理論

ある。いわんや，貨幣取引の増大に伴い，人間能力そのものを除くすべての所得源泉が，貨幣価値ないし資本価値を得るにいたっては，なおさらのことである。

これに反して，ベーム・バウェルクのようにつぎのようにいうことは，私は正しいとは思わない[2]。すなわち利子をもたらす他の財が資本の名を得たのは「収益力のない貨幣の，利子を生む力が，根本的にいえば借りものであり，貨幣で購入しうる物の収益力から借りられたことが明白となったからである」と。なるほど，これはよく行なわれた貨幣利子成立の説明方法であったけれども，真にそのようなことが「明白」になったのであったならば，もともと貨幣を資本概念から除外すべきはずでこそあったであろう。

けれどもベーム・バウェルクもまた，貨幣を資本から除外してはいない。しかも貨幣の利子を生む力は，「借りもの」ではないから，これは当然のことである。たとえば，貨幣は交換の仲介者である役目を果たすがゆえに，利子としてやがてそれに帰属される価値ないし価値増加を——否それ以上を——現実につくりだすのである。けれどもいわゆる貨幣資本は，単に名目上貨幣であるにとどまることが多く，現実にはただ貨幣をもって評価された財量を表わすに過ぎない，ということも事実である。

さて資本概念のこのような拡張（この拡張によって，資本概念は財産ないし少なくとも利子を生む財産と一致するにいたる）は，これを行なって都合のよい場合が多い。社会主義的文献やその他の通俗的文献においては，通常この拡大が企てられ，したがってこのような文献にあっては，資本家と労働者はおよそ有産階級と無産階級とに相等しい。普通の意味における「資本市場」というものも，またよく知られているように，利子を生む財産を代表するすべての可能な証券から構成されている。

---

2) Positive Theorie des Kapitals, S. 24.〔訳者注，3. Aufl. において著しく改訂された部分に属す。〕

第1章　資本概念

けれども，たいていの国民経済的考察にとっては，このような比較的一般的な概念の，一定の限定こそ目的にかなうことが知られるのである。いうまでもなく具象的な貨幣額は，土地その他の自然的な財源泉よりもむしろ生産された財そのものに，その類例と模範を持っており，それは蓄積された富の典型である。すなわち土地と生産された物財との間のもっとも重要な国民経済的相違は，前者が，あらかじめ定められ変更しがたい時間的順序において，ただ順次に（ただしその代わり無限につづく系列で）その用役を与えるに反し，生産された財は，用役のただかぎりある総和を，ほとんど任意の順序で与えうる――ちょうど，貨幣額が一挙に支出されることも，長期を通じて賦払的に支出されることもできるのとだいたい等しい――という点にあると思われる。この区別は，もちろん明確なものではない。たとえば鉱坑炭坑のごときは，いろいろ異なる速度で採掘されうべく，この点では，農業に用いられる土地よりも，食物あるいは衣服の生産された数量に，一層多くの類似を持っている。他方でたとえば住宅のように，おそらく幾世紀にもわたって存続しうるけれども，一度には，ただ一定数の人間にのみ雨露を凌がしめるに過ぎず，国民経済的見地からいえば，土地とはなはだ多くの共通点を持っている。しかしながら，たいていの生産された財の上記の特徴は，さらにその後の生産について，とりわけ重要である。生産用具は，それが任意に使用されうればうるほど，より多く資本的な性格（狭義の）を持っているということができる。たとえば，あるいは急速な，あるいは緩慢な運転に転換されるし，あるいはさらに静止することさえできて，しかもなんの損耗をも生じないような機械のようなのがこれである。反対に，たとえば土地の地味改良のように，施設によっては，一度それが行なわれた場合，まったく土地と分離しえないこととなり，上のような性質を失ってしまうものもある。すなわちその後それは，実は賃料財（Rentengüter）であって，もはや狭義の資本財（Kapitalgüter）ではない。

それに消耗財，すなわち幾度かのかぎりのある使用行為で，その有用成分を

第2編　新しい資本理論

みんな用い尽される財,あるいは用い尽されると思われる財も,なお「資本的」に用いられることができる。すなわちその全価値は依然として所有者に保有されつつ,しかも彼に所得をつくりだすことができる。このように一見矛盾する現象——すなわち国民経済機構のこの恒久自動機械 (Perpetuum mobile)——こそ,前述のように,資本理論のそもそもの核心であり,われわれはいま,さらに立ち入ってこれを考察したいと思う[3]。

　全体として見れば,そのようなことは,当然ただ消耗財ないし価値においてそれに等しい物が,生産 (最広義で,したがって流通もそのうちに含まれる) によってふたたびつくりだされるということによってのみ起るのである。この際,その消耗財があらかじめ存在することが,生産のために必要条件でなければならない。でなければ,つくりだされた生産物の一部が,資本の所有者自身の手に帰するということは,不可能であろう。

　けれども従来通用の見方によれば,生産 (上述の最広義において) 以外に,なお他の営利の手段が存在し,したがってさらに私的資本 (Privatkapital) と,国民的資本 (Nationalkapital) ——あるいはベーム・バウェルクによれば社会的資本 (Sozialkapital) と呼ばれるべきもの——とが区別されるべく,前の種類は営利手段のすべて (通常土地をのぞいて) を含むも,後者は固有の生産手段のみを含むとされる。

　このような概念の区別が,真に学問上有用であるかどうかは,疑わしいといわなければならない。もとより経済学の,いろいろな他の領域におけると等しく,ここでも私経済的見地と社会的見地を区別することは,許されるであろう。一定の財の種類を設け,あるものは社会的見地よりみても資本であるが,あるものはただ私経済的見地においてのみ資本であるといおうとするがごとき

---

3) その逆はすなわちつぎの問題をなす。すなわち,その性質上無限の系列の用役を与えうる財,とりわけ土地のごときが,このような性質にもかかわらず,なぜただ有限の資本価値を持つのであるか。

第1章　資本概念

は，私にはどうも正しいとは思われない。

　ベーム・バウェルクの見解によれば，たとえば住宅は（それが他人に貸されるとき）単に私的資本の役割を演じ，社会的資本の役割を演じえない。なぜなら，それはまさに享楽財であるに過ぎず，生産財ではないからである。なるほどそれらはこれという労働の追加なしに，自動的にその効用を与える。けれども，実に同じことはまたたいていの牧場，森林，猟場などにもあてはまり，資本の概念を（しかも「社会的」意味で）土地一般に及ぼそうと欲する以上は，これらに資本の名を拒むことができない。それゆえ，私は住宅を土地と同一種類に入れるのがもっともよいと考える。しかも，およそそれが資本として通用する以上，また社会的資本に属すると見られねばならないことは，明白であると思われる。

　ところがこれは，確かにベーム・バウェルクによって引用されたアダム・スミスの，社会は（個人と異なり）「ただ生産によってのみ富むことができる」という記述に矛盾するようである。けれども，社会を富ますということは，どちらかといえば細目事項である。私的資本家でも，利子によって富むというよりは，むしろまず第一にそれによって生活を営む。経済生活のおもな目的は，社会にとっても，個人にとっても，確かに，すでに達せられた福祉の水準を維持するということであり，これに役立つものは，ただ本来の生産ばかりではなく，持続的使用財（dauerbare Nutzungsgüter）（それが生産されたか，あるいは自然から直接与えられたかを問わず）の保管もまたそうである。持続財は，それがその所有者自身によって消費され，したがって彼になんらの貨幣所得をも与えない以上は，もはや資本ではないという意見は，A. マーシャルが注意したように[4]，本来古いマーカンティリズムの偏見の残滓以外のなにものでもな

---

4) Principles of Economics, p. 124. ――アダム・スミス (Wealth of Nations. Bd. II. Ch 1.)〔気賀勘重訳「国富論」上巻第2編第1章〕の次の記述は意味がない。すなわち貸家やこれに類する財は，まさに賃貸料が，つねになんらかの他の所

第2編　新しい資本理論

い。

　貸付用の仮装衣服などとともに，ただ私的資本を表わし社会的資本を表わさない物の，お決まりの例として，必ず用いられる憐れな貸文庫のように，いったいなんの咎によってそうであるのか，私は十分理解することができない。社会の事情が，すべての人に豊富な蔵書を持つことを可能にしない以上，むしろ，公開の文庫は無償ないし有償で利用されうるから，確かに社会的資本の構成部分であり，しかもその重要な構成部分である。そのうえ，貸文庫の維持は，他のすべての業務と等しく一つの業務であり，もしベーム・バウェルクとともに，「生産者及び商人のもとに在庫品として貯えられる享楽財」を資本，しかも社会的資本と呼ぶならば5)，——これは私見からもまったく正当である——，貸文庫が，書籍ではなく読書 (Lektür) を売るはずのものだからといって，これを除外することは，奇妙な自家撞着であると思われる。

　けれども「労働者の生計資料」はどうすべきであるか，この問題はいっそう重大である。すでにジェヴォンズによって，よく知られているように，生産資本したがって社会的資本の本来の実体であると呼ばれたこの重要な財の種類を，奇妙にもベーム・バウェルクは「貸家や貸文庫」とともに，単に私的資本に過ぎないものの，雑然とした集合のなかに入れることを余儀なくされた。なぜなら，彼によれば「その所有者によって用いられず，交換（販売，賃貸，貸付）によって，他の財を獲得するために用いられるすべての享楽財」が，このような集合のうちに属し，しかも，彼がはっきり述べたように「企業者がその

　　得源泉より引き出されることを必要とするから，私的資本に数えられうるに過ぎない，という記述これである。実際，同じことは，いかなる貨幣所得にも，およそ交換によって生ずるいかなる所得にもあてはまる。もし職人や商人が，家主をその顧客のなかに数えるならば，家主の所得が彼らの所得より引き出されると同時に，また彼らの所得が家主の所得より引き出されるわけである。

5)　前掲書, S. 70 [4. Aufl. S. 98.]

第1章 資本概念

労働者に前払いする生計資料」も[6]，そのうちに含められねばならないからである。

ところが一方，彼みずから，実にその数頁まえに，「生産者及び商人のもとに貯えられる享楽財」を社会的資本に数えている。貨幣もまた彼により社会的資本と呼ばれている。いま賃金が，普通のように，貨幣で支払われ，労働者みずから，その欲するものを商人の手から得るものとすれば，これらの財は，労働者の手に到達するまでは（ベーム・バウェルクの用語によれば）社会的資本である。ところが，もし企業者が，労働者に賃金として順次支給するために，同じ商品を同じ貨幣で購入するとすれば，企業者の手にあるこれらの財は（繰り返していえば，それらが労働者の手に到達するまでは）もはや社会的資本ではなく，単に私的資本であるわけであろう。

ベーム・バウェルクのように炯眼であり慎重である学者が，このような奇妙な結論に導かれえたということは，私見に誤りなしとすれば，経済学において他の点についても，はなはだ多くの不都合を生ぜしめた一つの事情に由来している。すなわちそれは，国民経済的見地から見れば，財がただ存在しさえすれば，それがだれに所属しようとも，おおよそ同じであるというような，不明瞭な考えである。労働者の生計資料が，社会的資本であるか否かを決定することが問題であるとすれば，ただちにベーム・バウェルクは，あたかもその生計資料がすでに労働者の手にあるもののように論ずるのである。ところが少なくとも近代の見方によれば，労働者は人間であり，社会の一員である。したがってその生計資料は，その他の人びとの生計資料と同列に立たねばならなかった。「国民の労働する部分が，食物，保温，衣服を得るための財は，直接享楽的に用いる財であって，生産手段ではない。」[7]

これは国民経済的に見れば，確かに真理である。さらにつぎのように，つけ

---

6) 前掲書, S. 76.〔4. Aufl. S. 103〕
7) ベーム・バウェルク，前掲書 S. 73.〔4. Aufl. S. 100〕

第2編　新しい資本理論

加えることさえできるであろう。すなわち，それらの財は，技術的見地においても，現実に労働に変えられるかぎりにおいてのみ，生産手段たるに過ぎない。したがって，あたかも正確な生活最低限に一致する生計資料の部分のみが，実際（技術上）生産的であるわけであると。国民経済の見地から見れば，生計資料は，それが労働者の所有に入るや否や，一般にもはや生産手段ではなく，また資本でもない（「社会的資本」でも「私的資本」でもない）。なぜならそのような場合，その生産的等価物はすでに譲渡され，資本家の所有に入っているからである。

しかし，もし生計資料がまだ労働者の手に移り行かず，なお（直接，または貨幣をとおして間接に）資本家に所有されているならば，それらが生産手段であることは疑いがない。なぜなら，実にそれは労働の買入れに役立つからである[8]。

われわれが，つねに定常的社会の想定を，もっとも簡単な仮定として考察の根本におくならば，このようなかなり複雑な事情のもとにあっても，おそらくもっともよい途を見いだすことができるであろう。なぜなら，そうすることによって，すべての生産要因，したがってまた資本も，およそ不変な大きさと見られることができるからである。この際，資本は，いかにもその形態を変えるけれども，その総価値は変わらない。なぜなら，消費された資本財の代わりに順次，等しい価値の新資本財が現われてくるから。

けれどもベーム・バウェルクはさらに次のことを注意している。すなわちもし国民生存基本 (nationaler Subsistenzfonds) 全体を資本とよぶならば「生産的労働者の生計資料のみならず，資本家と地主のそれもまた資本に数えられなければならない。後者も資本主義的生産方法の採用に対し，まさしく同一の直接

---

8) この際，見すごされてならないことは，資本家の役割と労働者の役割とが，共に同一人に兼ねられえるということである。

第1章 資本概念

関係をもっているのであるから」[9]と。地主については，これは疑いもなく正しい。時として生産は，その生産物の完成まで相当多くの年月を必要とする。地主もまたこういう生産の間，生活しなければならず，しかも彼の地代によって生活しなければならない。したがって，彼みずから資本家（少なくとも生産過程終了の後に支払われるべき地代の額だけ）であるか，あるいは，彼らの「生計」すなわち地代を資本家から，前払い的に獲得しなければならない。したがって資本家は，そのための享楽財またはこれに代わる貨幣を，順次に保有していなければならない。そして資本家の手にある享楽財は，生産的な土地用役の購入に役立つかぎり，確かに生産資本とみられなければならない。けれどもそれらがすでに地主の所有に移って後は，もはや生産に役立つことなく，したがってもはや資本ではない。しかしその代わりに，それらの等価物すなわち土地用役，原料などが，すでにその国の資本を貯えのなかに加えられているのである。

最後に資本家自身の生計資料はどうかというと，あるいは人は誤ってそれをもはや資本と呼ばず，かえって，まさに利子と呼ぼうとするかもしれない。けれども首尾一貫させるためには，それらが当面の消費者の所有に属する瞬間までは，つねに資本と見られることが要求される。言いかえれば，資本は定常的国民経済において，ある程度の波動（ただし全体としては目につかない程度の波動）をなしうると見られるのである。なぜなら，それは絶えず利子によって膨張させられると共に，また絶えずその利子の消費によって，縮小させられるからである。

それゆえ，アダム・スミスによって定立され，ベーム・バウェルクによってさらに拡張さえされた，私的資本と社会的資本の区別は，私見によれば現実には存しない。社会的資本は単に私的資本の総計から成っている。人はあるいは

---

9) 前掲書, S. 75. 〔4. Aufl. S. 102〕

第 2 編　新しい資本理論

考えるかもしれない。少なくともある一つの点すなわち消費貸付については，社会的資本と私的資本の現実の区別がなされねばならないと。けれどもこの困難は，われわれがベーム・バウェルクの推賞に値する先例にならって，物財のみを資本に数え，「権利や関係」やまた人の性質を資本に数えなければ，すでに取り除かれているのである。たとえば未来の金持の相続人によって借り入れ浪費される高利貸資本のようなものは，その後，さしあたりなんらの対立する物財をも持たない債権の形で存在するに過ぎない。そしてこれに類することは，すべての消費貸付についてもまた言えるのである。

けれども，われわれが同時に債務をもまた，社会的資本の総勘定の，負の項目あるいは負の数量として取り入れさえするならば，債権もまた資本として（しかも社会的資本として）数えることができるのは当然である。

なお，注目すべきことは，ベーム・バウェルクによって，これほど細心に定義された社会的資本というものは，彼のその後の研究で，ほとんどなんらの役割をも果たしていないということである。彼が資本利子理論の真の問題を論ずるに及んでは，辛苦して証明された「中間生産物の総体」（社会的資本）と「国民生存基本」（彼により「国民資本」Volkskapital とも呼ばれる）との間の区別は，ふたたび見失われて終っている。しかも，これは理由のないことではない。なぜなら，われわれが「中間生産物」の範囲を，最広義の生産の全範囲を超えて消費の瞬間まで[10]拡張するならば，実際，社会的資本あるいは生産資

---

10) わざわざ「消費の瞬間まで」というのは，資本の存続期間を，理論上，若干時間，若干日ないし若干週さえ，延期するか否かということは，結局ほとんど重要性を持たないからである。財が資本財であることをやめる国民経済的標識は，私見によれば，とにかくそれが消費者のいわば法律上の所有のもとに入ったということであり，言いかえれば，なんらかの資本的等価物すなわち労働，地用，他の資本財あるいは貨幣に対して，交換されたということこれである。しかしこの際，消費者（われわれが簡単のためにこのように称してきた人びと）は，いま法律上彼に所属するこの享楽財の享楽を一部分節約して，新しい資本財として用いることもまた可能である。持続的享楽財の地位についてはすでに，前にこれを論じた。

第1章　資本概念

本，国民生存基本あるいは「国民資本」，また私的資本あるいは単に資本（土地を除いて）というような，すべての概念は，ただ単純に同一に帰してしまうからである。

　簡単に要約しよう。広義においては，すべての利子を生む財（物財）は資本である。けれどもいろいろな資本がすべて同一の国民経済的役割を演ずるのではない。「広義の資本」と区別されて，「狭義の資本」がある。けれどもこの際どこに境界線を引くことが，もっとも好都合であるか，人が通常考えるように，単に生産された財を純粋の自然財（土地）と分つべきであるか，それとも（ウィーザーにしたがって），狭義の資本の「消耗性と可動性」(Verbrauchbarkeit und Beweglichkeit) したがってその容易に使用しうることと，使用し尽されること (leichte Disponibilität und Ausnützung) とに一層多く結びつけられるべきであるか，それは，決定することがさらに困難である。

　それぞれ異なる国民経済問題は，おそらくまた，概念のそれぞれ異なる限定を必要とするであろう。あたかもまさに通俗的用語にあって，資本という言葉が真の変化自在の概念 (Proteusbegriff) をなしているのと同様である。

　けれども以下の研究にとっては，いろいろな資本を，ただその持続性によって排列することが，もっとも好都合であると思われる。著しく持続的な財は，それみずから生産物であっても，処女地のような純粋な自然財であっても，またその用役を自発的に与えるにせよ，人間労働の追加によって与えるにせよ，以下において，私はこれを賃料財 (Rentengüter)[11] という。消耗財，すなわち急速に使い尽される生産財ないし消費財は（後者はまだ消費者の手に存しない

---

11)　ベーム・バウェルクによるとき，土地の生産的改良施設は，堤防，導管装置等のように，それが独立の性質を持ち，土地に完全に同化されない以上，資本と呼ばれるべきである。けれどもいったいこの場合，独立の性質がどんな意味を持ちうるであろうか。資本利子また賃金の高さの問題に対して，それらの財は，ただ十分に持続的であるかぎり，土地そのものとまったく同一の意義を持つものである。

第2編　新しい資本理論

かぎり）これを資本財（Kapitalgüter）または狭義の資本という[12]。

もとよりこの際，限界はまだ確定されずに残されている。けれども，単に資本利子の本質の説明が問題となるに過ぎない場合，この不確定性も重要ではない。これに反し，われわれが利子の高さの決定根拠や，資本利子，賃金，地代の関係（ウィーザーの用語によれば生産要因の「帰属」）を，正確に確かめようとする問題に進むや否や，いろいろな資本財をできるかぎり一つの総計に結合することが必要となり，しかも，それは当然，あらかじめ資本の範囲が，多少とも厳格に限定されていることを前提とする。しかしこれはいうまでもなく，なんらかの先験的に決定された定義によってなされるのではなく，むしろその国民経済的な力の真の作用の，精密な研究を必要とし，またこれらの力がどれほど現実に一つの総和に，あるいは，力学の比喩を用いるならば，ただ一つの合成力（Resultante）に，合成されうるかの研究を必要とする。この総和または合成力こそ，当面の問題の範囲内においては，すなわち資本にほかならないであろう。

資本概念についての見方の不一致をもって，経済学の貧困の証明（testimonium paupertatis）であると見ようとする人があっても，それは全然不当であるということはできない。ただ厳密な概念の定義は，つねに学問的学説建築の礎石であるよりは，むしろその要石（Schlußstein）である，ということを人は忘れてはならない。また学問の中でももっとも正確な数学でさえ，なお依然としてその定義を完成していないことを考えるならば，それによって慰めとするに足るであろう。

[12) この際，貨幣は注目すべき二重の地位を持っている。社会全体にとっては，それは賃料財であり，しかも社会に得られた余剰（貨幣の効用）は，通常の貨幣利子の額を何倍か超過している。個々の所有者にとっては，それは資本財である。

第2章　ベーム・バウェルクの利子理論と旧来の理論

　さてしかし，利子はいかにして成立するか。とりわけ消耗財が，いかにして利子を生みうるか。すなわち，――少なくとも一見するところ――その価値を減ずることなく，いかにして利用用役を与えうるのであるか。

　これらの問題については，私は進んでベーム・バウェルクの説明に，これを委ねたいと思う。だれでも，彼の「資本および資本利子」("Kapital und Kapitalzins") 2巻を細密に研究したならば，必ずその人の理論的認識は，それによって著しく豊富になっているに相違がない。たとえ彼の推論のすべてに必ずしも賛同しえないとしても，なおわれわれは次のことを，感謝しながら承認せざるをえないであろう。すなわち他のどのような論者も，彼のように深く事態の本質を究明したことはなく，また少なくともこのような深さと，明確さとを兼ね備えることはできなかったと。

　彼の唯一の欠陥は，往々あまりに深奥であろうとする点にあると，私には思われる。彼は理論的困難を好んで積み重ねる。なるほど，その多くは，後に都合よくとり除かれるけれども，それもどちらかといえば，普通の読者は混乱させられるような仕方においてである。

　ベーム・バウェルクが資本利子の領域でのすべての現象を総括しようとし，またすべての旧来の利子理論に代えられるべきであるとした，簡単な方式は，

第2編　新しい資本理論

よく知られるようにつぎのようなものである。すなわち利子は現在財と将来財との交換において生ずる打歩 (Agio) である。それは，ただ人間経済における現在と将来との関係を基礎とし，単に，現在財は（少なくとも現在の評価によれば）同種同数の将来財よりも，通常大きな価値を持つという事実を表わすに過ぎない，と。

　この方式が利子問題の全範囲を支配していることは，なんら疑う余地がない[13]。またそれは決して，たとえば A＝A，利子は利子なりというような単純な同語反覆ではない。新しく付加される解明的要素は，交換という言葉のなかにあり，いまや，利子問題は，真の交換問題として取り扱われうるであろう。特に限界効用の考察が，利子理論においても，普通の交換の学説におけると等しい役割を演ずるであろう。しかも「自然利子」("natürlicher Zins") についても，また貸付利子 (Leihzins) についても，ともに等しくそうである。同種の将来財を，なんらかの仕方で手に入れるために，現在財を犠牲に供する人は，本来，同一財の二つの用途の間の交換を行なうものであり，したがって，われわれが交換の説明の初めに，そのもっとも単純な種類として掲げた行為を実行するわけである。しかも彼が行なう規準もまた，前と同様に，二つの限界効用（現在財の限界効用と，現在の評価による将来財の限界効用と）の比によって規定される。

　同様に，貸付利子は普通の交換における交換価値と等しく，二つの限界効用比――すなわち一方貸し手にとっての現在財の限界効用の，将来財の限界効用に対する比と，他方借り手にとってのこれと同様な限界効用の比と――によって定まる。通常この際，双方にとって現在財の限界効用は，同種同数の将来財の限界効用よりも高いという結果を示すゆえに，利子はほとんどつねに正とな

---

13)　この方式は，私見によれば，問題そのものより一層包括的でさえある。なぜなら，それは利子を生む資本が，もはや存在しない場合の（消費貸付におけるように）利子現象をもまた含んでいるから。

第2章 ベーム・バウェルクの利子理論と旧来の理論

り，借り手の側から支払われる。限界効用比は結局双方同一となることができるけれども，総効用比はそうでなく，貸付がおよそ成立しうるためには，むしろ後者は必ず異なっていなければならない。くわしくいえば，借り手が貸し手にくらべて，つねに現在財を比較的高く評価していなければならない。こうして，この双方の相異なる評価の間のいずれかの点に，現実に支払われるべき利子が落ちつく[14]。

ところで，いかにして，またなにゆえに，現在の評価によれば，現在財がほとんどつねに将来財にくらべて高い効用または限界効用を持つのであるか。このことの証明は，ベーム・バウェルクの書の，もっとも有名なまたもっとも重要な部分に属する。われわれはいま簡単にそれを吟味するであろう。

第一の主要根拠としては，異なる時期における欲求と資力と (Bedarf und Deckung) の関係の相違があげられる。

これが，利子現象の一つの主要根拠と見られることが，正当であるか否かは疑わしいといいうるであろう。定常的な国民経済（私見によれば，つねにもっとも簡単な場合としてまずこれが考察されねばならない）においては，実際，欲望とその充足の資力は平均的には不変の大きさであると見られねばならない。なるほど，この場合にも多数の人びと（あるいはある先輩のすべての人びと）は，将来において，いまより一層豊かな資力を期待することができるであろう。けれども，彼らはまさに反対のことがあてはまる他の人びとと対立しているのである。したがって，そのような前提のもとでは，将来財に対する現在財の需要と供給とは，平価をもって (bei pari) 相一致すべきはずであるように

---

14) パンタレオニ (M. Pantaleoni) はその著「純粋経済学原理」(Principii di economia pura, p. 301) において，ベーム・バウェルクをつぎのように非難している。もし現在財が将来財よりも，高い限界効用を持つことが真実であるならば，貸付はもともと無益な操作であるであろう。なぜなら，単に等しいものが等しいものと交換されるわけであろうからと。この非難の浅薄さは，すでに述べたところによって明白である。

第 2 編　新しい資本理論

思われる。

　それにもかかわらずベーム・バウェルクは，将来の生計が一層悪化すると予想される場合すら，現在財は，少なくともその価値では将来財と相等しいと主張する。なぜなら，現在財は実にやむをえない場合には，将来の使用のために単に保蔵されることもできるのであるから，と。これは確かに一つのはなはだしい誇張である。いかにもベーム・バウェルクは，この原則の例外を，すなわち「氷，果実などのように損傷する恐れがある財」について，述べてはいる。けれども同じことは，もちろん，大なり小なりほとんどすべての食料品について，例外なく当てはまるのである。将来への保蔵が特殊の配慮と労働を必要としない財は，たとえば貴金属，宝石以外には，実際おそらく存在しないであろう。その上，それらが火災その他の災害によって滅失するかもしれないという危険が，さらにつけ加わるのである[15]。

　ある植民地国家のように，著しく繁栄におもむきつつある国においては，生計が将来一層豊かになることが確かに一般的な事実と呼ばれうるであろう。それがその国の利子率の普通の高さに影響を及ぼすことは疑う余地がない。けれども古い文明国や，国民経済のほぼ定常的な状態の場合では，現在財の将来財に比しての一層高い評価は，前者の生産的使用の可能性を無視すれば，ベーム・バウェルクが認めようとしたと思われるより，著しく限定された程度において生じてくるに過ぎない。

　これに反して，ベーム・バウェルクが後にいたって，初めて他の関連において（しかもただ付随的に）論及した一つの事情を，ここに説明することはまさ

---

15)　もしそうでなければ，われわれはなによりも飢饉，凶年のようなものを，ほとんど聞くことがないはずであろう。ヨゼフとファラオの先例にならって，凶作の現われてきた時に用いるために，豊作の場合に，穀物の過剰を貯えておくことほど容易なことはないように思われる。けれどもこの問題の実際的解決は，はなはだ困難なことがただちにわかってくる。それは単に個々人の事前の考慮の不足のためではなく，なによりも保蔵そのことの費用と困難のためなのである。

第2章 ベーム・バウェルクの利子理論と旧来の理論

にその所を得ていると思われる。すなわちそれは，将来財のために現在財を犠牲にするということは，他の事情に変化なしとすれば，それ自身その所有者に対して，現在と比べて将来の一層豊かな生計を結果せしめる。したがって，それがまた現在財の一層高い評価を促すはずである，ということこれである。

まさしくこの事情こそ，いま述べようとしている第二の主要根拠と結びついて，現在の享楽を将来の利益のために犠牲にすること（すなわち資本形成）を，制限するものである。

ベーム・バウェルクの第二の主要根拠（主観的な，しかもしばしば誤った，すなわち観念または意志の欠陥に基づく将来の欲望の低評価）はきわめて重要なことは疑いない。これこそ，すべての法律的・経済的事情の不安と結びついて，未開の国民経済のすべてにおける資本形成の僅少なこと，ならびに利子率の，はなはだ高いことの主要な原因であるのみならず，またおそらくわれわれのうち何びともなんらかの程度で，その影響を感じない日は一日としてないであろう。

けれどもベーム・バウェルクはこの点に関連して「われわれの人生の短さと不安への顧慮」をあげ，「100年，50年あるいはただ20年後に期限の来る支払いも，すべての……受取人にとっては，生きのびることの不確実さが考慮されるために価値を減ずる」と主張している。けれどもこの際，ただ主観的低評価のみが問題となるにとどまるか否かは疑問であると思われる。実際，われわれの子，孫，曾孫には，一般にまたわれわれと等しいその欲望充足の手段が与えられるであろう。だからわれわれが，われわれの現在の禁欲によって，それに相当する利得を彼らに与えうるかどうかは疑問であり，特にわれわれの子孫の一層遠い世代についてはなおさらのことである。実際彼らの幸福というものは，ただきわめてかぎられた程度においてわれわれに依存しているに過ぎない。ただし，いまはこれ以上この点を詳論しようとは思わない。むしろベーム・バウェルクによって挙げられた第三の，すなわち最後の主要根拠に移って行こうと

第2編　新しい資本理論

思う。

　これは，彼みずから認めるように，だいたいにおいて，以前は通常「資本の生産力」("Produktivität des Kapitals") の名のもとに，理解されていた事柄と一致している。けれども周知のように，彼は「生産力説」("Produktivitätstheorie") を，的確なものとは認めえない。そこで，彼は，なにゆえに「技術的理由から」現在財が，将来財にくらべて「一般に，われわれの欲望満足に対するより勝れた手段であり，したがってまたわれわれに一層高い限界効用を確保する」かについて，いまみずから独立に，これを説明しようと試みるのである。

　彼によれば，その説明はつぎの事実のうちにある。すなわち時間のかかる生産迂回が一層有利であるという事実，換言すれば，同一数量の生産手段をもって，より長期の生産方法を採用するほど，より大きな数量の生産物がえられうるという事実，これである。それゆえ，生産における資本の役割は，すでにジェヴォンズによって明らかにされたように，つねに「手から口へ」生活しなければならない原始的な資本のない生産と異なり，ただ生産の端初と終結との間に，なんらかの長さの時間を挿入することを可能ならしめるという点にある。

　本源的生産力のある一定量，たとえば今日用いうべき1カ月の労働を，われわれが，1年の生産期間の初めの部分として用いるならば，それを同種の財の即時生産に用いるよりも，一層多くの財を生産することができる。したがってまたこうして，翌年の1カ月の労働を，その翌年の即時生産に用いて得られるよりも，一層多くの財を生産することができる。さらに一層長期の生産方法を採用し，たとえば，その財が2カ年後に初めて完成されるものとすれば，この場合にもまた，今日の労働1カ月は，来年のそれより優越していることが明らかとなる。なぜなら，前者はその間2年の生産過程の初めの部分として使用されうるのに対し，後者はせいぜい，1年の生産過程の初めの部分として用いられうるに過ぎないからである。そして以下また同様であり，上述の事実が一般に通用すると前提されうるかぎり，疑いもなく現在の生産力 (Produktivkräfte)

第2章 ベーム・バウェルクの利子理論と旧来の理論

(労働または自然力)の,将来のそれに対する優越性が証明されているのである。

この説明方法は,確かに旧来の(チューネンの)生産力説にくらべて,その狙いはいくらか広い。後者は,たとえば100単位の現在財を犠牲にすることによって,同種の財の将来の生産が, 100単位以上,増大されうるという事実を指摘したに過ぎない[16]。けれども,根本的に見れば両理論は同一である。ベーム・バウェルクが,それならなにゆえに現在の享楽手段もまた将来の享楽手段に対して優越を持つかという問題に立ちいたったとき,実にその一致は完全なものとさえなっている。

いかにもベーム・バウェルクはここでもまた,その説明をいくらか変えて言い表わそうとしている。いわく「現在の享楽手段のある量を持っていることは,現に経過しつつある経済期間におけるわれわれの生存を賄うものである。またこうして,それはまさにこの期間に用いうべきわれわれの生産手段(労働,地用,資本財)を,技術的に一層有利な将来の用に供しうるよう,解放し,これらの生産手段より,一層長期の生産方法によって得られる一層多くの生産物を得ることを可能ならしめる。これに反し,将来の享楽財のある量を持っていることは,現在の生活の役に立たない。それゆえ,われわれの現に用い

---

[16] いうまでもなく,ここでは,チューネンのそれのように,ただ熟考され「確証された」生産力説のみを問題としている。資本生産物と資本利子とを区別することさえ,必ずしも知っていなかったその他のいわゆる生産力説論者のごときは,ベーム・バウェルクは一層かるがると これをかたづけている。ケリーのような,信じえないほどの皮相さについては,私は決してここに論じようとは思わない。正当にもベーム・バウェルクは,この著者について言っている。「彼の理論は,その著者の信用ばかりではなく,それに誤られて信仰的な想定をなすにいたった学問そのものの信用まで失墜させるような種類のものである。しかもその理由は,その理論が誤っているからではなく,その誤るにいたったゆえんの過失が,許すことのできない性質のものであるからである」と。(「資本利子理論の批判と歴史」 "Kritik und Geschichte der Kapitalzinstheorie" S. 179)

第2編　新しい資本理論

うる生産手段の全部または一部を，現在の用に供するという必要は依然として存続する。しかもこのように現在の用に用いられる時，それらの生産手段は，ただ生産過程の短縮に相応する一層少ない生産物を与えうるに過ぎない。両方の生産物の差額こそ，現在の享楽財の所有に結びついている利益にほかならない」と（「積極的理論」Pos. Th. S. 287〔4. Aufl. S. 350〕）。

けれども，このことがすぐに明白であるのは，ただ現に用いうべき享楽財と，まさに同一種類の享楽財の生産が問題となる場合にかぎられている。そうでない場合には，必ずつぎのことが疑問となるであろう。すなわち，問題である財 (A) の一層豊かな将来の生産の結果として，それの価値は，その時用いうべき享楽財 (B) の価値にくらべて著しく低落し，そのため (B) のこの量が，現在用いえようと将来用いえようと，同じことになるのではないかということこれである。この困難は，ただ同種の享楽財の生産のみを問題とするならば解消してしまう。けれども，その時，われわれはまさにチューネンの生産力説のまっただ中に立っているのである。

ただしベーム・バウェルクによって，その著の第1巻で，この理論に向けられた抗議は，それがせいぜい資本の物理的生産力を説明するも，決してその価値生産力を説明しないということであった。しかし彼自身この抗議を決して解消させていないし，また解消させることもできない。なぜなら，そこで彼が，生産力説論者に課した要求は，なにゆえに現在財が現在の評価によるとき，同種同数の将来財よりも価値が大であるか，を説明することではなく——実際，彼の理論に劣らず，チューネンの理論もまた（この事実が一般に認められるかぎり）よくこれを説明する。ただ多少不十分な仕方においてではあるが——。むしろ，なにゆえに資本生産物がその完成の暁に，犠牲とされた資本財そのものより価値が大であるか，を説明することであった。ところがベーム・バウェルクもまた，これを説明してはいない。また一般に，それはただ，ほぼ定常的な国民経済の状態という想定から出発する場合にかぎって，説明されうること

第2章 ベーム・バウェルクの利子理論と旧来の理論

である。

　同様にまたベーム・バウェルクは，生産力説に対する彼の他の主な批評（すなわち資本の使用によって得られた余剰価値ないし余剰生産物が，実際，資本自身に帰属され，協力する他の生産要因すなわち労働，土地所有等の手に帰着することがないかどうかという点）にもまた，上の説明をもってしては答えていないのである。なるほど，われわれは現在の1ヵ月の労働をもって，来年のそれをもってするより多くの将来財を得ることができる。けれども，この余剰も，問題なく現在の1ヵ月の労働の所有者の手に帰するであろうか。それは自明のことではなく（つまり，地力を用いることなく，労働時間のみをもって，およそ何ものも作られえないから），また普遍的な真理でもない。生産のいろいろな要因の分け前は，むしろまったく市場の情勢によって左右される。しかもこのことは，おそらくだれよりも明瞭に，またどれよりも素晴らしく，ベーム・バウェルクその人がその著の後の部分において示したことなのである。

　けれども，その際彼は必然的にもっとも単純で根本的な場合として，ほぼ定常的な国民経済という想定をすることを余儀なくされているのである。しかもこの想定をするやいなや，チューネンの理論に対する彼の抗議は，おのずから解消してしまう。

　ところで，なにゆえにこのような定常状態，あるいは（ここではだいたい同じことであるが）社会のただ緩慢な進歩ということが，理論上ならびに実際上，原則と見られうるのであるか。なにゆえに，資本家，地主および労働者の所得は，蓄積されて資本の貯えに加えられることなく，だいたい消費されてしまうのであるか。なるほど，これも答えられねばならない問題であり，また確かに利子問題と内面的に関連している問題であるが，しかしそれはそれだけで，つねに独立した一個の問題である。私見によれば，ベーム・バウェルクに対しては，つぎの非難があてはまると思う。彼は，旧来の利子理論の批判においても，また彼自身の積極的説明においても，この二つの問題すなわち利子の

第2編　新しい資本理論

成立という問題と，利子を生む資本そのものの成立という問題とを，真に学問的に区別することなく，混同してしまったという非難がこれである。

こうして，最後に私は，ベーム・バウェルクによってきわめて厳格に批判された・利・用・説 (Nutzungstheorie) のためにも，また一言弁護すべきであろう。この説は周知のように，持続財の利子から出発する。つまり，それは利子をもって一定期間の財の利用 (Nutzung) の価格と見るものであり，くわしくいえば，財が損耗される場合には，その生じた損耗の補償として必要とされる負担および労働を，財の単純な使用の効用から引き去り，利子はその・財の純利用 (reine Nutzung) の価格であると見られるのである。この際，財の価値が依然として不変にとどまるか否か，またいったい，財が用役そのものの価値と比較されうる資本価値を持つか否かということは，ここではまだ解決されてはいない[17]。財はその・実・体を維持し，したがってまた将来においても同じ用役の保持者として役立てうるということが，単に前提されているに過ぎない。ひとたびこのような用語が確立された以上，利用ないし純利用の概念が消耗財に拡張されるにしても，それは一つの擬制ではなく，学・問・的・な・普遍化である。実際，持続財の場合においても，絶えず修復によって塡補されるならば，損耗の額は，大にせよ小にせよ，同じことである。けれどもまたそうなら，結局，復旧——すなわちその財そのものまたは相等しい財の再生産——を伴いさえすれば，消耗財の場合のように，その使用が財の物体全体に及ぶこともまた可能なわけであろう。いまこのような使用がまさに問題の資本財と同種の財を得るためになされるとすれば，明らかにこれによって，すでに一つの利・子・率が決定され（平均利子率決定の一要素），この利子率が逆に，持続財の資本価値の評価を定めるこ

---

17) 生産された持続財，たとえば住宅のようなものの資本価値の，普通の説明は，生産費または再生産費を指摘することによって行なわれているけれども，それはもとより非学問的であり，原因と結果を取り違え，あるいは混同しているということができる。

第2章　ベーム・バウェルクの利子理論と旧来の理論

とができるのである。

　このような見方は多少とも成功したものであり，学問的に有用なものと見ることができる。それを単に，欺瞞に基づくと説明することは，正当であると思われない。ベーム・バウェルクは，利用説がつぎのような可能性を前提していると嘲笑している。すなわち「物の譲渡にあたって，その物の全部のほか，さらにそれ以上のあるものを譲渡しうるということ，くわしくいえば，貸付けられる物の所有とともに，その物から得られる使用すべて（それを消滅させてしまう消費にいたるまでの）に対する権利のみならず，さらにそのうえ，別に利子を要求しうるための，別の小部片 (Endchen) の使用に対する権利をも譲渡しうるということ」これであると。けれどもこの点については，単につぎのように答えるべきである。利子は，なんらかの「別の小部片の使用」に対して要求され，また与えられるものではなく，実際「物から得られる使用すべて」に対して要求され，また与えられるものであり，ただその物それ自身，あるいはそれと相等しい物の復旧のみと結びつきえるのであると[18)19)]。

　純粋な消費貸付の場合においてのみ，利用説の説明方法は（生産力説のそれ

---

18)　Pos. Theor. des Kapitals, S. 301.〔4. Aufl. S. 363.〕
19)　特に「貨幣の使用」の問題については，利用説は有効に貫かれることができる。この場合，われわれは通常，借り入れられた貨幣量が，借り手によってただ一度だけ，しかも多くは貸付の直後に「使用」されるという事情につきあたる。けれども事実上，彼は貨幣を少なくとも二度使用する。すなわち一度は買入れに用い，さらにまた売却に用いる。通常この際，買い入れた財を後に利潤を得て販売することを，彼に可能にさせるものも，またその間の貨幣の流通である。このことは，われわれがなによりも，つぎのきわめて簡単な場合を眼中におくならば明白となる。すなわち固有の生産は行なわれず，貨幣がただ交換にのみ——すなわち存在する財の，国民経済的により有利な分配にのみ——用いられる場合これである。この場合さらに，さきの貨幣量が，その経済団体の内に流通する貨幣の唯一の量であると想定するならば，われわれが前に多数財の交換の場合に遭遇した事情が現われ，貸付の返済まで同一貨幣片の跡を追うことさえ可能である。ただしこのとき利子はまず貨幣形態においてではなく，商品形態において現われる。

と等しく）排斥される。この場合は，むしろ，ただ現在財と将来財との間の交換という見地のもとにおいてのみ，理解することができる[20]。

かくてベーム・バウェルクの方式が，すべてのうちでもっとも一般的なものであることは疑いがない。それは以前の説明方法よりも，一層よく事態のもっとも深い核心，すなわち時間の国民経済的意義を明らかにし，しかも，他のいずれの説明方法に劣らず，いろいろな利子現象に適用せられることができる。したがってそれは，私見によれば重大な学問的進歩を意味するけれども，しかしベーム・バウェルクが実際，みずからしばしば主張したように，なんらかの誤った観念，または空虚な観念に代えて，まったく新しい，唯一の真実の見方をもってした，という意味においてであるよりは，むしろ，それが旧来の説明方法を完全なものにしたという意味においてである。

---

20) ただし厳格にいえば，上に示したように，消費貸付の利子は，固有の資本利子の範囲には属さない。なぜなら，この場合貸付けられた「資本」は，実に物財としてではなく，ただ債権としてのみ存続し，その返済は，借し手の側の新しい資本形成によって（あるいは既存の資本の縮小によって）起るものであるからである。

第3章　生産期間，資本財と「賃料財」

　けれどもベーム・バウェルクの理論の最大の意義は，私の見るところ，生産における資本の役割を解明する，その巧妙な仕方にあると思われる。この資本の役割は，窮極においては既述のように，ただ問題になる財の生産過程の端初と終結との間に，資本集約度の劣る場合や，まったく無資本的生産の場合に可能であるよりも，さらに長い時間を挿入し，それによって，一層有利な生産迂回の採用を可能にするということにあるに過ぎない。それゆえ，自由な資本とは，その本質から見るとき，生産中，資本家によって労働者と地力所有者に前払いされる，すなわち労働および地用に対して交換される生計資料すなわち享楽財の総額にほかならない。ただしこの総額は，すでに生産の初めから用意されてあることを必要とせず，むしろただ順次に使用しうるにいたることを必要とするに過ぎない。けれども平均的には，それは，作業完成の一定時間（生産の時間の長さのおよそ半分）前に消費される。いまわれわれが生産のある時点にいわば切断面をつくるとすれば，すでに投下された労働と蓄積された地用とは，原料，道具，半製品等の形において現われ，それらが拘束された資本を表わしている。またそれらは生産期期の長さの標識であり，生産期間が長く，投下された資本が大であるに応じて，必ずそれだけ小さい労働者の割合が，生産の終局段階に用いられる。ただしこの比較的小さい人数が，より短期の生産期

第 2 編　新しい資本理論

間における一層大きな人数よりも，さらにまた無資本的即時生産における全部の労働者よりも，一層多量の完成財をつくりだす。完成享楽財の年生産は，同一の労働者数と土地面積のもとにあって，生産に投下される資本が大であればあるほど，すなわち平均的生産期間がより長期にわたりうればうるほど，それだけ大となるであろう。

もちろんこういうものの，すべての技術的進歩は，必ず従来普通に行なわれた生産過程を延長させるにいたるというのではない。けれども前者がこれを延長させないかぎりは，存在する資本の増加をもまた必要とせず（あるいは単に一時的に必要とするにとどまり），むしろおそらく，資本を解放することさえ可能であろう。したがって，それはあたかも，他の事情を同一にして，人間労働ないし自然が一層生産的になった場合と同様の結果を生ずるに過ぎない。

しかし多くの場合，技術の進歩はいろいろな準備運動を必要とするであろう。すなわち，それは新しい生産迂回を導入し，こうして新しい資本を必要とするにいたらしめる。われわれの時代には，それ以前のどんな時代とも比較にならないほど，大きな資本の蓄積が行なわれたということは，なんら疑問の余地がないのである[21]。

このように，旧来の，資本の生産力というような意味一定しない，またいろ

---

21) アダム・スミスによって，資本形成の必然性を分業から説明しようとする試みがなされた（"Wealth of Nations." B. II. Introduction）〔気賀勘重訳「国富論」上巻第 2 編総論〕。つまり，分業は生活資料のある程度の貯えの集積によって，その労働者の生計が確保された場合にのみ起りうるからである。けれどもこれは，私には謬論であると思われる。分業は，それだけでは生産期間を延長することなく，かえってそれを短縮し，したがって元来新しい資本形成を必要とするものではない。（ただし，おそらくすでに存する資本のなんらかの集中を必要とするではあろう。）しかし他方において，分業は，周知のように生産のもっとも強力な刺激である。分業がなければ十分に有利でない生産迂回も，分業によって有利となるであろう。そうである以上は，当然，分業の可能性が，間接に，こういう生産迂回を採用，したがってまた資本の集積に対する力強い原因となるわけである。

第3章 生産期間，資本財と「賃料財」

いろな形態をもつ観念に代わって，相対的に確定し，またはなはだ簡明な生産過程の延長という概念が現われてくる。こうして資本利子理論は，地代理論において，すでに見られるような正確な取扱いが可能となり，両者相まって（私が後に示そうとするように交換価値の最後的な）決定根拠を明らかにするために，われわれがさらに必要とする要素を与えてくれるのである。

この場合，つぎのように想定される。一つ一つの業務分枝のおのおのの中において，労働の生産力，たとえば一労働者の年生産は，他の事情と等しいとすれば，生産過程の長さの関数である。しかもくわしくいえば，この期間の長さと共に増大するが，それよりは緩慢に増大する関数であり，したがって余剰収益の度盛は逓減的なものとなると。（実際これは経験と全く一致している。）さらにわれわれが，生産期間の長さと生産の収益性とを，連続的に変化する量であると想定するにしても，なお依然として現実の範囲内にとどまっているであろう。なるほど往々にして発明が行なわれ，その結果さきに行なわれた生産方法が根本的に変形され，過程の長さもその収益性も，全く異なったものとなることもあるであろう。けれども多くの場合，生産はただ徐々にのみその姿を変える。いろいろな「改良」の技術的可能性はすでに存するにもかかわらず，まだその経済的可能性は存在しないことがたいへん多いのである。「労働者を節約する新しい機械や方法が，すでに早くから発見されながら，その応用はまだ収支償わず，賃金騰貴または資本利子低下が現われるとき，あるいは，その他の理由によって，初めてその応用がまさに採用されるに足る利益を与えるにいたるのである。これはすなわち，同様の場合に，ただ比較的小さな変化が問題となるに過ぎないということの一つの証拠である[22]。

けれども，このような見方に妨げとなる若干の困難がある。なるほどベーム・バヴェルクはすでにそのうちのあるものを取り除いたけれども，私の見る

---

22) われわれがある業務分枝内の，全体としてみた平均的事情を追及する場合には，数多くの理由によって，この変化の連続性はさらに著しいものがある。

第2編 新しい資本理論

ところ、まだそのすべてを取り除いてはいないのである。すなわちその第一は職業の分化これであり、この職業分化の結果として、事実上、なんらかの商品の生産過程全体が、順次同一業務内で行なわれ尽すというようなことは、ほとんどまったくないことである。しかしこの困難はなんら原理的な困難ではない。ただ平均的な資本利子、賃金等が問題であるにとどまる以上、われわれはすべてのそのような部分的業務を、それが同一の終局生産物を目ざすかぎり、ただ一つの業務に結合して考えることができる。ただしこのような考えをたどって行くとき、直ちにわかることは、しばしば多数の相異なる業務が、あるいは前に、あるいは後に、一つの同じ業務の中に合流して行くということ、あるいは同じことであるが、ただ一つの業務が多数の業務に分かれるということ、これである。一つの同じ工場が、たとえば後には相異なる種類の財の製作に役立つ機械を調達する。機械のそれぞれが、現実にどれだけの労働を必要としたか、特にどれだけの前になされた労働を必要としたかを、つねに精密に決定することは困難であり、あるいは不可能でさえあるであろう。ただここに財を比較的大きな集団に分類するならば、われわれはほぼ各集団内の平均的労働量及び生産期間を見出すことができる。

他の一つの困難は、すなわち持続的な財（生産財）の存在にある。それらが道具や機械のように、数年しか存続しない場合には、機械の製作に要する労働を、その機械を用いて完成された財に割り当てることによって、そのような困難を切り抜けることもできるであろう。この際、機械の平均的存続時間は生産期間の平均的長さに対し決定的であり、あるいはそれの一部分であるとみなされる。けれども50年、100年あるいはそれ以上も存続する生産財を問題とするとき、このような切抜け策も役に立たない。ベーム・バウェルクは「すでに何世紀も前に投ぜられた何分の一日かの労働は、多くの場合、はなはだ微小であるため、考慮の中には入らない」と主張して[23]、このような困難を回避してい

---

23) 前掲書 S. 95. 〔4. Aufl. S. 118.〕

第3章　生産期間，資本財と「賃料財」

る。けれども，もし彼のように，すでにはなはだ長い年数を経ていることの多い生産的建造物，工場，倉庫，鉄道などを，資本のなかに数えるならば，上の見方によって当然につぎのように見なければならない。すなわち維持費，経常費を差し引いて後，このような資本財の利用に対して支払われる賃料は，遠く隔たった時期において，その資本財建造のために行なわれた労働の，一部分の代償にほかならないと。ところが，いうまでもなく最初の建設費は，その建物の現在の賃貸料や，その鉄道の賃率には，もはやまったくなんらの影響をも持っていない。また今日こういう設備が完成されるものとするとき，遠い将来のその予想収益は，その現在の資本価値ないし収益性 (Rentabilität) になんらの意義をも持つものではない[24]——しかもこれはベーム・バウェルクみずから強く力説したことである。しかしまさにこのゆえにこそ，私見によれば，大きな持続性をもつ財（たとえば道路，鉄道，建物など）は狭義の資本と見ることができず，またそう取り扱うことができない。むしろ，それらはひとたび存在する以上，国民経済的には土地そのものと同じ種類に入れられるべきものである。換言すれば，われわれが後にベーム・バウェルクの先例にならってするように，利子の高さと賃金とを理論的に決定すべき要素として用いるために，存在する全資本を一つの合計に総括するとき，この合計のうちに鉄道，建物などの資本価値の和が包含されると考えることは，誤謬に導くものであると思われる。後者の価値は，むしろ土地そのものの資本価値と等しく第二次的な現象と

---

[24] ある資本財たとえば貸家が，50年しか存続しないと予想されるか，それとも十分に100年も存続すると予想されるかは，利率5歩と仮定して，その現在の資本価値に9パーセントに足らない差異 (8.72パーセント) を生ずるにとどまる。100年存続するか，それとも200年存続するかは，7パーセントに足らぬ差異を生じ，200年存続するか，それとも永久に存続するかは，それによってわずか0.0057パーセントという微細の価値差が生ずるに過ぎず，(すなわちこの場合，家はたとえば100,000マルクの価値があるか，それとも100,005マルク70ペニヒの価値があるかであって) まったくどちらでもいいことである。

第2編 新しい資本理論

みられるべく，それは上記の利子，賃金の大きさの決定には，なんらの影響も及ぼさない。持続財の純賃料は，地代と等しく，単にその用役の価値によって（修繕費を差し引いて）定まるものである。

けれども，われわれは最初にかかげた困難を無視するとともに，地用およびその他の賃料財の使用は自由に解放されていると想定し，そして，後にいたって初めてこのような要因の作用を顧慮することにしよう。それならすでにベーム・バウェルクは，その著第3巻第5章 (B. III, V. Abschnitt〔4. Aufl. B. IV, III. Abschnitt〕) において一国民経済内に存する労働者数と資本量の与えられた場合に，生産期間の長さという概念を用いることによって，そのときの賃金と資本利子の高さ相互の間に存するきわめて簡単な関係を，いかにして明らかにすべきかをわれわれに教えている。その際ベーム・バウェルクは，数学的記号の使用を避けて，事柄を表式的叙述によって明らかにしようとしているけれども，そのため，彼は問題である量を飛躍的に変化するものと想定することを余儀なくされているのである。しかし連続的に変化する量という想定の方が，理論的には一層単純であるのみならず，また事実上一層よく現実にあてはまる。それだから，私としてはまさにこの後の想定を基礎として，これに応ずる数学的表現を用いて理論を展開し，その後ベーム・バウェルクの取扱方法についてもまた，若干の言葉を述べたいと思うのである。

第4章 定常的国民経済における資本利子と賃金

第1節 数学的説明

　そこで、われわれは一人または一団の労働者が、自己の計算において、生産的企業を始めるものと想定しよう。そしてこの企業は一または多数の財の、一度かぎりの生産をするものとする。彼ら自身は資本を持たないけれども、ある限度までは、ある利子率において貸付を受け、任意の数量の貨幣を得ることができる。しかも最初、われわれはこの利子率を与えられたものと考えよう。事柄を十分単純化するために、いま彼らは、すべての必要な準備工作すなわち道具を作ることなどを、みずから行なうものと仮定しよう。しかも、生産過程が完了し、ひとたび財が完成した場合においては、それらの準備工作は、すでに完全に使い尽され、無価値であるはずであると仮定する。彼らがこの生産の準備に一層多くの労働を用いるにつれて、生産過程は延長される。けれどもその代わりに、作り出される財の量、否むしろその価値は、仮定によって一層大である。くわしくいえば、この際その価値は、生産期間の長さよりも、さらに大きい割合において増大すると想定されねばならない。したがって一労働者の平均的生産（たとえば年または日の）価値もまた、生産期間の長さにつれて逓増

第2編　新しい資本理論

するものと想定されるべきである（ただしこの際，余剰収益の大きさは必ず逓減的なものである）。

さてこのような労働者は，いかなる生産方法を選定するのが，もっとも有利であるであろうか。あるいは，ここでは同じことであるが，どれだけの長さの生産期間を選定するのが，もっとも有利であるであろうか。こう問うとしても，この問題は，容易に知られるように，これだけではまだ不定である。なぜなら，労働者は明らかに二つの相異なる目的を追及することができるのであるから。すなわちあるいは最大可能の終局利潤を達成しようとすることもできるし，またあるいは労働の継続中にできるだけ豊かな生計を得ようとすることもできる。けれども，われわれはなお依然として，定常的状態の仮定を維持しようと欲するから，資本の総額を不変の大きさであると見なければならない。したがって，実際，新資本であることが明白な終局利潤の成立は，きわめて単純にこれをまったく無視することが可能である[25]。こうしてわれわれは，この場合のように労働者がみずから企業者である場合においても，ただ上の第二の目的，すなわち最大可能の生計ないし賃金に向かって努力するものと想定する。しかもこうすれば，問題は完全に決定し，かつ容易にこれを解くことができるのである。

終局生産物の価値を s とする。われわれが最後にした仮定によれば，この価値のうちには，まさに生産に用いられた全資本と，それに対する利子とがふたたび見出され，そしてそれ以上のなにものも見出されないであろう。しかし資本は，ここでは単に労働者の生計費にほかならず，したがって，l がいま決定されるべき一労働者の年生計ないし年賃金を表わし，t が年（およびその端数）

---

[25] 私見によれば，この重要な区別を怠ったことが，すでに示されたように，ベーム・バウェルクのその他の点においては，きわめて明晰な説明の根本的欠陥をなしている。彼がそのために，ジェヴォンズの利子理論のまったく誤った批判に導かれたことは，後に明らかとなるであろう。

第4章 定常的国民経済における資本利子と賃金

をもって示された生産期間を表わすとすれば，この資本は各労働者につき $t \cdot l$ となる。いまもし全資本が，すでに生産過程の端初において借り入れられたとするならば，単利を仮定して，利子率を z とするとき，$t \cdot l \cdot z \cdot t$ （すなわち $t^2 \cdot l \cdot z$）が利子として支払われねばならない。けれども，資本がただ賦払的に投下されるとすれば，この額はさらにある一つの真分数をもって乗ぜられ，そしてこの分数は，資本の連続的借入れの場合には，$\frac{1}{2}$ まで低下することができる。よってわれわれは

$$s = t \cdot l \left(1 + \frac{z \cdot t}{2}\right) \tag{12}$$

とおく。$\frac{t}{2}$ なる大きさは資本投下の平均的長さと見得るべく，したがってそれは，連続的生産の場合には，生産過程の長さのただ半分に達することを必要とするに過ぎない。

両辺を t で除す。$\frac{s}{t}$ はいうまでもなく，一労働者の・平・均・年・生・産を表わす。これを p とよぶならば，

$$p = l \left(1 + \frac{z \cdot t}{2}\right) \tag{13}$$

が得られる。既述のように s と p とは，ここでは t の・関・数，しかも・既・知・の・関・数と見られるべく，z は既知の大きさと想定されている。いまや問題は l が最大

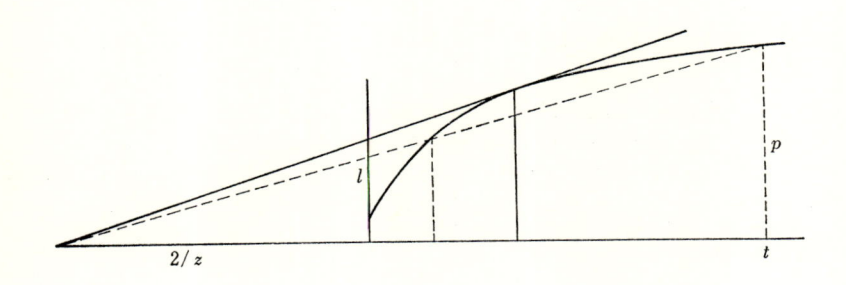

となるようにtを定めること，すなわちこれであり，この最大は，よく知られているように，両辺をtについて微分することによって得られる。極大に際しては$dl=0$なるゆえに，この際lはあたかも常数のように取り扱われうべく[26]，こうしてわれわれは

$$\frac{dp}{dt}=\frac{l \cdot z}{2} \tag{14}$$

を得る。そしてこの方程式は，(13)と結びついて，求められたtおよびlのzで表わされた値を与える。

理解を容易にするために，われわれはこの結果をさらに幾何学的に図解したい。tおよびpを曲線の横座標および縦座標であるとしよう。この曲線はpの既知の性質によって遙増的ではあるけれども，横軸に向かって凹の経過をとるべきはずであり，また（まったく資本の無い即時生産においてさえ，なおいくばくかは生産されうるから）原点からある一定の距離において縦軸に交わる。この曲線上に任意の一点をとり，この点と，横軸の負の側に原点から$\frac{2}{z}$の距離にある定点とを，直線で結ぶ。すると方程式(13)より，それを

$$p : l = \left(\frac{2}{z}+t\right) : \frac{2}{z}$$

のような形に書き表わすとき明白なように，この直線は，ちょうどlに等しい部分を縦軸上にきりとる。lの最大値は，まさに方程式(14)で表わされるように，上の定点より曲線に切線を引くことによって得られる[27]。

---

26) この際，実際lの極大を生じ，決して極小を生じないことは，問題の条件にかえりみて，容易に証明されうる。つぎの幾何学的図解を参照せよ。
27) 単利ではなく，複利をもって計算されるものとすれば，方程式(12)より出発するのがもっとも良い。ただしこの際，方程式(12)は（瞬間利子 augenblicklicher Zins〔訳者注，利力による利子〕を仮定するとき）

$$s=l\int_0^t (1+z)^t dt$$

第4章　定常的国民経済における資本利子と賃金

　次にこれと対立する問題にとりかかろう。賃金は与えられたとせよ。そしてみずから資本家たる企業者は，雇傭された労働者の各人について，したがってまた生産に用いられた全資本について，最大可能の利潤を生ずるように，その生産を工夫しようとする。この問題（これがベーム・バウェルクによって取り扱われた唯一の問題である）は，一見さきの問題とまったく異なるように思われるにもかかわらず，まったく同一の式に導くのである。すなわち p と l とが一労働者の年生産と年賃金を表わすとき，ここでもまた

$$p = l\left(1 + \frac{zt}{2}\right)$$

が得られる。もちろん，いまここでは l は既知の大きさと見られ，問題は，z が極大となるように t を定めるということにある。けれども t に関して微分することは，いずれの場合でも，あたかも l と z がともに常数であるかのように行なわれ，われわれは前と同様に

$$\frac{dp}{dt} = \frac{lz}{2}$$

を得る。そしてこの方程式より，いまは t と z が l で表わされることができる

$$= l \cdot \frac{(1+z)^t - 1}{\log nat (1+z)}$$

なる形をとり，その後，それの t に関する第一導関数

$$\frac{ds}{dt} = l(1+z)^t$$

と結び合わされる。〔訳者注，$log\ nat$ は，もとより log_e に同じ。〕

　z の十分小なる値，および t のあまり大でない値に対しては，第一の式は

$$s = l \cdot \frac{tz + \frac{t(t-1)}{2}z^2}{z - \frac{z^2}{2}} = lt\left(1 + \frac{z}{2}\right)\left(1 + \frac{t-1}{2}z\right)$$

$$s = lt\left(1 + \frac{zt}{2}\right)$$

となり，単利計算のときと同様である。

第2編　新しい資本理論

のである。

　この場合，幾何学的解決は次のようにして行なわれる。すなわち縦軸の上に原点より l の距離にある点をとり，その点より曲線に切線を引く。この切線はいま横軸の負の側における長さ $\frac{2}{z}$ を定め，それから z の値が見出される。たとえば，こうして定められた長さが40であるとすれば $z=\frac{1}{20}$ すなわち5パーセントとなる。

　もちろんここでは，資本はただ順次に使用されるにいたるものと仮定されている。したがってそれは，一時この業務の外部において，用途を見出さなければならない。この困難を避けるためには，われわれはあるいはつぎのように考えることもできるであろう。すなわち，企業者はただ一つではなく，同種の多数の業務を同時に営み，それらはいずれも同一の生産期間をもつも，それぞれその進行の階段を異にし，したがって，彼はたとえば毎月または毎週，完成商品を市場に送り，その売上げをもって，つぎの賃金支払いに必要な貨幣を調達する。この際雇傭された労働者のおのおのは，平均的には生産過程の半分を経過したものであるから[27]，各労働者に投下された資本は，明らかに平均 $\frac{t \cdot l}{2}$ である。けれども，労働者各一人の平均月生産は $\frac{p}{12}$，月賃金は $\frac{l}{12}$ であって，その差 $\frac{p-l}{12}$ は，各労働者に投下された資本の月利子と見られうる。よって，月利子率は $\frac{p-l}{6 \cdot t \cdot l}$ であり，こうして年利子率は $\frac{2(p-l)}{t \cdot l}$ となり，上と同様に

$$z=\frac{2(p-l)}{t \cdot l} \quad \text{すなわち} \quad p=l\left(1+\frac{tz}{2}\right)$$

が得られる。

　けれども，一業務のうちに，このように厳格に施された生産「階梯化」を想

---

[27]　もとより厳格にいえば，これはただ月が，全生産過程のかぎりなく小さい部分と見られることが，許される場合にのみ正当である。十分な論旨はコンラート年報 (Conrad's Jahrbücher, Dez. 1892, S. 868 u. ff.) における私の論文「資本利子と賃金」("Kapitalzins und Arbeitslohn") を参照せよ。

第4章 定常的国民経済における資本利子と賃金

定することは，必要でない。このような現象が，生産総体の結果として生ずるならば，それで十分である。すなわちこれは，だいたいにおいて，いろいろな完成品および未成品が，まさに消費と生産がそれを必要とする瞬間に生産される，ということと同一に帰する。このような場合，当然資本もまた貸付市場の機構によって，まさにそれが解放される瞬間に用途を見出すことができるであろう[28]。

そしてこれがまただいたいにおいて現実の事情でもある。というよりもむしろ，つねに求められつつ，しかもいろいろな原因によって，当然不完全にしか到達されえない生産の理想なのである。

その上，さきには，生産そのものが連続的であり，したがってそのいかなる時においても，同数の労働者が雇傭されると想定された。もとよりこれもまた事実ではない。生産のある段階では恐らく労働者に，はなはだわずかしか地位が与えられないかもしれない。あるいはまったく一人も地位が与えられないかもしれない。いわば，未成品が単に自然力の作用に曝される場合，たとえば，成熟してゆく播種が夏の間，ずっと畑におかれ，また葡萄酒の製造で，新酒は本来の生産終了ののち，幾年も窖に留めおかれるようである。結局，生産期間は，完成財が現実に売り出されるときまで，延長されたものと考えられなければならない。

けれども，資本投下の長さに対して $\frac{t}{2}$ の代わりに，一般的な表現 $\varepsilon \cdot t$ をおくならば，これらのすべての事情に適合しうるであろう。ここに ε は一つの真分数である。

この場合，いうまでもなく，各個経済の内部における生産の階梯化は，少なくとも被傭労働者が，間断なく従業しうる程度まで，実現されなければならない。こうしてわれわれの方程式(13)は，なお次の形において存立することがで

---

[28] 仲立業 (Courtage) などは，もとよりここでは無視される。そしてまた，全資本市場にただ一つの利子率が想定される。

第2編 新しい資本理論

きる。
$$p=l(1+\varepsilon \cdot t \cdot z)$$
もちろん，生産期間内の労働の分配は変化されうる。したがってεは本来一つの変数であるけれども，ここでは，積$\varepsilon \cdot t$すなわち資本の投下期間が，一つの変数と見られうるがゆえに，少なくとも単利計算の場合には，式は著しい変化を受けない。

さて，問題の業務分枝の内に存在する資本の総量と，被傭労働者の総数とは，共に不変の大きさであるとするならば，賃金と利子の高さと，生産期間の長さ（これはもちろん，同一業務分枝内においては，だいたい，どこでも同一であると想定されることができる）との間の，上記の関係を明らかにしうるのみならず，さらに進んで，それらの大きさそのものすら見出すことができる。すなわち一労働者あたり投下資本は，平均$\dfrac{t \cdot l}{2}$（さらに一般的には$\varepsilon \cdot t \cdot l$）であるから，Kを資本総量，Aを被傭労働者数とするとき，

$$K=\frac{A \cdot l \cdot t}{2} \tag{15}$$

が得られ，方程式(13)および(14)と結び合わせて，この方程式から，l, tおよびzが，KおよびAで表わすことができる。実際，(13)および(14)よりzを消去することによって，われわれは

$$p=l+t\frac{dp}{dt} \tag{16}$$

を得，またここから得られるlの値を(15)に代入して，

$$K=\frac{A}{2}\left(tp-t^2\frac{dp}{dt}\right) \tag{17}$$

を得る。pと$\dfrac{dp}{dt}$とは，tの既知の関数と見られるべきであるから，この方程式はtについて解くことができる，等。

けれどもこのような仮定は事実ではない。今日ある種の財の生産に用いられ

第4章　定常的国民経済における資本利子と賃金

る資本と労働の一部分が，明日すでに他の業務分枝に移り行くこともまた可能である。けれども全国民経済の内部においては，確かに存在労働者数も国民資本総量も，いずれも，ほぼ与えられた大きさであると見ることができる。それゆえ，われわれはベーム・バウェルクの例にならって，第一次の接近として，すべての業務分枝に同一の生産力を想定し，また生産期間を次第に延長する場合の生産力の増加もそれぞれ同一であると想定することが許されるとすれば，明らかにわれわれの上の方程式は，国民経済全体に対してあてはまると見ることができる。つまり t は生産期間の長さ，p は一労働者の年生産，l と z は賃金と利子の高さを表わし，これらの大きさは，仮定によって，すべての業務分枝に相等しくなければならないからである。

しかも，現実生活において，このような方程式の満足は，次のように生じるであろう。賃金のそれぞれの状態に応じて，企業者兼資本家にとっては，ある一つの生産期間の長さが，最大可能の利子の期待を与える（z を極大にする）ゆえに，もっとも有利なことが知られる。そこで全労働者が就業し得，存在する全資本が投下されるならば，もはや諸事情がこの状態に固定するように，資本および労働市場にすでに均衡が成立しているわけである。けれども，もし存在するよりも多くの労働者が需要されるならば，賃金は騰貴せざるをえない。しかし賃金の新しい状態に応じては，直ちに，新しくしかも容易にわかるようにより長い生産期間が，もっとも有利なことがわかってくる。こうして一方賃金の騰貴により，他方生産期間の延長によって，過剰の資本が吸収される。

これに反し，もし問題の生産期間の長さにおいて就業しうるよりも，さらに多くの労働が存在するならば，労働者の競争によって賃金は低落せざるをえない。賃金のより低い状態にあっては，新しくしかもより短い生産期間が，資本家にとってこのときもっとも有利なものと考えられ，それが採用される。そして一方賃金引下げの結果として，他方生産期間短縮の結果として，さきに不足であった資本が，いまやすべての労働者を就業せしめうるであろう。

第2編　新しい資本理論

　いずれの場合においても，結局均衡が達成される——たとえ，それまでにはあちこちへの多くの動揺が行なわれるとしても。そして，均衡状態においては，われわれの上の方程式はすべて満足される。

　逆に，労働者みずから企業者であるという前提から出発したにしても，結果は同一となるであろう。ただ需要と供給とは，この場合貸付市場において作用し，したがって騰落する賃金の演じた役割が，今度は騰落する利子率によって担当されるという相違があるに過ぎない。

　いずれの場合でも，均衡方程式は同一であるであろう。しかも大きな資本と，比較的小さな労働者数とは，つねに長い生産期間，高い賃金，および低い利子率と結び合わされ，そしてその反対の場合には，また反対があてはまるであろう。すなわち資本家が企業である場合，生産期間の延長は，賃金騰貴の出現とそれによってひき起される低い利子率とに対する資本家側の反作用であることがわかる。ただしこの期間の延長によって，いかにも，利子はふたたび幾分か引き上げられうるであろうが，以前の賃金の低い状態で達した額に達することは不可能である。

　逆に労働者が企業者である場合，資本に対する需要増大の結果として利子率が騰貴したとするならば，労働者は生産期間を短縮し，それによって彼らの，利子騰貴によって減ぜられた収入（賃金）をふたたび幾分か改善することができる。けれどもこのとき賃金も利子も，ともにまったく以前の状態に復帰するということはできない[29]。

　あるいは疑問が提出されるかもしれない。すなわち自己の資力をもって労働する人びとがあることによって，上の結果がどれだけ影響を受けるであろうかと。けれどもこの疑問は，容易に答えられることができる。もしこのような労働者が（階梯的生産で）世間普通の生産期間を維持するに足るだけの資本を持

---

29) ここに述べたことの正しさは，方程式(13)と(14)の論究，あるいはまたさらに簡単に，これに適応する図形を考察することにより，容易に確証することができる。

第4章 定常的国民経済における資本利子と賃金

つ場合には,彼はまさにこの期間を選定するであろう(依然として,彼はその資本をただ維持しようとし,それを増加させようとは考えないものと仮定されている)。もし彼が,それより少ない資本を持つ場合には,より短い生産期間を採用しなければならず,もしそれより多くを持つ場合には,より長い生産期間をとることも可能である。けれどもいずれの場合でも,彼が世間普通の生産期間を選定し,そして,そのためになお不足する資本は,世間なみの利子率による借入れによって,これを調達し,また過剰の資本はこれを貸し出すか,あるいは他の労働者の雇傭に用いる場合,比較的大きな収入をあげることができる。それだから,資本がまさに資本として用いられさえするならば,だれがその資本を所有するにしても,われわれの公式の妥当性にはまったく係わりのないことである[30]。

けれどもここに私は,問題のある二義性を指摘しなければならない。それはベーム・バウェルクによって顧みられず,私も彼の説明の批判(コンラート年報 Conrad's Jahrbücher 1892年12月)のときには,なお気付いていなかったのである。

というのはすなわち,資本家が勝手気ままにますます長い生産期間を採用し,そしてその際,賃金は資本家および労働者の相互の競争によって,つねに方程式(15) $K=\dfrac{A \cdot l \cdot t}{2}$ にしたがって決定される,と考えうることである。達せられる利子は,つねに(13) $p=l\left(1+\dfrac{t \cdot z}{2}\right)$ によって与えられるけれども,この際 z を最大ならしめるように t を定めようとすれば, l はもはや常数と見られがたく,むしろ(15)によって t に依存するから,われわれは,容易に明らかなように条件方程式(14)ではなくて,これとまったく異なる方程式

$$\frac{dp}{dt} = -\frac{l}{t}$$

---

30) もちろん,これは一つ一つの生産者によってもまた,十分によく行なわれることである。たとえば農業,なおさら園芸も。

第2編　新しい資本理論

に導かれるであろう。l と t とは本質上正であるから，この $\frac{dp}{dt}$ は負となるはずであろう。言いかえれば，最大可能の利子は，次第に生産を長期化してゆくとき生産力の大きさ（一労働者の年生産）が逓減的なものに変わる場合に，初めて達成されるであろう。だから，実際上ここには決して利子率の真の極大は存在することなく，生産期間のど̇の̇よ̇う̇な̇延長も資本家にとって有利である。

この結果は不思議に思われるかもしれない。けれどもこれを理解することは決して困難でない。われわれがさきに考察したものはまさに自由競争の場合であって，各人はただ自己の利得をのみ目標とする。そうであるのに後の想定は，資本家が賃金を圧迫するため団結し，労働者は無抵抗にこれに対立するものと前提している。この場合確かにすべての生産長期化は，ただ各業務のすべてに同時に行なわれるかぎり，結局，有利なことが知られるであろう。つまり年々用いうべき賃金資本が減少し，その結果として賃金は低落せざるをえないからである。実に，一労働者の生産力が不変にとどまる場合にも，否さらにそれがわずかに減退する場合すら，生産長期化は有利であるであろう。もちろんこのような場合賃金の低下は，早晩なんらかの仕方で，国民経済内部における労働者数の減少をひき起すであろう。あるいは労働者の一部分は，貧民救済によって保護されなければならない。しかしこのような点まで立ちいたらないかぎり，つねに生産期間を延長することが，階̇級̇と̇し̇て̇の̇資本家の利益である。

もし資本家の間に自由競争が行なわれるとすれば，これと異なる。この場合には賃金の低い状態が誘因となって，一つ一つの資本家は生産期間を短縮し，その資本を一層多くの労働者の雇傭に用いようとする。しかも多数の資本家がこのようにする場合には，当然，賃金が騰貴する。

逆に労働者が団結することによって，ある程度まで，一層短い生産期間を強制しうることも，疑う余地がない。たとえば「労働を節約する」新しい機械を用いて労働することを拒むようなのが，すなわちこれである。これによって賃金は騰貴する。もちろん，利子率が低下するにもかかわらず，資本は依然とし

第4章 定常的国民経済における資本利子と賃金

て減少しないという仮定のもとでではあるが。ところが労働者の間に自由競争が行なわれるとすれば、まさにこの利子率低下は、多くの労働者に、みずから企業者であろうとする誘惑、しかもより低い利子率のゆえに、より長い生産期間を採用してみずから企業者たろうとする誘惑を感じさせる、こうして資本への需要は、ふたたび一層大となるであろう、等々。われわれはこの論題を、ここにはこれ以上追及しえない。けれどもつぎのことを示すには、これで十分であるであろう。すなわち、生産期間という新しい概念によって、経済学のもっとも複雑な問題、しかもいままで長らく解明されなかった問題の若干に、秩序を与え、明確さを与えることができるであろうということ、これである。

第2節 ベーム・バウェルクの説明と彼の「積極的」利子法則、ジェヴォンズの利子理論に対する彼の批判

　上の説明は、ベーム・バウェルクがその著の最終の章において論じた理論と、根本において同一である。けれどもこの理論は、いうまでもなく、完全な利子理論の一要素を含んでいるに過ぎない。なぜなら、第一に、土地用役(実はすべての賃料財の用役)が顧みられずに残されるからであり、またさらにすべての生産分枝に対し、相等しい生産力と相等しい収益性の大きさというような、はなはだ現実から遠い想定をするからである。私は以下この理論に代えるのに、これら二つの方向に完全化された理論をもってしようと試みるであろう。こうして最後に前編においては、まだ結末に達していない、生産された財の交換価値決定の問題を、ふたたび取りあげることができるであろう。
　けれどもまずはじめに、ベーム・バウェルク自身の取扱方法に、さらに多少立ち入るであろう。つまりそれは、彼の理論の大きな意義を、さらに明らかにするためであり、またそこに行なわれた彼の推理が、必ずしもすべての点で確実であるとは思われにくいから、若干の評釈を施すためでもある。

第2編　新しい資本理論

ベーム・バウェルクは，1，2，3年などの生産期間が採られるときの，生産の収益性を表わすべき一定の表式を仮設として掲げる。そうして後，いろいろな賃金率を想定するとき，場合によって，そのどれかの生産期間が，各労働者に投下されるべき資本に対して，もっとも高い利子をもたらすということを示す。私はちょうど賃金の高さ500フロリンに応ずるその表を，ここに掲げる。それは例として選ばれた労働者数および資本量に関し，確実に妥当することが認められるであろう。

	賃金の高さ	500fl.		
生産期間	1年労働者の生産物	1労働者あたり年利潤	雇傭者数	10,000fl. あたり年総利潤
1 年	350fl.	−150fl.	40	（損失）
2 〃	450〃	− 50〃	20	（損失）
3 〃	530〃	30〃	13.33	400 fl.
4 〃	580〃	80〃	10	800 〃
5 〃	620〃	120〃	8	960 〃
6 〃	650〃	150〃	6.66	1000 〃
7 〃	670〃	170〃	5.71	970.7 〃
8 〃	685〃	185〃	5	925 〃
9 〃	695〃	195〃	4.44	866.66〃
10 〃	700〃	200〃	4	800 〃

はじめの3欄は，おそらくなんの説明も必要としないであろう。第4欄は10,000フロリンの資本で，1，2，3年などの各生産期間に雇われうべき労働者数を示す。この際資本の前払いは，生産期間のうちに支払われた賃金総額の半ばに達するに過ぎないと想定されている。これは，生産および賃金支払いの事情が適当に「階梯化」されるときには，現実にそうであろう。こうして，生産期間が x 年にわたるとき，この欄の数字は

$$10000 : \frac{x \cdot 500}{2} = \frac{40}{x}$$

という公式によって決定される。第5欄は，単に第3欄と第4欄の同じ行の数

第4章 定常的国民経済における資本利子と賃金

を掛け合わせることによって得られる。それゆえ，その数は常に10,000フロリンあたりの年利潤を表わし，また100で除するときはパーセントをもって表わされた利子の高さを示す[31]。

さてこの表から，500フロリンの賃金率に際しては，6年の生産期間を採用することが，投下資本に最大の利子をもたらすことが理解される。すなわち5年の期間は9.6％，7年の期間は9.7％に過ぎないのに反し，この6年の期間は10％の利子をもたらす。けれどもこれは，あくまで賃金の高さによることである。賃金が300フロリンに過ぎないとすれば，まったく同一の方法によって知られるように，他の事情に変化がないとき，すでに3年生産がもっとも有利であり，この際，資本は実に51％の利子を収めるであろう。これに反し600フロリンの賃金の場合には，8年の生産期間が選ばれるべく「それは，少ないけれどもなおもっとも有利な3.54％の利子をもたらす」のである[32]。

ベーム・バウェルクが，例証として想定するように，いま150億グルデン〔フロリン〕の国民資本と，同時に1,000万の労働者とが存在するとすれば，500フロリンの賃金と，これに応じてもっとも有利な6年の生産期間とで，市場に均衡が成立する。すなわち $1,000万 \times \frac{6}{2} \times 500 fl. = 150億 fl.$ であるから，この場合，存在する資本はちょうど存在する労働者数を全部雇傭するに足るのである（そしてまた逆に，存在する労働者数は，ちょうど存在する資本を全部

---

[31] さらに第3欄の数字は，その生産期間の年数をもって除すれば，すでに利子すなわち賃金の高さの $\frac{1}{2}$ に対して算定された利子——を示す。x 年の期間に必要な資本の前払いは，すなわち各労働者について年賃金の $\frac{x}{2}$ 倍であり，一労働者あたり年利潤は，ちょうどこの額に対する年利子を形成する。たとえば6年の期間が問題であるとき

$$\frac{150}{6} : 250 = 10 : 100$$

が得られる。

[32] 前掲書 S. 415. 〔4. Aufl. S. 452.〕

第2編　新しい資本理論

働かすに足るのである)。

　かつまたこの均衡状態は，労働者及び資本家それぞれがたがいに競争する場合には，必然的に成立してくるであろう。なぜなら，賃金がわずかに高く，たとえば510フロリンとするにしても，確かに依然として6年生産がもっとも有利であるであろう。けれどもこのとき存在する150億フロリンの資本をもってしては，わずかに980万の労働者が雇傭されるに過ぎない。「過剰の者は，その急迫した供給によって労働価格に圧力を及ぼし，その圧力は，過剰者が跡を絶ちうるにいたるまで，また現にその跡を絶つにいたるまでつづくであろう。」しかも，その跡を絶つにいたるのは，500フロリンの賃金率において初めて生ずることである。(賃金率の引上げが，さらに生産期間の延長を惹起する場合においては，いうまでもなくこの労働過剰化はさらにずっと著しく現われてくる。われわれの例にあっては，これは530フロリンまたはそれ以上の賃金率において初めて現われるけれども，連続的に変化する生産期間を想定すれば，いつでも現われることである。)　反対に，賃金がいくらか低くたとえば490フロリンであるとすれば，存在する1,000万の労働者を雇傭することによって，147億フロリンの資本が用いられるに過ぎない。仕事のない残りの資本は，賃金値上げを申し出て仕事を獲得するであろう。そしてその結果は，すなわちふたたび賃金の騰貴であり，これはついにすべてが均衡に達しうべき点，かつまた現に均衡に達する点にいたるまで，つづくであろう。

　ところで，ここまではすべてが正当であると思われる[33]。われわれの上に掲

---

33)　けれども，ここにおいて154頁以下に述べた事情が想起されるべきである。自由競争の場合には，確かに上述のようにして500フロリンの賃金率が現われ，またこの賃金率のもとにおいては，6年の生産期間が，一人一人の資本家のいずれに対しても，もっとも有利なものと知られるのである。しかし，もし資本家がなおそれにもかかわらず，7年の期間を採用しかつ維持するために団結するとすれば，そのために賃金はほぼ430フロリンに低落しなければならず，またこの賃金率のもとでは，7年の期間は16％以上の純利潤を生ずるであろう。さらに8年の期間を採用す

第4章 定常的国民経済における資本利子と賃金

げた公式との一致は，数学の訓練ある読者には，だれにも明白なことであろう。けれども注目すべきことは，ベーム・バウェルクが，上掲の数列の中に「さらに積極的（？）に，結果すべき10％の利子率を示し，かつまた，利子の高さの積極的法則に材料を供しうべき他の関係」をも発見したと信じたことである。私は，この点に関する彼の説明を，ここにそのまま写しておこう。

「均衡状態を見出すために，国民資本は，現存する労働者を用いることによって，みずから完全に使用し尽されえないような，短期の生産方法より去って，ますます長い期間にわたる生産方法に拡大し，まさにみずから完全に使用し尽されるにいたってやむはずであった。そしてこれは，6年の生産期間で実現されたことである。これに反し，資本の不足するようなさらに長期の生産期間の採用も，経済的には阻止されるはずであった。このような事情のもとにあっては，6年の生産期間の生産者が，生存資料への最終の買い手すなわち限界購買者であり，7年の生産期間に対する生産希望者は，除外されたうちのもっとも交換力ある生存資料志望者である。そしてさらによく知られている原理にしたがって，価格形成の結果は，両者の主観的評価の中間に落ちつくはずである。そうであるならば，この評価はいかなるものであるか。」

「ここにおいて，われわれは単に，両者が効用の点において，一定量の生存資料の支配に，どれだけ依存しているかを見なければならない。この際，まず一般に確定しうべきことは，年賃金の半分，したがってこの例の場合250フロリンごとの支配に，つねに一労働者全1ヵ年の生産期間延長が依存していることである[34]。それゆえ，特に6年の期間の生産者にとっては，彼が250フロリ

る場合の利潤は一層大なるものがあるであろう等々。

34) ベーム・バウェルクは付註 (S. 419) 〔4. Aufl. S. 455.〕において，「1年ずつに階段づけられた5年生産」という想定のもと「多少逆説的な命題の数学的証明」を与えている。しかし彼みずから，他の場合にしたように，われわれが生産および賃金支払いの事情の連続的な階梯化を想定するならば，この命題はおのずから明白である。なぜなら，このようなとき n 年生産は，上に注意したように，一労働者ご

第2編　新しい資本理論

ンを所有するか否かによって，一労働者につき，より短い次位の5年ではなく，6年の生産期間を採用し，あるいは維持しうるか否かが定まるのである。そしてわれわれの生産力表式によれば，一労働者の年収益は，5年生産にあっては620フロリンに過ぎないのに反し，6年生産にあっては650フロリンに達するから，限界購買者にとっては30フロリンの年余剰生産物の獲得が，250フロリンごとの支配に依存しているわけである。これに対して，生産期間をさらに7年に延長するために，市場より生存資料を取得しようとする生産希望者は，この延長によってわずか20フロリン（670－650フロリン）の余剰収益を収めるに過ぎないであろう。……」

「したがって，生産期間の延長が6年の限界に止まらねばならない。これは均衡の成立のために避けがたいことであるとすれば，価格形成によって決定されるべき打歩（すなわち利子）は，最後の買い手の評価に相当する率である250対30すなわち12％を上限とし，除外された第一の志望者の評価に相当する率である8％を下限として，その中間に動揺するはずである。……こうしてこの範囲内において，さらに精密にまさしく10％の率を示すということは，もはや決して限界対偶者（Grenzpaare）の評価による限定に帰せられるべきではなく，226頁以下に述べたように，ただ需要と供給の大量的作用に帰せられるべきものである」*と。

以上いずれも，実にはなはだ明快であり確実であるように聞える。けれども，さらに立ち入って観察するならば，残念なことに，ふたたびこの明快さは失われてしまうのである。すなわちわれわれは問わなければならない。想定さ

とに $\frac{n}{2}$ 年賃金の資本前払いを必要とし，$n+1$ 年生産は $\frac{n+1}{2}$ 年賃金の前払いを必要とすべく，この二つの数の差はちょうど $\frac{1}{2}$ 年賃金であるからである。

〔*　訳者注，4. Aufl. においては，この最後の命題は著しく改訂されている。SS. 455-6 を見よ〕

第4章　定常的国民経済における資本利子と賃金

れた500フロリンの賃金率のもとにおいて，資本は実にたかだか10％の利子を
もたらしうるに過ぎない。このような場合に，6年の期間の生産者にとって，
250フロリンを持つことに30フロリンの余剰収益，すなわち12％の純利潤が依
存しているというようなことは，どうして可能であろうか。また逆に，彼らが
このような純利潤を獲得しうる場合に，いったいなにゆえに「需要と供給」
が，支払われるべき利子をわずか10％に引き下げうるのであろうか，と。この
ようなことは，おそらく，資本が6年以上の期間に対して十分である場合に，
現われうるに過ぎないであろう。ところが，この場合はそうではない。けれど
も事実上，上記の賃金率の場合に，5年の期間より6年の期間へ移り行こうと
する生産者にとっては，250フロリンを持つことにただ25フロリン，すなわち
まさに10％の純利潤が依存しているに過ぎない。余剰収益の残りの5フロリン
は，すでに以前より用いられていた彼の資本，すなわち5年の期間において一
労働者あたり5×250フロリンの額であった資本が，いまは6年の生産期間に
投下され，こうしていまや9.6％ではなく10％の利を生むということ，すなわ
ち5×250フロリンに対し，120フロリンではなく125フロリンの利を生むとい
うことから生じるのである。

　そしてこの余剰利潤は，新しい資本を持つことがないとしても，ただその労
働者数を，これに応ずる割合において減少しさえすれば，いかなる場合にも得
られることのできるものである。

　同様に，7年の期間へ移り行く場合には，250フロリンの追加資本が，20フ
ロリンのみならず，24フロリン以上の利を生むであろう。しかし同時に，以前
6年の期間に用いられた資本は，また10％ではなく，9.7％の利子で満足しな
ければならない。

　こうして，賃金の高さの半分に対して算定される利子は，「許された最後の
生産延長の余剰収益と，もはや許されない生産延長のそれとの中間」にあるこ
とになるというのは，いかにも真理である。けれども，この限界内において，

第2編　新しい資本理論

その確定的な高さは，決して需要と供給によってではなく，単にもっとも有利な生産期間の収益性によって決定される。この場合，実際，賃金もまた想定された率にとどまるか否か，すなわちそこに維持されうるか否かということは，なるほど，需要と供給（労働の）の関係によって定まるであろう。しかしこれはまったく別個の問題である[35]。

そもそも6年の生産期間の生産者を「限界購買者」などと解しようとする考えが，誤っていると見られねばならない。なぜなら，問題である賃金率においては，実際，何びともまさにこの期間を選定すべく，さらに長い期間や短い期間を選定しないであろうからである。なるほど，この当面の問題を，現在財と将来財との間の交換という形式において，捕捉することも不可能ではないであろう。しかし，それにしても，交換は交互的なものである。なぜなら，選ばれようとする生産期間が，将来財の数量（平均的年生産）にも，現在財の数量（すなわち現在用いられるべき賃金資本）にも，等しく影響を与えるからである。けれども，われわれはいまこの点にとどまって，さらにそれを論じようとは思わない。

生産過程の長さが実際現実生活においては，たいてい事実であるように連続的に変えられうる場合にあっては，なお許された最後の生産延長と，すでに除外された最初の生産延長との，収益の数字はたがいに極めて近く接近する。それゆえベーム・バウェルクは「利子の高さの法則を，次のように簡単に公式化し」うると考えるのである。いわく「利子の高さは，いまだなお許された最後の生産延長の余剰収益によって決定される」と。また彼は，そのジェヴォンズ

---

35) ベーム・バウェルクによって引用された箇所，すなわち226頁以下*は，まさに資本・労働市場に関連する箇所である。この資本・労働市場にあっては，資本家および労働者は，ある程度までは，彼らの「商品」を「いかなる価格においても」提供するものであり，したがってこの場合，交換比（賃金）は単に存在する数量の比に等しくなる。〔*訳者注，4. Aufl. の上述の改訂によれば，このような引用なく，ただし，これに関連する注において，S. 274 の参照を求めている。〕

第4章　定常的国民経済における資本利子と賃金

に対する駁論のうちに「利率の高さは，最後の生産延長を許しつつある生計額 (Subsistenzsumme) に対する，最後の余剰収益の比率から導き出されるべき」ものであると述べている（427頁注）〔4. Aufl. SS. 461-2, 注〕。

しかし，この最後の命題が誤謬に導くものであることは，さらに立ち入って確信することを必要としない。「賃金率に変化のない場合においては」ということが，必ず付言されねばならないし，また「許しつつある」という言葉は，「実行しつつある」というような言葉で，おきかえられなければならない。けれども，こうすればこの命題は，単に最大可能の利子の高さがすでに達せられているということの帰結であって，利子の本質について，なんらそれ以上の解明を作り出すものではない。しかし，人はこの命題の文面を誤解し，つぎのように信ずるかもしれない。すなわち，労働者数が不変の場合に，国民資本の増大が，生産期間の延長に導くとすれば，あたかも，この延長の余剰収益を，その資本増加で除することによって，利子の高さが得られるであろうと。これは，疑いもなく間違っている。ここにいう比率は，いま明らかにするようにつねに利子よりは小であり，しかもいかに小さな変化を問題とするにしても，なお有限量だけ小である。そしてこのことは，すなわち国民資本のこのような増大は賃金の騰貴を伴い，この賃金騰貴がその増大した資本の一部を食いつくすがゆえに，現実に達成される生産延長は必ず賃金率不変の場合に可能な点にまで達することができない，という事実に結びついている。

われわれがさきに用いた方程式を利用することによって，これらの事柄は，いずれもはなはだ簡単に示されうると同時に，またさらにそこに現われる量の間の，その他の関係も明らかにされうる。それは必ずしも興味のないことではないであろう。

p に代えて $F(t)$，また $\frac{dp}{dt}$ に代えて $F'(t)$ をもってする。$F(t)$ は t の増加関数であるに反し $F'(t)$ はその減少関数であるがゆえに，このとき一般に

$$F(t)-F(t-\Delta t) > F'(t)\Delta t > F(t+\Delta t)-F(t)$$

第2編　新しい資本理論

である。ここに Δt は小さな時間量を表わす。いま利子の高さが極大となる場合には，(14)によって

$$F'(t) = \frac{lz}{2}$$

なるがゆえに，t のこれに応ずる値に対しては

$$F(t) - F(t-\Delta t) > \frac{l \cdot \Delta t}{2} \cdot z > F(t+\Delta t) - F(t)$$

が得られる。

この不等式には，上記のベーム・バウェルクの命題が表現されている。なぜなら，生産期間の Δt だけの延長は，ちょうど一労働者あたり $\frac{l \cdot \Delta t}{2}$ の新しい資本投下を必要とするのであるから[36]。

国民資本ならびに労働者数の与えられた場合には，すでに明らかにしたように，生産期間の長さと賃金とは方程式

$$K = \frac{A \cdot l \cdot t}{2} \tag{15}$$

および

$$l = p - tp' \tag{16}$$

によって見出される。この際 p' は $dp:dt$ のかわりである。こうしてこれに対応する利子率は，つぎの同値の二式のいずれか一つによって与えられている。

$$z = (p-l) : \frac{tl}{2} = p' : \frac{l}{2}$$

けれども総資本が少量だけ増加し，しかも労働者数が依然として不変であるとすれば，いまや，変化した賃金率と生産期間のもとにおいて，新しい均衡状

---

[36] つまり前に用いられた資本は，各労働者あたり $\frac{l \cdot t}{2}$ であり，したがっていま用いられる資本は $\frac{l(t+\Delta t)}{2}$ であって，その差は $\frac{l \cdot \Delta t}{2}$ となるからである。

第4章 定常的国民経済における資本利子と賃金

態が現われてくる。すなわち K が K+dK に変わるとすれば，l は $l+dl$ に，t は $t+dt$ に変わるであろう。dK, dl および dt の諸量の間の関係は，単に上の方程式(15)および(16)を微分することによって見出される。すなわち

$$dK = \frac{A}{2}(ldt + tdl) \qquad (18)$$

および

$$dl = -tp''dt \qquad (19)$$

ここに p'' は $\frac{d^2p}{dt^2}$ の代わりにおかれた。これらの方程式より，われわれは，いま若干の応用を試みたいと思う。

t が $t+dt$ に変わるとき，一労働者の年生産 p は dt または $p'dt$ だけ増大し，したがって総余剰収益は $A \cdot p'dt$ である。この量の，国民資本の増大に対する比を求めるならば，(18)および(19)より

$$\frac{A \cdot p'dt}{dK} = \frac{2p'dt}{ldt + tdl} = \frac{2p'}{l - t^2 p''}$$

が得られる。

p'' はつねに負であるがゆえに，この最後の式はつねに $\frac{2p'}{l}$ より小である。すなわち，私がすでに上に主張したようにそれは利子率より小である。

国民資本が相対的に増加するとき，賃金は上昇し，利子の高さは低下する。この事情は，通常つぎのように解されている。すなわち，生産がますます資本主義的となるにつれて，生産成果に対する労働者の分け前はつねにますます大となるに反し，資本のそれはつねにますます小となると。けれどもこれは無条件に正しいのではない。労働者がいまや一層大きな賃金を得るにもかかわらず，生産に対する分け前はより小であるということもまた，きわめてありうべきことである。つまり，その間，実に生産収益が増大しているからである。あるいはまた，同じことであるが，資本家はその間，増大した資本に対して，より小さな利子を得るにもかかわらず，その分け前は一層大であるということが

第2編　新しい資本理論

ありうるであろう。現実にそうであるか否かを決定しえんがためには，われわれは次のことを見なければならない。$\frac{l}{p}$ なる式が t の増大につれて増大するか，減少するか，言いかえれば

$$p\frac{dl}{dt}-lp'$$

が正であるか，負であるか，すなわちこれである。

　方程式(19)および(16)を顧みるとき，この式は

$$-tp''\cdot p+t(p')^2-p'\cdot p$$

となる。

　この式のはじめの二項は正であり（実に $p''<0$ であるから，第三項は，これに反して負である。よって三項を加減した結果は，事情によって，あるいは正となりあるいは負となることが可能である。

　ベーム・バウェルクの用いた数を基礎とすれば，280フロリンの賃金率においては，あたかも2年の生産期間がもっとも有利であり，300フロリンの賃金率においては，これに反して，あたかも3年のそれがもっとも有利であるであろう。2年の期間における一労働者の年生産は450フロリンであるに対し，3年の期間のそれは530フロリンである。ところがいま 280：450＞300：530 であるゆえに，この場合，適当な資本増加によって，生産期間が2年から3年に延長されるとすれば，その際，賃金は騰貴し，資本利子は低下しているにもかかわらず，生産に対する資本家の分け前は増大し，労働者のそれは減少する。ところが，さらに長期の生産期間が問題となる場合には，一般に生産期間の新しい延長は，いずれも資本家の分け前を減じ，労働者のそれを増大せしめるであろう。

　最後に，しかし，われわれはまたつぎの問題を提出することもできるであろう。資本が増加し，生産期間の延長した場合に，資本家の純利潤が，絶対的にいったいどれだけ増加するであろうか，という問題これである。この問題は，

第4章 定常的国民経済における資本利子と賃金

いうまでもなく実際上きわめて重要な問題である。つまり、資本の増大が、ただ資本の利得を減少することにのみ寄与するとすれば、このような資本増加は階級としての資本家の利益に反し、したがっておそらく何らかの方法によって妨げられるであろう。ところが労働者にとっては、いうまでもなく、資本の増加はことごとく有利であって、この点に関しては従来平行してきた資本家と労働者の利害が、いまや相互に対立することとなるであろう。

一労働者あたり年利潤は $p-l$ であった。t が $t+dt$ に移るとき、この量は

$$d(p-l) = p'dt - dl$$

あるいは(19)を参酌して

$$= (p' + tp'')dt$$

だけ変化する。ゆえにわれわれの問題の決定は、この最後の式が正であるか、負であるかによって左右される。p' は正であり、これに反し p'' は負である。いま p'' が（正と見て）きわめて小さいとき、すなわち p' がおおよそ不変であり、したがって生産期間のいかなる変化も、ほぼ相等しい余剰収益を与えるとき、この式は正となり、いかなる生産期間延長も国民資本増加も、すべて純利潤をまた増大せしめるであろう（もちろん、資本そのものの増加と同じ比率においてではないにしても）。これに反し p'' が比較的大であり、すなわち p' が急速に減少するとすれば、この式は結局負となり、延長された生産期間の余剰収益は賃金騰貴によって埋め合わされてあまりあるであろう。p の増大が t の対数の増大に比例し (in logarithmischem Verhältnis)、すなわち α, β が常数であるとき、$p = \alpha + \beta \log. nat. t$ と想定するならば、$p' = \dfrac{\beta}{t}$ であり、$p'' = -\dfrac{\beta}{t^2}$ であり、したがって今は t のいかなる値に対しても

$$p' + tp'' = 0$$

が得られる。

この場合には、引きつづき行なわれる資本形成によって、生産期間がさらにはなはだしく延長されるとしても、純利潤は依然として不変である。150億フ

第 2 編　新しい資本理論

ロリンの国民資本も，15億またはわずか1億5,000万フロリンの資本よりも，より多くの純利潤を生ずることはない。労働者数はつねに不変であると前提されている。けれども p がこれより大きな比率において増大するとすれば，純利潤もまた，生産期間延長につれて増大する。これに反し p がこれより小さな比率において増大するとすれば[37]，絶対的な純利潤は，新しい資本増加と生産延長の，いかなる場合にも減少する。表に掲げられた収益性の数字を基礎とすれば，たとえば150億フロリンの資本が192億5,000万フロリンに増加するとき，この際の賃金率550フロリンのもとにおいて，7年の期間がもっとも有利であることがわかる。ただし各労働者一人あたりの年利潤は，この際，さきの150フロリンではなく，わずか (670−550＝) 120 フロリンに過ぎず，また当然これと同じ比率において，総純利潤が減退するであろう。

この表の数は，いかにもただ例証としての数値に過ぎないけれども，その特色ある性質，すなわち余剰収益の逓減的な大きさというものは十分に確認された事実であり，あるいはむしろ，自明のことと見られうるであろう。したがって資本形成は進行し，人口数は比較的不変な場合においては，おそかれ早かれ，次のような点に到達せざるをえない。すなわち増加した資本が，単に利子率の低下を伴うばかりでなく，かつ総生産物のより小さな分け前で満足しなければならないばかりでなく，さらに，それが総利潤のより小さな額にすら導き，すべての新しい資本集積が資本家仲間を直接に害するというような点である。依然として徹底的に自由な資本の競争という想定のもとにおいて。

よく知られているように，チューネンはすでに利子の高さの法則を定立していた。それは，「最終労働者の収益」が平均的賃金を定める，という彼の有名な命題[38]にならって組み立てられたものであり，利子率の高さは「最後に投ぜ

---

37)　$\alpha+\beta \log \mathrm{nat}\ t$ なる式は，t の増大につれて，実にあらゆる限界を超えて増大するから，このことは，結局起って来ざるをえない。

38)　いわゆる自然賃金 (natürlicher Arbeitslohn) に関する彼の有名な，誤った思弁

第4章 定常的国民経済における資本利子と賃金

られた小資本部分」の収益によって定まる,というのがその主旨であった。この理論とベーム・バウェルクの命題との一致は明白であって,後者によってこの一致が力説されたのは当然である。ただ注意されねばならないことは,この際,つねに一つ一つの企業者の資本投下が問題となるに過ぎず,賃金は所与[39]と想定されうべく,かつ,こう想定されることを必要とするということである。この命題を,国民資本そのものの増大と,それから生じる余剰収益とに適用することは,決して許されることができない。

　ジェヴォンズは,その「経済学原理」(Theory of Political Economy, 2. ed. p. 266) において,利子率の高さに関する一般的公式を得ようとし,多少趣を異にする考察から出発している。生産物の価値は,固有の生産が終了して後,なおしばらくは増大するものと,彼は想定する (それは,たとえば穴蔵にある葡萄酒のように,自由な自然力の作用に曝されるためであり,あるいはまた販売事情が,その間改善されるためである)。そうであるとすれば,毎瞬時に生じる価値増加は,生産物がその各瞬時の初めに持っていた価値の,自然利子 (natürlicher Zins) であると見られることができる。そして $F(t)$ が t 時間経過した後の生産物価値を表わし, $F'(t)$ がその導関数を表わすとき,われわれは,この利子の高さの式として

$$自然利子 = \frac{F'(t)}{F(t)}$$

を得る。上になされた前提のもとにおいては,いかにもこの公式は誤っていないが,確かにそれは,なおかなり空虚である。なぜなら,このような毎瞬変化する自然利率が,いかなる仕方において,現実に得られる利子を決定するものとなるかについて,それはなにごとも明らかにしていないからである。ジェヴ

　　と混同してはならない。
[39) あるいは逆に労働者みずから企業者であるときには,利子率は与えられたものであり,賃金がなお決定されるべきものである。

第4編　新しい資本理論

ォンズにおいては，利率の極大化についても，また利子と賃金との関係についても，まったくなんらの説明も行なわれていない。

しかしながら，上の公式が出発点に選ばれても，別になんら不都合はない。しかも，複利で計算しようとするならば，それはきわめて当然の出発点でさえある。けれども，もとよりこの際，継続して行なわれる生産を論ずるものとすれば，毎回追加される労働ないし賃金の要素が，ともに考慮に入れられなければならない[40]。

---

40) ある一定の資本 k が一度投下されたとし，それより生産物の販売にいたるまで，絶えずその価値が増大しつつ t 年経過したとする。すると，われわれは
$$s = k(1+z)^t$$
を得る。ここに s は生産物の終局の価値であり，z は平均年利子率である。この利子率は
$$\frac{ds}{dt} = k(1+z)^t \log \mathrm{nat}(1+z)$$
であるとき最大となる。これらの方程式を除することによって
$$\frac{ds}{dt} : s = \log \mathrm{nat}(1+z)$$
$$= z - \frac{z^2}{2} + \frac{z^3}{3} - \cdots\cdots$$
が得られる。さて $\log \mathrm{nat}(1+z)$ は，年利率が z である場合の「瞬間」利率（"augenblicklicher" Zinsfuss）〔訳者注，利力〕を表わすものであるがゆえに，われわれはジェヴォンズの命題を，次のように完全化することができる。すなわち利子の極大となる場合においては，最後の瞬間の「自然」利子率が，瞬間利率と一致しなければならないと（なお z の小さな値に対しては，近似的に $\log \mathrm{nat}(1+z) = z$ である）。

これに反して，連続的生産を想定する場合には，容易に明らかなように，146頁の注における二つの方程式より
$$\log \mathrm{nat}(1+z) = \left(\frac{ds}{dt} - l\right) : s$$
または
$$= \frac{ds - l\,dt}{dt} : s$$
が得られる。それゆえこの場合においても，ジェヴォンズの公式に従って，（支払われるべき，または獲得された）利子（瞬間利率）が，ちょうど余剰収益率を全生

第4章 定常的国民経済における資本利子と賃金

　ベーム・バウェルクは，そのジェヴォンズの理論に対する批判 (Pos. Theor. S. 427〔4. Aufl. SS. 461-2〕注) から見て明らかなように，後者の思考の道行きをまったく誤解していたのであって，なんの根拠もなく，彼に対して「誤謬」とか「原理的過失」とか，非難しているのである。

　ベーム・バウェルクが，「この過失の結果」を説明しようとする「具体的例証」は，しかし，およそ拙劣に考案されているものであって，ベーム・バウェルク自身が，さきに示したように，この問題の必要条件を十分明確にしていないことを示している。彼はいう，「ある生産企業者を考えよう。彼の資力は彼自身に，685フロリンの年収益を与える8年の生産期間を実施することを可能ならしめ，また彼は，第9年目の生存を彼に確保する（?）ための300フロリンの借入れによって，695フロリンの収益，すなわち10フロリンの余剰収益を，与える9年の生産期間に移りゆくことが可能となるものとしよう。ジェヴォンズによれば，この場合 10：685 すなわち1.46％の利子率が現われてくるはずである。けれども，なぜ借り手は685フロリンの額に対し，まさに10フロリンを利子として提供する用意があり，それ以上を提供する用意がないのであるか，これは一見まったくなんの理由もないことのように思われる。685フロリンの額ではなく，実に300フロリンの額こそ，その獲得が生産延長を可能ならしめる所以のものではないか」等。ベーム・バウェルクによれば，むしろ「300に対する10すなわち$3\frac{1}{3}$％の利子，階梯化された生産を想定するときには150に対する10すなわち$6\frac{2}{3}$％の利子すらが経済的に可能」であるであろう。

　ジェヴォンズがこの場合誤解されていることは，明白なことである。けれども，さらにそのうえ，ベーム・バウェルクはいったいどこからその300フロリ

　　産物の価値で除した商（生産物増加の割合を全生産物で割った商）に等しくなる点
　まで，生産期間が延長されるのがもっとも有利である。ただこの場合には，各瞬間
　に支払われるべき賃金の額が総余剰収益から引き去られねばならないだけのことで
　ある。

第2編　新しい資本理論

ンなる数を取って来たのであるか。とにかくすでに年685フロリンを得ることをつねとした企業者が，まる1年間300フロリンという僅少の生計で満足しようとするということを，彼はいったいどこから知るのであるか。

　この当面の企業者は，その収入のうちから，通常どれだけを貯蓄するものであるか。それが知られないかぎり，事実上この問題は不定である。しかしながら，もっとも単純な仮定は，彼が少しも貯蓄せず，ただその現に持つ資本を維持するのみ，すなわち毎期間それを新しく作り出すのみであるとすることである。けれどもそうだとすれば，彼の年生計と，その生産の平均年収益とは（彼がただ自己の資力によってのみ労働するとすれば）単に同一の大きさである。なぜなら，このような場合彼の資本投下は，まったくただ彼が労働する間，自分の生計を支弁するということにあるに過ぎないから。そして彼が終局生産物のうちに回収するものは，その生計資料の価値であって，それ以上でも，またそれ以下でもない。階梯化された生産の場合においては，もちろんただ生計額の半分のみが資本として必要であり，したがって1年の生産延長には $685:2=342\frac{1}{2}$ フロリンの資本追加が必要である。しかもこの際，彼はこの額に対して，せいぜい年に10フロリンを利子として支払いうるに過ぎないであろう。それゆえ，上記の前提のもとにおいては，最高2.92％の利子率が「経済的に可能」である。

　もちろんこのようなきわめて単純な仮定ではなく，われわれは，その企業者ないし企業者一般の意向について，これと異なるなんらかの想定をなすこともできるであろう。けれども，およそこの種の確定した想定がなされることなしとすれば，問題全体が空中に浮動すること，いうまでもないことである。

第4章　定常的国民経済における資本利子と賃金

第3節　ベーム・バウェルクの理論と賃金基金説

　このように，ベーム・バウェルクの説明を一層鋭く把握し，またその不明確さを明らかにしようと努力してのち，私はふたたび彼の理論が持つ大きな意義について，注意を喚起したいと思うのである。この意義は，とにかく彼みずから説明したように，とりわけつぎの点に存在している。すなわち，陳腐化した賃金基金説 (Lohnfondstheorie) に，ここに初めて真の補充が与えられるということ，これである。まことに，しばしば人は好んで，安価な批判をもって，この賃金基金説を打倒しようとしたけれども，しかも一層良いものをもって，これに代えることは決してできなかった。

　あまねく知られているように賃金基金説は，賃金を，賃金支払用に定められた資本を労働者数で割った商であると説明する。ところが反対者によって，前者の大きさが，前もってしては，全然不定であるということが注目された。これはまったく正当である。というのは，存在する国民財産のどれだけが，生産的に使用されるであろうかということが，前もって確定していないのみならず，生産的に使用される財産の全部が，年々賃金に支払われるということも，あらかじめ確定しているのではなく，むしろそれらは，多かれ少なかれ，各種の建物，機械，道具，原料，半製品に「固定的」に投下されているからである。

　第一の非難は，もちろんベーム・バウェルクの理論に対してもあてはまり，ただ完全な節約および資本形成の理論によってのみ，除去されることができる。けれども後の批判に関していえば，人びとはすでに最初から，生産資本の，労働手段と生存資料（だいたい「固定資本と流動資本」）への事実上の分配が，決して任意のものではなく，最大可能の利潤の原則に従って生ずることを明確に知っていた。ただ彼らはこの点について，さらに立ち入って論ずることができなかったのである。いまやベーム・バウェルクの理論によって，きわめ

第2編　新しい資本理論

て独創的な仕方において，この間隙が橋渡しされた。なぜなら，彼は生産期間の長さというものを，問題のうちの一要因として導き入れ，不定な「賃金資本」に代えるに，相対的に確定した国民資本全体をもってしたからである。

　数学的用語に立ち返って論ずるならば，賃金基金説は賃金，労働者数および「資本」の間の関係について

$$l=\frac{K}{A}$$

なる方程式を立てる。なるほどこれは，単純さにおいて申し分がないけれども，決定されるべき二つの数量に対して，ただ一つの関係しか与えないという大きな欠陥を持っている。それなのに，新しい理論は，上の関係を

$$K=\frac{A\cdot l\cdot t}{2}$$

という方程式をもって把握しても，いまやここにおいて，Kは，相対的に既知であるところの，生産的に用いられる国民資本の総額であり，また，新しい未知数 t を決定するためには，さらにつぎの関係がつけ加わる。すなわち

$$z=(p-l):\frac{lt}{2}=極大$$

あるいは，同じことであるが

$$l=p-t\frac{dp}{dt}$$

〔訳者注，原文に $l=p+t\cdot\frac{dp}{dt}$ とあるのは，誤植と思う。〕

　この際，実は固定資本と流動資本の間の境界が廃棄される[41]。全資本は，少

41）　しかし私見によれば，著しく持続的な財（例えば建物，道路，鉄道など）は，必ず除外したうえの話である。これらの財については，まもなくこれを論ずるであろう。

第4章　定常的国民経済における資本利子と賃金

なくともそれが生産期間の間に「回転される」("umgeschlagen wird") かぎり，順次に，貨幣と生存資料の形態において現われ，地代などのようなものを無視するとすれば最後の1ペニヒにいたるまで，賃金に支払い尽されるであろう。ただしベーム・バウェルクが適切にも注意したように，このことは$\overset{\bullet\bullet\bullet\bullet\bullet}{1年の内に}$行なわれるのではなく，生産期間のおよそ半分に等しい時間の内に行なわれるのである。

第2編　新しい資本理論

第5章　ベーム・バウェルクの理論の完全化。資本利子，賃金および地代の相互関係

　ベーム・バウェルクの理論はすでに注意したように利子の高さの完全な決定の一要素をなすに過ぎない。なぜなら，とりわけ自然力の作用，土地の用役が顧慮されず，あるいは，むしろ自由に解放されていると見られているからである。けれども，この要因もまたわれわれの考察の圏内に取り入れることは，不可能ではないであろう[42]。いわんや，地用は資本に対して，多くの点においてまさに労働と等しい事情にあるから，なおさらそうである。生産物が，まだ市場に出すよう仕上らないまえに，地主もまた彼らの地代を前払い的に受け取るのである。さらにわれわれは簡単にするため，地代はあたかも賃金と等しく，賦払的に支払われ，したがってこの場合においても，必要とされる資本の前払いは，平均して生産期間の長さの半分に及ぶとさえ，想定することができる。

　さて，われわれはさきにベーム・バウェルクにならって，もっとも単純な仮定として，つぎのように想定してきた。すなわちすべての労働が相等しい高さの賃金を与えられ，またすべての生産分枝において余剰収益の大きさは相等しく，したがっていたるところ，同一の生産期間が用いられると。これと同様に，またわれわれは第一次の接近として，つぎのように仮定することもできる

---

[42]　その他の「賃料財」の用役は，なおしばらく顧みないでおこう。

第5章　ベーム・バウェルクの理論の完全化。資本利子，賃金および地代の相互関係

であろう。すなわち，土地はどこでも同一の性質を持ち，またいずれの生産分枝でも，各労働者あたり相等しい大きさの土地面積が必要とされると。こうするならば，問題はこの拡張された形においても，また精密な取扱いがなされうる。そしてわれわれは，いまつけ加えられた要因をともに包含するよう，上に定立した方程式を一般化することができるのである。

年賃金を前と同じく l と称し，ヘクタールごとの地代を r と呼ぼう。いま労働者おのおのにつき土地 h ヘクタールを要するものとすれば，明らかに，前と同様，前払いされる資本は各労働者ごとに算定されるものとして，t 年生産の場合

$$\frac{t}{2}(l+h\cdot r)$$

である。

けれども，もちろんこのとき一労働者の年生産は，ただ生産期間の長さのみならず，また彼にふり当てられる土地面積の大きさによって左右される。言いかえれば，この年生産の大きさは，この場合たがいに独立な二つの変数すなわち t および h の関数となり，$p=\mathrm{F}(t,h)$ と表わされなければならない。そしてこの関数は，h に関してあたかも t に関するとまったく同様の性質を持つことが，ただちに知られるのである。それは h の増大するとき増大する。けれども，追加される土地1ヘクタールごとについての一労働者の余剰収益は，あたかも新しい各生産延長の余剰収益と同様に，確かに逓減するところの数量である。

したがって，一労働者ごとに算定された，年資本支出は，この場合 $l+h\cdot r$ であり，方程式(13)の代わりに，いまは次の方程式が現われる。

$$p=(l+h\cdot r)\left(1+\frac{z\cdot t}{2}\right)$$

この方程式は $r=0$ とおくやいなや，すなわち地用は自由に解放されている

第2編　新しい資本理論

と想定するやいなや，(13)に移りゆくのである。

ところで，経済性は，賃金と地代のいかなる状態のもとにあっても，最大可能の資本利子が達成されるべきことを要求する。それゆえ z が（l と r は常数と想定して）極大となることを要し，この z の極大は，周知のように，その t と h に関する部分導関数が，それぞれ零に等しいとおかれることによって見出される。（この際，真に極大が達せられるということは，関数 p の上に示した性質にかんがみ，容易に証明されることである。）すなわち簡単に上の方程式をちょうど z が常数であるかのように，t と h に関して偏微分する。そしてそれによってわれわれは二つの新しい方程式

$$\frac{dp}{dt}=(l+h\cdot r)\cdot\frac{z}{2} \tag{21}$$

および

$$\frac{dp}{dh}=r\left(1+\frac{tz}{2}\right) \tag{22}$$

を得る。

〔訳者注，通常 $\frac{\partial p}{\partial t}$ 等と表わされるのであるが，原文に従う。〕

かくて l と r が既知であるならば，これらの三つの方程式によって，t, h および z が決定され，したがってもっとも有利な生産期間も，各労働者あたりの最有利な土地使用の比率も，また利子率そのものも得られるのである（賃金と地代をもって表わされて）。

ただし l も r もまた，問題の未知数のうちに数えられるから，問題を完全に解きうるためには，さらに二つの独立な方程式を必要とする。そのうち一つは，われわれの前の方程式(15)に準じてつくられる。すなわち存在する国民資本 K は，問題である生産期間の長さと土地使用の比率とのもとにあって，存在する労働者全体を完全に就業させ，かつ，その際必要な地代を支払うに，まさ

第5章 ベーム・バウェルクの理論の完全化。資本利子，賃金および地代の相互関係に十分でなければならない。よっていま労働者数が A であるとき

$$K=\frac{t}{2} \cdot A(l+h \cdot r) \tag{23}$$

が得られる。

けれども，存在する労働者全部のみならず，この場合にはまた存在する土地面積の全部が，資本によって要求されるのでなければならない。そうでない場合，あるいは逆に存在するより多くの土地が需要される場合，地代のその時の状態はそのまま維持されることが不可能であり，あるいは騰貴し，あるいは下落せざるを得ない。言いかえれば，均衡が達成されるべきためには，上に見出された，各労働者あたり最有利の土地使用の比率が，全国民経済内に存在する土地ヘクタール数の，存在労働者数に対する比率と一致しなければならない。よって，前者の大きさを B でもって表わすとき，求められている第四の方程式として，簡単に

$$h=\frac{B}{A} \tag{24}$$

が得られ，いまや，問題は完全に決定されている。

もとよりこの際，方程式(23)は

$$K=\frac{t}{2}(Al+Br) \tag{23}*$$

をもって代えられることもできるであろう。存在する資本は，採用された生産期間の間，すべての労働者に賃金を支払い，同時にすべての土地を賃借りするに十分でなければならない。

自己の資力をもって経済を営む地主は，この場合，資本家と地主の二重の役割を演ずるものとみなされる。これは，あたかもさきに，みずから資本家である労働者を取り扱ったのとまったく同様である。また三つの機能全部が一人の人に兼ねられることも，いうまでもなく可能である。

第2編　新しい資本理論

さて，ここになされた前提がだいたい現実と一致するかぎり，上の方程式の論究によって，資本利子，賃金および地代の間の真の関係が明らかとなる[43]。

すなわち上の方程式は，ベーム・バウェルクの利子理論の完全化をなすものであるとともに，またいま私が明らかにするように，旧来の（リカルドおよび

---

43) ついでながら，地代の資本利子に対する影響についての，ベーム・バウェルクの説明が，決して正当なものではありえないことを，ここに示すことができると思う。

　彼は主張して言う。地主への資本前払い（地代）は「利子率の高さに対し，あたかも（彼により前に論ぜられた）消費信用の存在とまったく同様な影響を持つものである」と（前掲書 S. 438）〔4. Aufl. S. 470.〕。またさらにいわく「地主が参加するならば，市場より生存資料の分け前を獲得するから，その結果，生産への資本投下はより小となって，余剰収益のより高い等高線（Isohypse）の上に，すでにとどまらねばならず，こうして，結局，利子率はより大きな高さを維持するであろう」と。

　けれどもこの場合，ベーム・バウェルクはつぎの点にある著しい相違を忘却している。すなわち消費信用の希望者は，彼らになされた資本前払いに対し利子を支払うに反し，地主はそうでないということ，これである。換言すれば，地代として支払われた資本部分の利子は，本来の生産に用いられた資本（賃金として支払われた資本）のそれと一緒に，生産の純収益によって与えられるのである。したがって地代によって減少された資本は，余剰収益の「より高い等高線上に」とどまるをもって，十分でなく，さらにその時利子率が引き上げられねばならないとすれば，ちょうどさきに研究したつぎのような場合が現われてこなければならないはずである。すなわち（地用を無視して）生産資本の増加が絶対的に一層小さな純利潤を結果し，したがって資本の減少が絶対的に一層大きな，純利潤を生む場合これである。現在の生産の状態のもとにあって，このようなことが現実に生じるということは，ほとんど信ずべからざることである。もっともありそうなことと私に思われるのは，地代の廃棄されている場合，すなわち地用が自由に解放されている場合に，資本家がその資本に一層高い利子を得るであろうということである。これに反し，ベーム・バウェルクによって例証として想定されたところの，没収的なほど重い地代課税の場合や，あるいは土地私有制のまったく廃棄されている場合においては，いかなることになるであろうかということは，これを決定することが，それほど容易ではない。しかしこのような場合，実際，地代は本来廃棄されているのではなく，資本家によって以前と同様に支払われているのであって，ただ違うのは，土地の私有者の代わりに国家が現われてきたというだけのことであろう。

第5章 ベーム・バウェルクの理論の完全化。資本利子，賃金および地代の相互関係

チューネンの）地代理論を，一つの特別な場合として包含したものである。

われわれが三つの量 l, r および z のうち，任意の二つをまず常数と仮定して，それらの量のうち第三のものが最大となるように，t と h を決定しようと試みるとしても，われわれの条件方程式は，いうまでもなく依然として変わらない。よってわれわれは z を常数と想定し，しかも簡単のため，しばらくそれは零に等しい（あるいはこれとだいたい同じことになるのであるが，その額はすでに l と r に含まれている）と想定しよう。さらにそのうえ，生産期間の長さが不変であると想定するならば，方程式(21)が脱落し，(20)と(22)の代わりに，単にわれわれは次式を得る。

$$\begin{cases} p = l + h \cdot r \\ \dfrac{dp}{dh} = r \end{cases}$$

この第一の方程式は，すなわち一労働者の年生産が，彼の年賃金と，さらにその間彼によって用いられた土地面積の地代とを補償しなければならない，ということを表わす。これに対して後の方程式は，生産がもっとも有利に組立てられるのは，各労働者がまさしくつぎのような分量だけ，土地を使用する場合であることを表わしている。すなわち，それ以上のヘクタールの追加が，各労働者の年生産を，ちょうどこのヘクタールの地代の額だけ，増加せしめるような分量ということである。なぜなら，このような場合，地代が変わらないとすれば，賃金がその最大可能の高さに達し，逆に賃金が変わらないとすれば，ヘクタールあたりの地代が可能な最大となるからである。

これは，普通の地代理論以外のなにものでもない。このことを示すために，われわれは，使用土地面積の単位として，わずか1ヘクタールではなく，各面積単位に相当数の労働者が用いられうるような，広い面積を選ぶこととしよう。そうするとき，われわれの h は一つの真分数であり，くわしくいえば，n が各面積単位に使用される労働者数を表わすとき $\dfrac{1}{n}$ に等しい。また同様に q が，いまの土地単位の分け前となる年生産を表わすとき $p = \dfrac{q}{n}$ となる。いかにも n

第2編 新しい資本理論

はここではことがらの性質上一つの整数であるが，近似的には連続的な数量として取り扱われることができる。こうして微分法の規則によって，われわれは

$$\frac{dp}{dh}=\frac{d\dfrac{q}{n}}{d\dfrac{1}{n}}=q-n\frac{dq}{dn}$$

を得べく，上記の方程式組織は

$$\begin{cases} q=nl+r \\ q-n\dfrac{dq}{dn}=r \end{cases}$$

あるいは，同じことであるが

$$\begin{cases} q=nl+r \\ \dfrac{dq}{dn}=l \end{cases}$$

に移りゆく。

ところで，これらの両方程式は，ちょうどリカルドの地代理論の，チューネンによって与えられた形式における数学的表現をなすものである。前の方の方程式の意味は，おのずから明瞭であるが（r はここでは当然いまの土地単位の地代を表わす），後の方程式は，もっとも有利な生産が，まさにつぎのような数量の労働者が使用される場合に成立することを表わしている。すなわち，各土地単位にそれ以上の労働者を用いるならば，ただその労働者の年賃金のみが獲得され，それ以上は得られにくいというような数量これである。そしてこれは上述したチューネンの，有名な命題と一致している。

この際，資本利子をもまた顧慮しようとするならば，単に方程式の右辺に $\left(1+\dfrac{t \cdot z}{2}\right)$ を乗ずればよろしい。ただし t はここでは常数と想定されなければならない。そうでなければ，必然にさらに第三の関係すなわち方程式(21)が必要とされ，そして，この(21)はいまはつぎのように変わっている[44]。

---

44) もとより，またわれわれは，方程式

第5章 ベーム・バウェルクの理論の完全化。資本利子，賃金および地代の相互関係

$$\frac{dq}{dt} = (nl+r) \cdot \frac{z}{2}$$

さて，旧来の地代理論にあっては，まさにこの最後の関係が欠けていた。思うに，生産期間の長さというものが，決して独立の概念として定立されていなかったのであるから，これはまったく当然のことである。けれどもそのため理論全体は，はなはだしく不完全なものに過ぎず，土地に対し逐次付加されるいろいろな量の「労働と資本」あるいはいろいろな資本「追加分」("Dose") というようなものが，なんら精密に定義されることなく，論ぜられたのである。しかし労働と資本は，はなはだしく異なった仕方において用いられることができる。とりわけ重大な差異をなすものは，資本が，多数の労働者を直接の生産に用いることに，投ぜられるか，それとも準備労働，機械の製作，使役動物，有用動物の飼養等にもまた投下されるか，言いかえれば長期の生産期間が採られるか，短期のそれが採られるか，ということである。そもそもこのような事情を顧みることなしに，資本利子の高さに対する不可欠の決定者を知ることは，不可能であった。こうして資本と賃金との関係については，結局はなはだ不十分な賃金基金説が定立されえたに過ぎない。これらすべての点において，

$$q = (nl+r)\left(1 + \frac{tz}{2}\right)$$

ならびに，その t および n に関する導関数

$$\frac{dq}{dt} = (nl+r) \cdot \frac{z}{2}$$

および

$$\frac{dq}{dn} = l\left(1 + \frac{tz}{2}\right)$$

を，すでに最初から定立しておき，そして，それを方程式(23)*および(24)と結び合わすこともできたであろう。ただしこの(24)は $n = \frac{A}{B}$ によって代えられるべきである。

しかしながら，われわれは，地力によって助けられる一労働者の生産を出発点として用いる途を選んできたのである。

第2編　新しい資本理論

ベーム・バウェルクの理論は，いわばまだ欠けていたところの隅石をなすものであり，それに固定させることによって，経済的理論建築は，初めて緊密に纏った一体として現われる。

　私見によれば，賃料財（建物，鉄道等）のすべてが，この場合の土地と同様に取り扱われなければならない。そしてこの賃料財は，定常的国民経済という想定のもとにあっては，その各集団がそれぞれ不変な財量を形成するものであり，また各集団について，いうまでもなく，それぞれ特別の単位が選ばれなければならない。けれども私はこの点にとどまって，さらにそれを論じようと思わない。むしろ，直ちにいま得られた資本利子と地代の理論を用いることによって，われわれが前編の終りに一応放棄した財の交換価値の問題が，いまや最後的に，いかに取り扱われうるかを示すことに移って行こう。

第6章　財価値の決定的理論の試み。
ワルラスの説明の批判

　終りに臨んで，われわれはまずなによりもつぎのことを考えてみたい。すなわち方程式(20)ないし(24)（あるいはその代わりに182頁の注において与えられたもの）が，経済的現象の真実の動きを描写するためには，国民経済はいかなる状態にあらねばならないか，ということである。いうまでもなくそれは，全国民経済の内部にただ一つの享楽財，たとえば穀物が生産されるということを必要とする。賃金，地代および資本利子はいずれも実物をもって，すなわち穀物をもって収得され，資本そのものは穀物と穀物生産に必要な設備および道具とから成り立っている。しかもわれわれは簡単に，この設備，道具は，その経済自体の内部においてつくり出されうるし，その上その持続性は小さなものと考えよう。およそ持続財は生産されず，国民経済は完全に定常的なものでなければならない。
　いまこの国民経済のほかに，他の一つの国民経済が存立し，そこでは同様の仕方において，他の商品，ただし，また同様にただ一つの商品たとえば亜麻布のみが，生産されると想定しよう。両国民経済間の交換はまったく自由であるが，資本と労働は一方から他方へ移動することができない。このような場合，両国民経済のおのおのに対しては，方程式組織(20)ないし(24)に類する方程式組織が成立している。けれども方程式の常数，すなわち労働者数，土地面積お

第2編　新しい資本理論

よび資本は両者で異なっており，同様に生産力関数 p（または q）の形もまた相異なっている。これらの数量は一方の国民経済については A_1，B_1，K_1 および p_1 であり，他方については A_2，B_2，K_2 および p_2 であるとせよ。こうしてそれらの数量を A，B，K および p の代わりに方程式(20)ないし(24)に代入するとき，われわれは，これらの各方程式組織から他の未知数を消去することによって[45]，まず問題の生産期間 t の長さを得，それから求める l，r および z の値を得る。これらの値が，第一の国民経済については t_1，l_1，r_1 および z_1，後の国民経済については t_2，l_2，r_2 および z_2 とするとき，$A_1 l_1 + B_1 r_1 + K_1 z_1$ ならびに $A_2 l_2 + B_2 r_2 + K_2 z_2$ はともに，一方および他方の国民経済において年々生産される財量を表わす。さらに各国民経済内部における資本および土地所有の分配は既知であると前提されねばならないから，いまや，これらの生産のうち，どれだけがそれぞれの人の手に帰着するかもまた知られうる。ところでこれらの財量のうち，年生産の一部が，それぞれの側で他方の国民経済の年生産の一部と交換される。しかもそれはまったく，前に展開した交換の法則にしたがってである。たとえば，はじめ漫然となんらかの交換比（相対的価格）が認められるとすれば，この価格で，各穀物所有者，すなわち第一の国民経済の労働者も地主も資本家も，この年彼らの分け前となった穀物のある量を，それに相当する亜麻布の量に対して，提供する。くわしくいえば，穀物の限界効用と亜麻布の限界効用と（それぞれこの年の内に消費される穀物および亜麻布の量に関する）が，ちょうど相対的価格すなわち交換比と正比例するにいたるような，数量を提供するのである。このような部分量を相加えるとき，穀物所有者の側よりする穀物の年供給と亜麻布への年需要と（当面の価格における）が成り立

---

[45] この消去は l，r と z についてはきわめて容易に行なわれうる（関数 p の形を知ることなしとしてさえ）。それから h は p，$\dfrac{dp}{dt}$ と $\dfrac{dp}{dh}$ において，単に $\dfrac{B}{A}$ をもって代えられる。

第6章 財価値の決定的理論の試み。ワルラスの説明の批判

つ。まったくこれと同様に，同じ価格のもとで，他方の側では亜麻布の総供給と穀物への総需要とが成り立つ，一商品について（その結果，また他方の商品についても）需要と供給とが相等しければ，すでに均衡が成立しており，そうでなければ，価格の変動が起らなければならない。けれどもこの変化は，双方の生産事情に対しては，いうまでもなくなんらの影響をも及ぼさない。だから，ここにきわめて単純な雛形を示した対外商業の問題は，もともと国内流通の問題よりも，その複雑さは著しく劣っているのである。まもなく平均的な交換比が定まり，その後年々おおよそ変わることなく維持される。そして，この交換比の特徴は，両国民経済の成員のそれぞれについて，両商品の限界効用と価格との間の比例性が満足されるということにある。もとよりこの際，個々の成員が，すべて交換市場に現われることは必要でない。交換比になんらの著しい変化を来たすことなく，資本家あるいは彼らのうちの若干のものが，それを司ることもできる。したがって賃金も地代も資本利子も，両種の商品をもって，あるいは任意の習俗的交換手段（たとえば紙幣）をもって，支払われることもできる。ただその際，上記の限界効用比が終局の結果を表わしさえすれば，それでよろしい。

けれどもいまやわれわれは，両国民経済が，ただ一つの国民経済に結合され，したがって双方に存在する労働者，地力および資本が，いまは差別なく，一方または他方の財生産に使われうると考えよう。そうするとき，一見したところ，すべての事柄が不明の淵に沈むかのように思われる。この場合にわれわれの両方程式組織を定立しようとするならば，いまは量 A_1, A_2, B_1, B_2, K_1, K_2 が，もはや既知とは想定されえないという困難が生じてくる。われわれは，ただあらかじめ $A_1+A_2=A$, $B_1+B_2=B$ の総和を知っているに過ぎない。資本 K_1 および K_2 については，厳格にいえば，それら自身もそれらの総和も，ともに知られていないのである。実際，この場合，国民資本は（それが自由なものであるかぎり），二つの財から成り立っており，したがってその価値は，

第2編　新しい資本理論

この二財の相対的価格が見出されて後，初めて確定されることができる（すなわち，その財のうちのいずれか一つをもって，あるいは任意の習俗的交換手段をもって表わされることができる）。

けれども他方において，この場合にはもはや二つの相異なる賃金率，地代率，利子率は存在しえない。双方において，賃金，地代，資本利子はおおよそ相等しくなることは明らかである（労働力も地力も均質であると想定されるかぎり）。

両国民経済の境界撤廃の後に，いかにしてこのような変化が生ずるであろうか，われわれはまず第一にその理由を明らかにしようと思う。最初 l_1 と l_2，r_1 と r_2，z_1 と z_2 はなお相異なっているとせよ。$l_1 > l_2$ であるならば，労働者は次第に亜麻布業より穀物業へ移りゆくであろう。A_1 は増大するに反し，A_2 は減少する。さらに境界撤廃のとき，たとえば $r_1 < r_2$ であるならば，逆に穀物栽培に用いられた土地の一部が，次第に亜麻布生産のために求められるであろう。B_1 は減少し，B_2 は増大する。最後に，はじめ $z_1 < z_2$ であるとすれば，穀物生産に用いられた資本は，それが自由となるに応じて（これは生産そのことによって生ずる）一部分亜麻布生産に投下されるにいたるであろう。この資本は初め穀物の形態で現われるから，前にいくらか行なわれた交換を無視するとすれば，亜麻布業の労働者の一部分は，いまやその賃金を，直接に穀物でもって得ることになるであろう。しかしこれは，亜麻布と穀物の交換比さえ依然として変化なければ，彼らにとってどちらでも同じことである。ところがこの交換比がまた生じる変化のために，影響を受けざるをえない。こうして穀物を価値尺度として，亜麻布の価格が下落したとすれば，その自由資本が主として亜麻布からなる資本家は，同じ価値を再生しようとするならば，その資本の個片数を増加しなければならない。逆に亜麻布の価格が騰貴したとすれば，彼らは，その資本個片数を減じてなんらの損失も受けることなく，その一部分をみずから消費することができる。しかしすべての資本家が，その資本個片数を少

第6章　財価値の決定的理論の試み。ワルラスの説明の批判

なくともしばらくの間増加することが，はなはだ起りそうなことである。なぜなら，一般的にいっていまの一層自由な，したがって一層合目的的な生産力の使用が，両業務分枝における生産力の増進をひき起すはずであり，増進した生産力は新しい資本形成を容易にするからである。こうして，ふたたび定常的状態が達成されるにいたるであろうが，それは，一層大きな資本所有と，おそらくはまた一層高い地代および賃金の平均的状態（ただし必ずしも利子率はそうではない）のもとにおいてである。

このようなすべての変化を詳細に追及することは，まったく不可能である。ことに，それはかぎりなく多様の仕方において生じうるであろうから。けれども，結局達成された均衡状態は，われわれの上掲の方程式を用いることによって，容易に決定することができる。いうまでもなく，ただ現在の資本が既知の量であるという前提のもとにおいてではあるが。

まず第一に，はじめの二つの方程式

$$p_1 = (l+h_1 r)\left(1+\frac{t_1 z}{2}\right); \quad p_2 = (l+h_2 r)\left(1+\frac{t_2 z}{2}\right)$$

およびそれらの t_1, h_1, t_2, h_2, に関する導関数[46]，すなわち合計6個の方程式が満足されていなければならない。

l, r および z の大きさは，いまや双方において相等しい。これに反し，この場合，われわれは現実にしたがい，各業務分枝について生産力関数（既知と前提される）$p = F(t, h)$ のそれぞれ相異なる形を想定し，また最有利の生産期間と土地使用の比率（一労働者あたりのヘクタール数，または逆にヘクタールあたりの労働者数）も，それぞれ相異なるものと想定しよう。こうして，われわれはさしあたり，7個の未知数 t_1, t_2, h_1, h_2, l, r および z をもつ6個の独立な方程式を得るわけである。

---

46) 方程式(21)および(22)に準ずる。

第2編　新しい資本理論

さらに残る方程式

$$h_1 = \frac{B_1}{A_1}\ ;\quad h_2 = \frac{B_2}{A_2}$$

$$K_1 = \frac{t_1}{2}(A_1 l + B_1 r)\ ;\quad K_2 = \frac{t_2}{2}(A_2 l + B_2 r)$$

のうちに，いまやなるほど6個の新未知数 A_1, A_2, B_1, B_2, K_1, K_2 が現われるけれども，われわれそれらの決定のためには，さらに次の方程式を持っている。

$$A_1 + A_2 = A$$
$$B_1 + B_2 = B$$
$$K_1 + K_2 = K$$

ここに A, B, K は，全国民経済のうちに存在する労働者数，土地面積および資本を表わす（資本は穀物で評価されて）。それゆえ，われわれは全部で13の方程式を，まさに同数の未知数とともに持つわけである[47]。ただしこれは，ただ両商品の交換比がすでに知られているという前提のもとにおいてであるに過ぎない。

なぜなら，この場合 p_1 および p_2 は価値を表わす，すなわち年生産の交換価値を（t および h の関数として）示している。ところが実をいえば，双方に既知と前提されている生産力関数をもってしては，当然まずその生産物の個数ないし量のみが確定されるに過ぎない。いますでに穀物が価値尺度に選ばれていたのであるから，穀物生産の価値（年あたりかつ一労働者あたり）p_1 は，確か

---

[47] その上，最後に導入された未知数は，明らかに，容易に消去されることができる。こうしてわれわれは，t_1, t_2, h_1, h_2, l および r の間のみならず，また既知数 A, B および K の間に，ただ一つの関係，すなわち

$$K = \frac{1}{2(h_1 - h_2)}\left\{t_1(h_2 A - B)(l + h_1 r) - t_2(h_1 A - B)(l + h_2 r)\right\}$$

を得る。これは最初の6個の方程式と結び合わされて，なお残存する未知数 t_1, t_2, h_1, h_2, l, r および z を決定するのに十分である。

第6章 財価値の決定的理論の試み。ワルラスの説明の批判

にただ t_1 および h_1 によって定まるけれども，関数 p_2 は，それが亜麻布生産の価値を表わすべきである以上，さらに一つの要因 π，すなわち両商品の交換比ないし穀物で表わされた亜麻布単位の価格を含んでいる[48]。ところがこのような交換比は，ここでは既知であると前提されえず，むしろ，それが国民経済のすべての力の働きによって，いかに決定されるかを示すことこそ，まさにわれわれの課題なのである。それゆえ，われわれは依然として方程式より一つ多くの未知数を持っており，問題が完全に決定することが証されるべきためには，さらに一つ，以上の方程式とは独立の方程式を必要とする。

これを見出すためには，われわれは両商品の交換市場に転じて考え，この市場にもまた，均衡（需要と供給との間の均衡，あるいは，ここでは同じことであるが，生産と消費との間の均衡）が成立するための条件を明らかにしなければならない。

それは，たとえばつぎのようにして行なわれうるであろう。l, r および z のいかなる状態のもとにあっても，国民経済の成員のそれぞれの年所得がまた一義的に定まっている。たとえば問題の個人がみずから労働者であり，b ヘクタールの土地の所有者であり，k の価値のある資本を生産に投下しているとすれば，彼の年所得 e は $e=l+br+kz$ をもって表わされる。われわれの根本的想定にしたがって，彼はこのような所得を最後の1ペニヒにいたるまで（否むしろ最後の穀物量にいたるまで）彼の穀物と亜麻布の年消費のために使用する。したがって x と y とが，それぞれこれらの商品の年消費を表わすとすれば

$$e=x+\pi y$$

となる[49]。けれどもこれらの量は，また限界効用の法則をも満足していなけれ

---

[48] $q_2=F(t_2, h_2)$ が亜麻布生産の個数（年あたりかつ一労働者あたり）を表わすとき $p_2=\pi \cdot q_2=\pi \cdot F(t_2, h_2)$ である。

[49] 彼が最初どんな形態においてその収入を得るか，穀物においてか，亜麻布においてか，それとも両者双方においてか，ということは，この場合，どちらでもいいことである。なぜなら，亜麻布はつねに均衡価格によって穀物でもって評価されるの

第2編　新しい資本理論

ばならず，したがって f( ) と g( ) とが，年消費量についての限界効用関数を表わすとき

$$f(x) : g(y) = 1 : \pi$$

である。関数 f( ) と g( ) との形は既知であると前提されねばならないゆえに，最後の両方程式より x と y とが決定され，すなわち l, r, z および π をもって表わされることができるのである。このような操作が国民経済の成員それぞれについて行なわれたならば[50]，すでに問題である財の総消費ないし総需要がまた見出されているのである。それは上述したところによって

$$X = \sum x = A_1 p_1$$

でなければならず，国民経済総体の穀物の年消費は，それの年生産と相一致しなければならない。同様に亜麻布の消費と生産とについては

$$Y = \sum y = A_2 \frac{p_2}{\pi}$$

となるけれども，これらの両方程式のうち，その一方は他方より導き出されることができる。つまりそれらより

$$A_1 p_1 + A_2 p_2 = \sum x + \pi \sum y = \sum e = Al + Br + Kz$$

が得られ，しかも他方において，容易に明らかなように，われわれの初めの生産方程式にそれぞれ A_1 および A_2 を乗じ相加えることによって

$$A_1 p_1 + A_2 p_2 = A_1 (l + h_1 r)\left(1 + \frac{t_1 z}{2}\right) + A_2 (l + h_2 r)\left(1 + \frac{t_2 z}{2}\right) = Al + Br + Kz$$

が得られるからである。ゆえに上記方程式の一方または他方が，われわれの未

であるから。

50) いやしくも，いつか現実の数字による問題の取扱いが試みられることがあるとすれば，消費者は大きな集団にひっくるめられねばならず，そのいろいろな財に対する消費または需要は，それぞれの価格のもとにおいて，経験的に確定されえなければならないであろう。

第6章 財価値の決定的理論の試み。ワルラスの説明の批判

知数の間になお欠けているところの関係を与える。A_1 と A_2 がすでに消去されている場合には，それの代わりに，われわれは次の方程式を用いることもできる。すなわち

$$\frac{X}{p_1}+\frac{\pi \cdot Y}{p_2}=A_1+A_2=A$$

あるいはまた，われわれは両生産分枝のそれぞれを，一つのそれみずから完結した全体であると考え，したがって年生産はまず単純に賃金，地代および資本利子として関係者の間に分配され，その後はじめて，双方の側の貯え高の一部が交換されるものと考えることもできるであろう。そのとき p_1 と p_2 はいずれも個数と見られるべく，賃金と地代も等しくその商品の個数をもって表わされ，相互に

$$l_1=\pi l_2, \quad r_1=\pi r_2$$

のような関係によって結びつけられている。そして，双方において投下されている資本もまた，まずその商品をもって評価されるならば

$$K_1+\pi K_2=K$$

であり，ここに K は前と同様，総国民資本の既知の価値（穀物をもって表わされた）を表わしている。いまたとえば前述の個人が b_1 ヘクタールを穀物業に，b_2 を亜麻布業に用い，またそれぞれに k_1，k_2 の資本を投下し，そしてみずからたとえば8カ月を穀物業に，4カ月を亜麻布業に労働するものとすれば，彼は年々

$$\frac{2}{3}l_1+b_1r_1+k_1z \text{ の量 (Mass) の穀物}$$

および

$$\frac{1}{3}l_1+b_2r_2+k_2z \text{ の長さ (Ellen) の亜麻布}$$

を得るのである。

第2編　新しい資本理論

それらの個々の量が，その後，穀物・亜麻布市場に持ち出され，一部分相互に交換される。交換の法則によって見出される均衡価格は，いまや l_1, l_2, r_1, r_2 および z の既知の関数として現われ，しかもまさしく π に等しからねばならない。これによってなお欠けている関係が見出されたのである。容易に明らかなように，二つの方法は同一の結果に導くものであり，われわれはわれわれの研究の終局の結果として，つぎの命題を定立することができる。

一つの国民経済が，ただ二つの商品のみの生産，分配および消費を含んでいる場合においては，これら二商品の間の交換比は，つぎの条件によって与えられる。(1) 賃金，地代および資本利子は，いずれの商品の生産においても相等しからねばならない。(2) 賃金および地代のすでに達せられた高さのもとにおいては，利子が（また一般にこのような三つの数量のうち二者のすでに達せられた値のもとにおいては，第三の数量が）最大となる。(3) 存在する資本が，ちょうど存在する労働者を雇傭し，存在する土地面積を賃借りするに十分でなければならない。そして，(4) 両商品は，直接またはあらかじめ行なわれた交換の後に，それらの年消費量の限界効用の比が，いずこにおいてもその交換比に等しくなるように，国民経済の全成員に分配されなければならない。——

われわれはいまや，われわれの研究の目的に到達している。なぜなら，ここに論述された理論が，経済現象の核心を正しくついたものとするならば，少なくとも定常的な経済が取り扱われるかぎり，問題がいかに錯綜するとも，上に定立されたような種類の方程式を適当に結合することによって，その解が見出されるものであるからである。現実の経済生活において生じるこのような錯綜を，われわれは以下簡単に概観しようと思う。

〔Ⅰ〕現代国民経済の生産と消費は，ただ二商品のみを含むのではない。きわめて重要な財の種類だけを数えるとしても，何百という商品を含んでおり，しかも財の各種類の中には，通常さらに多数の相異なる品質があり，特殊性があ

第6章 財価値の決定的理論の試み。ワルラスの説明の批判

る。

けれどもこの事情は，それだけではただ，さらに多数の方程式を必要とさせるに過ぎない。顧慮されるべき新しい商品の一つ一つとともに，容易に明らかなように，われわれの上の雛形に準じて，新しい6個の未知数が問題のうちに現われてくる。なぜなら，各商品ごとに，もっとも有利な生産期間と，土地使用の比率と，その生産に用いられる労働者数，土地面積および資本と，そしてまた商品の交換価値と，が決定されねばならないから。もし財が n 個あり，そのうちの一つが価値尺度と想定されるとすれば，こうして，未知数の数は $6n+2$ 個となるであろう[51]。それを決定するためには，生産の法則が，容易にわかるように $5n+3$ 個の独立の方程式を与え，他方，不足する $n-1$ 個の方程式は，交換の法則から得られるのである。なぜなら，われわれはたとえば決定されるべき $n-1$ 個の商品価格（その商品のうちの一つをもって表わされる）において，年々消費ないし需要される各商品の量が，それらの年生産と相一致しなければならないということを表わす式を定立し，こう定立された n 個の方程式のうち，ただ $n-1$ 個のみが独立であることを考慮するからである[52]。

〔Ⅱ〕労働力と地力とはそれぞれ同質の量であると仮定されていた。

もとよりこれは正当でない。一定の生産にとっては，いかなる時にも，およそ用いうべき労働者のはなはだしく制限された数量があるに過ぎない。なんとなれば，その業務が特殊の自然的素質や，あるいは長い訓練を必要とするから

---

[51] 詳言すれば，$t_1 \cdots t_n$, $h_1 \cdots h_n$, $A_1 \cdots A_n$, $B_1 \cdots B_n$, $K_1 \cdots K_n$, およびすべての生産に共通な l, r および z, そして最後に，n 商品のたがいに独立の $n-1$ 個の交換比，これである。なお190頁注(47)において示されたように，$3n$ 個の量，$A_1 \cdots A_n$, $B_1 \cdots B_n$, $K_1 \cdots K_n$ は，容易に消去されえ，こうして未知数の数は $3n+2$ 個に減少する。

[52] この場合二つまたはそれ以上の商品が一部分，たがいに代用しうるものとすれば，当然，その中のいずれか一つの限界効用は，その商品の年消費量のみの関数ではなく，問題である商品すべての関数となるであろう。

第2編　新しい資本理論

である。このような事情を顧慮するためには、存在する労働者が、集団に区分されることを要し、各集団について賃金が別々に見出されねばならない。そしてこの場合、賃金は集団を異にするにつれ、著しく異なる点に落ちつくことができる。けれども、ひとたびこのような集団の限界が設けられた場合には、ここでも明らかに、未知数の数と同じだけ、また独立の条件方程式の数も増加するであろう[53]。

　地力についていえば、そこでわれわれは、まずなによりも土地の肥沃さ、位置等の相違という周知の事情に遭遇する。そのうえ、実に農場、漁場、森林、鉱区、瀑布等々のように、根本的に種類を異にする自然力が存在する。いうまでもなく、これらの種類のそれぞれについて、特殊な単位量が選ばれなければならない。

　最後にまた、私見によれば、生産された財も、それらが持続的な賃料の源泉であるかぎりは、ここにとりいれて考えられねばならないであろう。正常的国民経済においては、このような財はまったく生産されず、ただ同じ状態において維持されるにすぎない[54]。それに関する資本投下そのものは、過ぎ去った過去のものであり、もはや考慮に入らない。それゆえ、このような資本の純利子 (Reinzins) はまったく一つの賃料である性質をもつ。なぜなら、必要な修繕も、維持のための労働も、また運営費も、ともに借主である資本家の負担とな

---

53)　相異なる集団の労働者が同一の生産に用いられるとすれば、当然、これに関する方程式はさらに多少複雑となる。とりわけ相異なる種類の労働者の比率は、しばしばさらに最大可能の利得の原則にしたがって見出されねばならないからである（男子、女子および少年労働者等の間の区別）。相異なる地質や、持続財一般に関してもまた同様である。

54)　この種の財の、まったく消耗されたものを、新しいものをもって代えることは、もとより除外されることを要しない。けれども、これはいわば比較的大きな財群の修繕であると見られることができる。賃料財と資本財との間の相違は、上記の見方によれば、前者の総計が、享楽財の生産期間の長さによっては左右されないという点にある。

第6章 財価値の決定的理論の試み。ワルラスの説明の批判

るものであるからである。

これに反しベーム・バウェルクのように，地味改良が土地と「癒着」("ver-wachsen")するやいなや，それを資本の範囲から除外しようとすることは，正当でありえない。施肥などのように，わずかの収穫の用に足るのみであって，したがって，投下された資本がすでに短期のうちに補償されねばならないような改良は，明らかに道具，労役動物，有用動物等と等しく，農業に用いられる狭義の資本に属する。

貸家もまた私見によれば，かの賃料財に数えられねばならない。住居は食物，衣服，燃料などと等しく，経済的に充足されねばならない欲望に属する。それなら住宅の風雨を防ぐという用役が，なぜ田畑，牧場，森林，漁場等の経済的用役と同列におかれて悪いのであるか。定常的国民経済の見地からすれば，それらの間に本質的な相違は存しないのである。

賃料財と狭義の資本との間の境界は，いかにも，単に経済的なものにとどまり，またただだいたいにおいてのみ決定されうるに過ぎない。けれども，実際上，この区別はきわめて重要である。流動資本の大きさが賃金，賃料および資本利子の高さを決定し，はなはだしく持続的な財は，これらのうえに，ただあたかも開墾された地面の大きさと相等しい影響を及ぼすに過ぎない。しかもそれらの資本価値は少なくとも定常的国民経済においては，まったく第二次的現象であり，消耗財の交換価値に対しては，まったくなんらの意義をも有していない。

こういう境界がひとたび引かれるならば，その結果として，われわれは生産に対し資本 K および相異なる労働者の集団 A^I, A^{II}, A^{III}, A^{VI} 等の外に，さらに相異なる賃料財 B^I, B^{II}, B^{III}, B^{IV} 等を，それぞれ相異なる量単位と，この単位の賃料とともに，考慮に入れなければならない。新しい集団はそれぞれ新しい未知数の源泉ではあるが，また同時に必要な数の新しい独立の方程式の源泉でもある。

第2編　新しい資本理論

〔Ⅲ〕一商品の生産のいろいろな段階は，すべてただ一つの業務の内部において行なわれると前提された。現実においてはほとんどすべての場合，これは事実ではない。原料や，生産の補助手段は，通常特別の業務において生産される。したがって同一の工場は，多数の相異なる業務分枝に，道具，機械を提供し，また逆にきわめて種々雑多な方面からもたらされた補助材料，原料が，ただ一つの業務の中に組み合わされ，さらに加工される等というようにである。業務は分岐し，かつまた，前に，後に，融合する。

われわれがいろいろな業務を通じて，一つ一つの商品の生産のみを追及し，まさにこの商品の完成にいくばくの労働，資本および地力（あるいはその他の賃料財の用役）が，必要とされたかを決することができるならば，このような事情は，なんら特殊の困難をもひき起さないであろう。もしこれが不可能であって，したがって二つまたはそれ以上の商品の生産が，多少とも分解しにくい一体を形成する場合には，これらの商品は，生産の数学的取扱いにあたって，ただ一つの集団に結合されなければならない。すなわちそのようなとき，それらの商品はそれぞれ独立して，その完成に用いられた労働，資本および賃料財に報償するのではなく，一緒になってこれらに報償するわけである。けれども，交換の方程式のうちにおいては，それらは再び別々に取り扱われなければならない（それらのうちの二つまたはそれ以上が相互に代替しえない限り）。

〔Ⅳ〕労働の供給は常数として取り扱われた。これは労働者数に変化なしとする場合においてすら，全く正しいということができない。なぜなら，日々の労働時間は事情によって異なることができ，また一年のうち一層多くの日ないし週が無為に過ごされることもありうるからである。しかもそれは，単に一年のうち一定の季節の間は仕事がないというためばかりではなく，また比較的豊かな賃金のもとにあってはおそらく労働者が進んで一層多くの余暇を得ようとするからでもある。すなわち労働力，あるいは一労働者の時間は，多くの賃料財とは反対に，それが生産的に用いられない場合においても，またその所有者に

第6章 財価値の決定的理論の試み。ワルラスの説明の批判

とって価値のあるものである。

　だから，たとえばレオン・ワルラスのように，生産という語を著しく一般化して，個人の自由時間の処置，すなわち散歩のごときさえ「生産」とみられ，かつ「生産」と取り扱われるようにするにしても，明らかに年々の労働時間したがって一労働者の年生産そのものが，賃金の関数であると見られることが必要となる。けれどもここに注意されねばならないことは，たとえ賃金騰貴の場合に，個々の労働者の労働時間がおそらくは減少するであろうとしても，なお他方において，以前は無為に暮していた人びとが，高まった労働価格によって，みずから労働者となることを誘惑され，あるいはむしろ強制されるであろうし，また豊富な食物等によって，短い労働時間をもってして一層強烈に労働させられることも可能となるであろうということである。それゆえ，与えられた事情のもとにあって，賃金の上または下への推移が，労働の有効供給をどれほど増大または減少させるであろうかということは，先験的には決定し難く，それぞれの場合において特別に研究されなければならない。

〔Ⅴ〕最後に，われわれが上にした定常的な国民経済という想定は，ただ理論上考えうべき，もっとも単純な場合を示すに過ぎず，現実には，決して正確にあてはまることがないのである。長い期間にわたって社会の著しい進歩が行なわれ，その結果として，このような想定が近似的にも決して現実に適応しないというようなことは（あたかもわれわれ自身の世紀がこのような場合をなしている），実に例外の場合においてのみ起りうることである。けれども，とにかく理論が完全なものであるためには，単に経済現象の静学のみならず，またその動学の取扱いをも心得ていなければならない。すなわち国民経済の諸力の均衡のみならず，それらの変動に基づくこのような均衡の攪乱をもまた観察しなければならない。

　労働者数，あるいは一層一般に人口は，強大な出生率やあるいは移民の流入によって増加されえ，また普通でない大死亡率や，移民の流出によって減少さ

第2編　新しい資本理論

れることもできる。賃料財の総額は（開墾された地面をも含んで）勤勉によって増大されえ，また怠惰によって減少させられることもできる。最後に，国民資本はいろいろな仕方において変動を受けることができる。ここには，このような変動のひとつとして（しかももっとも重要なものの一つとして），狭義の資本の賃料財への転化，あるいは労働能力さえもへの転化（教育の目的のために資本を犠牲にすること）を挙げなければならない。

これらすべての点に関して，ある一定の進歩率 (Rate der Progressivität) が与えられていると想定することが許されるならば，依然として生産および交換の方程式が定立されることが可能である。すなわち，このような場合，われわれは，いわば，定常的均衡の問題に代わって，動態的均衡の問題を取り扱わねばならない[55]。

進歩率そのものを決定することのできる法則を定立しようとすることは，まったくこれと異なった事柄であろう。私自身としては，このような方針のいかなる試みも，これを放棄している[56]。現在の経済学が，このような事情を精密に取り扱いうるにはまだまだ前途遼遠の状態にあることは，このような社会の

---

55) この際，たとえば新しい賃料財の生産は，消耗財の生産と同じように取り扱われねばならない。けれどもその場合，流動資本の総計は，もはや不変のままではない。しかしその代わり，ここには，次の規定がつけ加わる。すなわち，新しく生産された賃料財が賃料として，まさに普通の資本利子を，生産費にもたらされねばならなということ，これである。

56) もしわれわれがただ利子率の引上げが，単に一層大きな節約を惹起するにとどまらず，事情によっては，これと反対の作用を持つこともでき，そしてその逆もまたこれに準ずるということを，眼中におくに過ぎないとすれば，確かに，レオン・ワルラスとともに，年々の貯蓄，したがってまた資本の増大を，他の事情に変化のない場合，利子の高さの関数であると見ることもできるであろう。けれどもその場合，必然に人口は定常的であると前提されなければならず，あるいは少なくともその年々の変化が与えられると前提されなければならない。なぜなら，たとえば，起りうべき資本形成や資本消耗にとっては，利子率の高さよりも子供の数の方が，はるかに決定的な意義をもつことが明白であるからである。

第6章 財価値の決定的理論の試み。ワルラスの説明の批判

進歩が，どれほど有利であるか，有利でないかに関し，経済学者の間に決して一致が見られないということを，想起するならば明らかとなるであろう。特に，私の知るかぎりでは，国民経済の論著のうちに，まだつぎの問題の提出されたのを見たことがない。すなわち所与の資本量，土地面積等々のもとにおいて，いかなる人口数が経済的にもっとも有利であろうかという問題である。それゆえ，上の問題が最大効用の原則にしたがって解かれるべきものとすれば，その取扱い上きわめて困難の事態をなすものは，いうまでもなくつぎの事柄である。すなわちこの際いったい・いかなる・方向に経済的利益ないし不利益が存するかという点について，決して人びとが意見を等しくしていないということである。人口の変化が，経済的最有利の原則（最広義において）によらず，単に盲目的な自然衝動によって，現に規制されており，また永久にそうであると仮定するならば，われわれはいくらか堅固な基礎の上に立つわけである。けれどもこのとき不可避的に，リカドの自然賃金すなわち最低可能の賃金の学説こそ絶対にゆるがすべからざる事実であると認められなければならない。遺憾ながら，人口問題は一般にいまなお依然として，ほとんどすべての学派の経済学者の継子であって，これは単に理論的見地からみても，もとよりいわんや実際的見地からみても，嘆かわしいことである。

　最後に論じた不都合は無視されるとしても，また問題を純粋に定常的なものと見るとしてすら，上に枚挙したところによって，いろいろな錯綜がきわめて多数にのぼるということが示されている。けれども明白なことは，現実の具体的な問題を取り扱うときには，必要な資料がだいたい与えられるやいなや，おのずからすべての必要な単純化が生じてくるであろうということである。とにかく現実の実業家は，彼の商品の生産および販売状況に影響するどんな事情も，ことごとくこれを顧慮しなければならない。その際，彼は決して市場の現象のすべてを知りつくすことができず，またそのすべてを見渡すことを必要としないとすれば，これはつぎのことの一つの証拠であると見られうるであろ

う。すなわち実際的に彼が解決しなければならない問題を，われわれが理論的に取り扱う場合においてもまた，関連する数量のうち，比較的少数のみがまず計算に採り入れられることを要するに過ぎない，ということである。

けれども，この際まず何よりも，生産期間の長さというまだ十分に解明されていない概念を，個々のおもな業務，たとえば農業，繊維工業，鉄工業等について，さらに精密に決定しなければならないであろう。またこれと同時に，ときどき採用された改良が，現実に資本投下の強化を必要とするかぎり，そこに伴ってきたこの期間の延長をも見出さなければならない。経済生活のおもな分野について，このような報告がひとたび提出されさえするならば，計算の手続と，またしたがって理論の経験的験証とが，すでに開始されうるのである。ただし理論の成果は，ただ完全に自由な競争という前提のもとにおいてのみ，その妥当性を保ちうるということが，忘れられてはならない。

────────

ここに論述された学説は，レオン・ワルラスの「純粋経済学要論」(Éléments d'économie politique pure) において説かれた理論と，多くの共通点を持っている。そこでもまた，生産の方程式が定立され，またさきに得られた交換の方程式と結び合わされている。けれども，すでに注意したように，その際ワルラスによっては，ただ持続財のみが資本と呼ばれ，またそれのみが資本として取り扱われているに過ぎず，原料，未製品，労働者の生計資料，したがってまた一般に流動資本所有者によって，労働者，地主等に対しなされるかの前払いが資本とは呼ばれず，また資本として取り扱われていないのである。それゆえワルラスにおいては，労働者およびその他の生産者は，生産の間自分で生計を立て，生産終了の後，初めてその生産物の売上げのうちから，彼らの貢献の報償を得るということが，暗黙のうちに，仮定されているのである。これはいうまでもなく正当でない。このような見方をもってしては，生産における資本の真の役割は，まったく看過されてしまい，その必然の結果として，さらにかの生

第6章 財価値の決定的理論の試み。ワルラスの説明の批判

産および交換の方程式は,およそ利子率の高さについてなんらの解明をも与ええない,という特徴が現われてくる。ただ持続財のみが資本と見られるならば,なるほど,そのそれぞれの部類について一定の賃料が決定されるであろう。けれどもこのような財そのものの資本価値は,決して決定されることなく,したがってまた利子率すなわち純収入率 (le taux de revenu net) もまた決定されない。ワルラスはこれをはっきりと認めながらも,つぎのように主張している。すなわち利子の高さを決定しうるためには,およそ定常的経済の考察から進歩的経済の考察に移りゆかねばならず,後者においては,利子を生む新資本財が生産され,その資本価値は生産費によって決定されうるのであると。これは確かに正当でない。たとえ定常的経済においてであるにしても,またさらに生産手段がすべて破壊しえないものであるとしてさえ,まさに長期にわたる生産方法が一層有利なものと知られるという理由によって,流動資本の利子率が確定することはなんら疑う余地がない。それゆえワルラスの生産理論および資本理論は,不当な前提の上に立つものであって,最終的なものとは認められにくい。これらの理論が,多くの点において,いかによく彼の炯眼を証明しているにしても,彼にはまだ事柄のそもそもの核心が明確になっていなかったのである。決定的な前進を実現した功績は,この範囲に関してはジェヴォンズ,またとりわけベーム・バウェルクに帰せられるべきものである[57]。

---

[57] ワルラスはその著の第2版において,ベーム・バウェルクをつぎのように非難している。すなわち資本利子は市場においてのみ定まりうるものであり,そしてベーム・バウェルクにおいてはこの市場への論及を見出すことができないと。おそらくワルラスは,彼によって言及されているベーム・バウェルクの著書の摘要(「経済学雑誌」(Revue d'économie politique) 所載)のみより知らないのであろう。なぜなら,「資本の積極的理論」("Positive Theorie des Kapitals") の最後の章には,まさにその市場の描写が行なわれているからである。ただしそこでは地用が無視されているが,私は上に,この理論のこのような不完全さを完全にしようと試みたのであった。

付　録

付　録

ウィクセルの伝記

1. ウィクセルの生涯

(1)

　ヨハン・グスタフ・クヌート・ウィクセル (Johan Gustaf Knut Wicksell) は1851年12月20日ストックホルムで生まれた。父はもともとヤン・ヤンソン (Jan Janson) といい，ストックホルムの北約8マイルの小農場出身であった。1824年18歳でストックホルムに移り，店員となる。20歳のころヨハン・ウィクセル (Johan Wicksell) と改名し，食料品組合員として店を開く。1836年ヨハンは管理人の娘と結婚し，義母の家に住み，翌年食料品業の自営権を認められる。ところがわずか3年にして，ヨハンの妻は死去し，自らその遺産の共同所有者となる。
　1841年ヨハンは，19世紀はじめハンガリーよりスウェーデンに移住した絹業者の娘クリスティーナ・カタリナ・グラッセル (Christina Catharina Grassel) と2度目の結婚をした。最初の子は夭逝。1846年長女ハンナ (Hanna) 出生，翌年次女ロッテン (Lotten)，つづいてまたその翌年三女ヒルダ (Hilda) 出生。さらに1850年には長男アクセル (Axel) 出生。そうして1851年12月20日には，ウィクセル (Knut) 出生。母方の祖父グラッセル (Grassel) の死亡後，その未亡人が家業をつぎ，5人の娘のうち1番上の姉はウィクセルの大好きな伯母マリーで，絹の店を経営しており，他の4人は商人と結婚している。当時ウィクセルの家はかなり豊かな商家であったが，高い社会階層には属せず，店は労働者向きであり，借家人も低階層の店員や労働者であった。1855年家を新築する。
　1858年ウィクセル満6歳のとき，母は肺結核にて死亡する。ただ伯母の力によって家業は繁栄している。ウィクセルも兄姉とともに肺結核に冒されるが，田園的な雰囲気に

ウィクセルの伝記

満ちた所で静養し，健康を回復，敏活な少年に育っていく。商人の雰囲気のうちにありながら，趣味極めて豊かで，特に音楽と文学を愛し，チェスやスポーツなども好んだ。母の死は，彼を非常に悲しませ「私はいつも自分の家庭がないように感じさせられる」と言っている。1860年ウィクセルはそれまで家庭の内にあったが，その秋マリヤ中学 (Maria Junior Highschool) に入学し，1年先んじていた兄も同校で同学年を繰り返す。両名とも，とりわけウィクセルは成績優秀であった。翌年父のヨハンは商人の娘で家政婦に来ていた女性と結婚する。子供たちとの仲はあまり好くなかった。そこで彼らは父と別居し，グラッセルの実家に引きとられている。1865年秋，兄弟はストックホルム高等学校 (Stockholm Highschool) に入学。ウィクセルは冒険心があり，アクティブで才能もあった。そうした学生たちの仲間，特にいわゆる G. W. (Gode Wärner) という文芸団体の中核となる。政治に関する関心はおだやかで，自由にものを考える雰囲気をもっていた。この高校の学生はかなり上流の社会に属するが，ウィクセルの仲間は，ほとんどが低い階層のものであった。やがて比較的早く G. W. (Undergraduate) を脱退している。

1866年11月父ヨハンはガンで死去する。継母は子供たちと同居することを望まず，子供たちは近所の親戚に引きとられる。数年の後に2人の姉は住み込みの家庭教師となり，ロッテンはマッサージ師の訓練を受け，伯母マリーと暮らし，兄とウィクセルとはウプサラに移ることになる。このようにはなればなれになってしまった。父の死のためもあって，宗教的感化を強く受け，罪の意識に目ざめ，翌年ウィクセルは堅信礼を受ける。非常に強い緊張がつづき，地獄に落ちることを恐れ，毎日聖書を読んで，懺悔と禁欲のきびしい生活をおくるといった日々を過ごしていた。青少年期からウィクセルは，臆病で，時には思索にふけって「ボケ」と呼ばれるほどでもあったが，感受性強く，内省的であり，他面において，極めて理知的であり，しかも特に形式的，抽象的思考に秀で，学問の道にも恵まれていた。両親を欠きつつも，伯母や姉たちのはげましと助力のなかで，かなり幸福であったようである。

1869年 (17歳) 兄弟共にウプサラ大学に入学を許可される。ただし入学は秋。この大学でウィクセルは才能を発揮しはじめる。自然科学や哲学は普通以上，数学はとり得る最高点をとる。若い教師が才能を見抜きいっそうの勉学をすすめ，ウィクセルも精を出す。翌年彼は「普仏戦争で殺され，地獄に行く」という恐怖から懺悔に心をうばわれ，

付　録

毎日聖書を読み，規則正しく教会に通うようになる。すでにあけすけの性格の徴候をみせたのち，信仰に従うきびしい生活は，またその一面を物語る。大学2年目すでに物理学・数学学会の書記 (Secretary) であり，多くの論文を "Mathematics and Physics Review" 誌にのせている。1872年 (20歳) 卒業。数学で第3位の優等 (Cum laude) であった。（兄は学位を取らず，1871年にマルセイユのスウェーデン領事館の書記となり，後に銀行に入り，世界各国をまわり，1877年スウェーデンに帰って，Corn dealer となり，すぐ破産し，1881年に出版業6ヵ月，1882年米国に去り，兄弟文通するも再会することなく，80歳で死去した。功利主義的立場でラジカルであり，既存の制度に不信をもっていた。）

(2)

1873年 (21歳) から翌年にかけて，ウプサラ・スクールの一時的教職につく。祖母や父の遺産が減少し，姉たちは彼を溺愛したが，特に第2姉ロッテンがよく彼を助ける。親友ヘスラー (A. Hesler) だけが孤独のときの支えであった。第3姉ヒルダは富農と結婚する。1874年宗教的危機が訪れ，彼の中で合理的思想と信仰とが対決し，その相剋に深く悩み，結局は後者に訣別して自由思想家 (free thinker) になり，個人的行動はラジカルに変わる。レストランに通ったり，パーティで昔の学友と交遊を復活したりしつつ，勉学をつづけ，数学の研究をすすめる。姉たちが面倒をみるも，その生計は極めて貧困で，必要な教科書さえ図書館で借りるほどであった。1875年コルスバ (Kolsva) の ironmaster の家の家庭教師となる。ただし，宗教教育はできない旨申し出る。翌年夏に健康を害し，秋ウプサラに帰る。やがて学生生活と文学作品に興味が向かう。かつて彼がたよりにしたヘスラーは結核で死亡する。その婚約者ベイエール (Beijer) とウィクセルとの交際はつづくが，彼女は1879年スイス人と結婚し，ウィクセルを失望させる。秋エールバル (H. Öhrvall) に会う。

1877年 (25歳) ストックホルムの "Nation" (学生が出身地で別れている) 会長となる (1879年春学期まで)。劇作などにはげみつづけ，同年喜劇の競作1等に当選し，秋6回もウプサラ劇場で上演される。さらに北部で4回上演され，好評を博する。テーマは貧富をあつかう社会的なもので，彼の境遇と家庭教師をした家の豪奢な生活とを対比し，結婚と婦人の地位，女性解放的な詩などの内容で，翌年新聞で大好評であった。そ

のころイブセン (Ibsen) の思想が熱狂的に受け入れられる。ウィクセルは早くからイブセンを知っていた。1877年ストリントベルグ (Strintberg) が結婚する。

1878年（26歳）ウプサラのスカンジナビヤ学生祭に，婦人向きの詩的講演を行ない，世に名を知られる。リベラルであるがラジカルではなかった。詩人として成功するとともに，今日の堕落した精神を表わすと非難する新聞もあった。夏学生 union 暫定議長，つづいて正式に同議長2学期間。秋詩集 "Romancero" 出版される。研究の自由を強く主張し，またフェミニスト的考えを持っていた。スピーチでも思想の自由と婦人解放問題とを取り上げ，諸新聞がこれを問題とした。詩集は匿名で印刷配布される。ウィクセルは内気でほほ赤く，カールした頭髪と美しい無邪気な表情をもった男，愛欲の葛藤で，特に女の前ではぎこちなく，孤独にさいなまれる。婦人に対する演説が新聞その他に取り上げられる。ウプサラ・ポスト紙は掲載拒否，ウィクセルは上手に反論する。先年ヘスラー死後，春にはエールバルの住所に引越し，2人たえず議論する。キリスト教倫理が功利と真理とをいかに結ぶか？　道徳律と如何に置きかえるか？　などがさかんに論議された。ミルの功利主義に解答を求める。彼は貧困のうちに生きつつ急進思想と功利主義に慰めを見出したが，根本的になお孤独で打ち解けえぬ性格であった。

1880年（28歳）ウプサラ禁酒協会支部で講演，「酒びたりの最大の原因と対策」を論じ，好評を博し，2月25日再演。その後出版する。ついで売春問題や産児制限を取り扱う。学長から非難と警告を受け，多くの人はこれを不公平とし，かえって彼の名を広める。問題は人口の増加に比し，食料の増加が少ないことにあり，根本的解決は産児調節に求められる。よっぱらいは貧困の現われであり，悪徳と犯罪をもたらし，売春婦の腕のうちに慰めを見出す。ウィクセルはこの時代の若者に変化をあたえた先駆者であった。イブセンの影響もあり，ストリントベルグには影響を与えている。新マルサス主義者としての見方であるが，経済的知識が不足であり，また社会主義に立ち入らないという批判もある。ただし「批判者への返答」というパンフレットを出版し，ミルの功利主義的なものに解答を求める。エールバルの急進主義文学もよく読んでいた。この年フレランデル (Frälander) 及びエールバルとともに共同翻訳に取り組んでいる (A Contribution to the Question of Overpopulation, The Law of Population, On the Cases of Wages, J. S. Mill; Principles の賃金の部)。年末以来ローレン財団の許可で研究生活をすすめる。

付　録

　翌年エールバルはミル「自由論」の訳を発刊し，当時 Eighties Set として知られる人のバイブルとなった。ストリントベルグが急進雑誌発行を計画し，1 年後違った形で実現する。ウィクセルも熱心な支持者であった。フランデルを卒業してストックホルムに去る（前年よりの訳完成）。ウィクセル（29歳）。うつ病のようになり，砒素のせいと思い込む。ストックホルムやウプサラでウィクセルは講演をする。保守的キャンペーンに反対し「移民論」では経済学的側面にふれ，翌年出版，新マルサス主義の立場をとる。エールバルは医学の学位を取り，ストックホルムを去る。ウィクセルはウプサラで研究生活にもどる。1882 年受験準備でき上る。社会問題に接することを絶たず，人びとは貧しさのなか悪臭を発する家を抜け出し，大衆酒場に逃げ，売春婦の腕の中に慰めを求める。そこで彼は解決は産児制限にあると見る。ミルやヘンリー・ジョージ (Henry George) を読む。秋学生の "Association Verdandi" 設立される。ウィクセルもその設立者の 1 人である。そして長い間新マルサス主義とはじめの自然科学の道との葛藤に苦しみ，社会問題の科学的研究に興味をもつ。

　1883 年（31歳）春，姉ロッテン死去。孤独にさいなまれる。ウィクセルは勉強が手につかず，彼女に 6000 クラウン以上の借金あり，保険金 10000 クラウンあるも，保険料の支払に苦しむ。エールバル結核療養所に入る。秋，新しい労働者の組合 "Workers Ring"（労働者同盟）の社会的不公正に対する抗議に引きつけられる。禁酒と道徳の確立とを目指し，労働者年金制の創設や必需品の割引購入を考えていた。年末には新聞 "Tiden" 発刊，創立者の 1 人としてウィクセルは理事であり，また通信員として一般的論説を書く。労働問題や社会政策における急進主義がその特色であった。財政悪化し，1886 年破産する。翌年 "Ring" に疑問をいだき，指揮者スミス (Smith) が利己的であると対立するにいたる。1886 年中頃ストックホルムに移り，エールバルと同居，その妻への恋を数カ月間何も言わずに苦しんだ後，告白し，みじめにウプサラに帰る。そうして研究を再開して精励する。年末には Ring から手を引き，そののち 1 年で Ring は崩壊する。

(3)

　1885 年（33歳）5 月，最後の試験を受ける。数学の論文（"On Proving the Existence of a Root on an Algebraic Equation"）提出。9 月 Licentiat の学位を受ける。

ウィクセルの伝記

　ウプサラとストックホルムで人口問題を講演し，貧者の産院に寄付する。10月遺産でロンドンに行き，6月まで滞在，フェビアン協会と接触し，大英博物館で理論経済学の本を読む。夜は政治的な講義や議論（カウツキーをふくむ）をする。特にスタンリー・ジェヴォンズ "Theory of Political Economy"，レオン・ワルラス "Theorie Mathematique"（その第4部に "Éléments d'économie politique pure" をふくむ）。もちろんスミス，リカルド，マルサス，J. S. ミルや，特に賃金基金説を研究する。さらにはクールノー，ケアンズ，またバジョット（"Lombard Street"）やゴッシェン（"The Theory of Foreign Exchanges"）で金融論に立ち入り，また "Encyclopädia Britanica" におけるイングラムその他，経済学史などにも親しんだのであった。ただしすでに限界原理を理解し，古い理論には懐疑的であったし，また一般に自由放任論にはまったく批判的であった。年末ローレン奨学金をもらえるようになることを聞く。

　1886年（34歳）6月ロンドンから帰る。前述のように秋 Tiden 倒産，その翌年から遊説に出る。たびたび北欧やスウェーデンに講演旅行を行ない，特に観念論，宗教，人口や社会主義を論ずること多く，特に社会主義を論じるのは目新しい傾向である。1880年代はスウェーデンに社会主義の出現する時期であって，ウィクセルによれば，その改革は人口成長を阻止しえぬかぎり，不可能である。新マルサス主義は組織労働者の支持を得られず，個々人の先見と自己制御を要請する。経済的公正は私的私有制の結果でなく，革命と専制政治に導くものである。家族の人数の適正化が望ましいと主張する。翌1887年（35歳）Verdandi Society の公開講演会におけるウィクセルの巧みな応答ぶりは，独創的で適切であり，機敏な思考と奇妙な表現で特に有名であり，恐れを知らないとされた。講演旅行は昨年と合わせて約35回。

　結局彼は80年代運動のリーダーの1人で典型的な結婚と道徳へのアプローチとイギリス合理主義の紹介をもって知られている。2つの講演（(1)売春について，(2)結婚について）は，すなわち売春から独身を防ぐものは早婚であり，養育の責任は母にあり，必要な資金は公的基金から出し，子供の数は制限するべきであるという。新マルサス主義を中心として，以前より功利主義の傾向が強くなっている。あらたに新聞が注目し，進歩的な友人の支持もあった。反対の教授たちとの討論会があり，行政長官（magistrate）の禁示をも受けた。この頃 Verdandi が道徳問題討論会を開くが，大学の干渉があった。ストリントベルグは貴族的・宗教的で，ウィクセルと離れて行く。

付　録

　1887年（35歳）から3ヵ年留学（年4000クラウン）。まず2度目のロンドンへ。半ばはドイツ，オーストリーと指示され，主として社会科学特に経済学を研究するために旅行するものとされている。しかしまずロンドンで，旧交をあたためたり，フェビアン協会や自由思想家の会合に出たり，あまり経済学の勉強はしなかった。10月中頃ウィーンへ，途中でローザンヌに寄ったが，彼はワルラスがそこにいることをまったく知らず，会わなかった。むしろウプサラ以来の女友達（ベイエール）に会うために，ローザンヌに寄ったのであった。ウィーンでブレンターノ（Brentano）不在で，ストラスブルグにいると聞き，ストラスブルグに行ってクナップとブレンターノの講義に出席，いずれも歴史的で，後者のテーマのうちには貨幣信用制度があり，その他に興味はなかったが，ていねいにノートを取っている。読んだのは人口問題が多かったが，受けた刺激は多大であった。1888年3月末までストラスブルグ滞在。4月ウィーンに着き，人口問題に関する人びとを訪問した。後に理論経済学者に接近，C. メンガー聴講，ベーム・バウェルクは不在。ただ "Geschichte und Kritik der Kapitalzinstheorien" を読む。しかしどうかすれば，志向は政治や人口に向かいやすかった。晩春ベルリンに移ることを考えはじめる。

　この頃ストックホルム大学の経済学講師に応募したが，5月冷たい反応しか帰って来なかったので取り消している。7月スウェーデンに姉訪問，途中コペンハーゲンに寄ってストリントベルグやブランデスに会い，ブルジョア経済学会議に出席，フェミニスト会議にも出る。後者で若いノルウェー人女教師アンナ・ブッゲ（Anna Bugge）に会う。彼女は愉快で気持のよい女性であった。夏までスウェーデンで過ごし，9月はじめベルリンに移る。ドイツ人の生活に反感をもつ。人口問題研究に没頭，マルサスを高く評価，欠点はベンサム以前ということにあり，ワグナーの講義（1888–9）に出席するも，興味なし。ベルリンで憂うつで病気の如くなる。けれども経済学に興味を持ち始めて救われる。年末 Ny. Jord に出たノルウェー人の論説を読む。過剰生産と過剰人口とを同時に語ることはできない。満杯の倉庫で人の餓死するのは，生産の問題でなく，分配制度の弱さにある。産業を発展するよう貯蓄する必要性と新しい産業を見出し，貯蓄を投ずることの困難との間に矛盾がある。ここに理論経済学的分析の問題があり，ここではじめてウィクセルの経済理論的貢献が出てくる。

ウィクセルの伝記

(4)

　1889年（37歳）はじめベーム・バウェルク "Positive Theorie des Kapitales" 入手，刺激をうける。すぐ十分理解できたとはいえない。このころベルリンのスカンジナビア・クラブと争いをする。3月末ストックホルムに戻る。価値論の講演をストックホルム大学に許可を求めたが，許されず。5月ストックホルムの労働者協会で「価値・資本及び地代」の講演をするが，人びと一般に理解されることは極めて困難であった。ウィクセルの理想は自由と平等の実現であり，結婚に関する講演では，若者を補助する公共的基金を提案し，社会主義の限界と不可能性を論じた。資本は歴史的で普偏的な経済的カテゴリーであり，社会主義においても地代や利子は価値決定に同じ役割を持っている。別の所有者ににぎられているだけのことである。

　この年夏，ストックホルムからパリに回る途中，アンナ・ブッグと会う。彼女は高官の娘で，調和ある現実的な急進主義者であった。彼は急進的な格別の結婚を申し込む。結婚式を望まず。ウィクセルはパリについて，アンナに手紙で彼女をパリに呼ぶ。7月15日アンナも結婚の条件承諾。時にウィクセル37歳，アンナ27歳。独裁感なく，さらに活気を生じる。彼女は法律家になるため勉強する。2人はよく了解して共同生活を始めるが，アンナの家族はこれを喜ばない。

　1890年（38歳）ノルウェーの雑誌 "Sametiden" に "Empty Stomacks and Full Stores"（アンナ訳）発表。同様に "Überproduktion-oder Überbevölkelung" を "Zeitschrift für Gesamten Staatswissenschaften" に発表。始めて経済学に立ち入った論文であり，興味は経済変動論に向かっている。資本形成は景気の波動を決定する。その文脈で人口問題にふれて，理論経済学に新しい関心を示すが，やはり人口と結婚に関する問題に多くのエネルギーを費やす。改革の熱意強く，40歳近く父親たらんとしていたが，アンナの家族とはうまく行かず，両親は援助を拒否し，地位もなく，生計の道もない。パンフレット作家，社会煽動者としてのみ知られている。7月始めパリを後にし，秋ストックホルムで生活を開始する。ヘルシンキを回ったけれど，講演は禁止され，講演による生計の確保はあきらめたのであった。彼は当時スウェーデンの経済学は離れていた。Ergelbreksgatan の2間のフラットに移る。リベラルな "Dagens Nyheter" のパンフレットの書評を拒否し，プレスクラブで議論する。パンフレット販売，論争的

付　録

な"The Sexual Problem"をフィンランドの諸新聞に執筆，講演も行なったが禁止されたのであきらめてしまう。

　10月12日長男 Sven 出生。第二院の予備選挙に立候補したが敗れた。功利主義協会は全盛である。ノルウェー新聞，フィンランド新聞などに，毎日または毎週執筆し，フランス・アカデミーの年末人口に関する懸賞論文完成。功利主義協会は1888年全盛であって，1895年設立者レンストランド (V. Lenstrand) 死去し，ウィクセル自ら代理編集者となる。彼は精神不安定であって社会主義者との溝は深まる。反宗教的グループに好意を持ち，社会民主党には中立的を旨とし，功利主義は労働運動に有害であるとみる。秋から特に姉ヒルダや友人たちからの借金でやりくりをしていて，この頃まったくのその日暮らしをつづけ，生計の大半をジャーナリズムから得る。

　1891年 (39歳) フランス・アカデミーの人口問題に関する懸賞論文は「佳作」に止まった。彼はここでマルサス主義的立場を強めた。スウェーデン・ノルウェーとフィンランドの新聞に無署名で執筆，功利主義の "The Free Thinker" に筆をとり，翌年アンナは新聞配布責任者となる (1893年まで)。これらの新聞とストックホルムの "Tidingen" の非政治的論文と論争的なパンフレットなどが収入源となっていた。奨学金4000グルデンあり。功利主義協会の講演をいくつか行なう。ただし報酬なし。報告や論説を考え，論文ジャーナリズムに専念する。そして生産手段国有化は望まず，保守主義も，自由主義も，社会主義も，政策批判を行なう。エールバルは価値論を書き直す。

　1892年 (40歳) ウィクセルとアンナとは "The Free Thinker" の代理編集者となっており，5月1日メーデーの集会では，左右双方から排斥される。この集会において，8時間労働を取りあげた後, 国際労働者団体 (International Union of Workers) を賞讃し，軍縮の働きかけによって平和が得られると主張し，左右双方の反対をうけてしまう。労働時間の減少は労働所得を上昇させ，失業を生む。人口の自然減少や移住による減少は，真の改善をもたらす。ウィクセルのこの見解は労働者に非常に不評であった。11月防衛政策に関する講演では，大国ロシアに併合さるべきだと主張し，世論から袋だたきにあってしまう。国際協力を背景にした中立を主張したのであったが，反対の声の強さにびっくり仰天してしまう。そして学問に没頭することで安らぎを見出し，学問に専念する意向が強まる。この年 "Kapitalzins und Arbeitlohn" を "Jahrbücher für Nationalökonomie und Statistik" に発表した。

ウィクセルの伝記

(5)

　1893年（41歳）にはなお20篇ほど（前2カ年には70篇）のレポートや論説を執筆した。次第に社会主義の原理による組織が可能であると考えるようになり、利潤の分け前による賃金の増大がありうるが、欠点は動因の欠如であるとみた。この年行なわれた社会的な投票で、ウィクセルは選ばれたストックホルム8人の代表の1人となる。自由民主主義者と社会主義者とは一致せず、ウィクセルは左翼の社会民主党や彼らの反国家的態度から離れるのみで満足せず、リベラルな政策の穏やかな形も拒否する。この年秋11月15日次男 Finn 出生。生計はいよいよ苦しい。前に世論から袋だたきになったときは、経済学の研究にもどったのだが。
　ローレン財団の資金援助をえて、"Über Wert, Kapital und Rente" が出版され、ベーム・バウェルクやワルラスから絶賛される。彼が結局ジャーナリズムを捨てて学問に専念する決意を固くしたのはこの秋のことであった。この著の完成後、彼は前から立ち入っていた租税制度の研究に移り、1894年（42歳）「我々の税金、誰が支払ったか、誰が支払うべきか」という通俗的パンフレットを出版した。課税を累進的にすべきこと、財産所得より勤労所得に軽く課税すべきこと、低額勤労所得に特別軽減措置を取るべきことを主張し、低所得者の関税や間接税の軽減、労働階級の直接課税廃止をも主張した。そのほか資金の適切な使用、納税者に参政権を与える要請を行なっている。これはリベラルな新聞の賞讃をうけ、翌年「累進課税」として出版されている。
　こうして彼は1895年（43歳）、経済学者としての本格的な仕事へ進みつつあった。それにはどうしても一家の財政問題を解決せねばならない。しかし当時スウェーデンの大学には経済学の地位はなかった。彼はまたローレン財団から資金援助を受けたし、長く実家との気苦労で患っていた妻の健康も回復してきた。彼は Licentiat の学位に経済学を追加するため、5月口頭試問を受ける。そして "Über Wert, Kapital und Rente" を博士論文にしようとしたが、数が足りず、前年完成の著「租税負担の分析」を博士論文として提出する。その優秀性を認められ、そして5月29日には博士審査が行なわれ、高い評点を得て合格し、学位授与式が2日後に行なわれた。
　彼はこれが権威との妥協、真理と正義の敵との妥協になりはしないかと悩んだ。この夏、財政理論の残りの執筆につくし、8月末あらかた完成した。ローレン財団からの助

成も延長されたが，経済的見通しは立たなかった。"Finanztheoretische Untersuchungen, nebst Darstellung und Kritik des Steuerwesen Swedens" を執筆完了。国王に "Faculty of Art" 就職を請願し，翌年春却下された。

1896年 "Finanztheoretische Untersuchungen" (I Teil) 出版。この年の大半は "Geldzins und Güterpreise" 執筆に費やした。ウプサラ大学法学部の職を志願したが，法学的知識がないといって拒絶される。ローレン財団からさらに奨学金が与えられ，ストックホルム大学に就任できるよう，妻も友人たちも奔走する。

外国に行くのがよいと考えられたので，そのようにすることにする。それはドイツの大学に教職の希望もあったからである。何より前掲書の仕上げが目的で，ワグナーやシュモラーを訪ねたが，実りのある議論はできなかった。ベルリンで2・3ヵ月最近の文献を研究し，熱狂的にマルサス主義者と対話する。もとの習慣にふけり始めたので，毎日手紙を交わして，アンナは気をつかっている。彼の政治的見解や急進的なプロパガンダのやり方に嫌悪感があり，しかもこのころ彼の家計は極度に苦しく，衣服はつぎはぎだらけ，北欧の寒さで一番苦しいのはすり切れた靴であった。アンナは毛糸の切れはしや，夫の姉から貰った再生の毛糸で着物を作って着ているのであった。

(6)

1897年ウィクセルはウプサラに居を移し，45歳で法学の勉強を決心する。3年の課程を1年半後に早くも最後の試験を受けて合格した。翌年彼は "Geldzins und Güterpreise" 出版，また経済的論説を1897年と1898年の間に20篇ほど "Dagens Nyheter" に寄せる。1899年ウプサラ大学の経済学と租税論の私講師 (Dozent) となった。ルンド大学の教授を望んでいたが，そこにはそのとき，ハミルトン (Hamilton) がいた。国会でルンド大学は，従来ハミルトンのもっていた講座を民法講座と経済学・租税論講座とに分割することになり，民法にはハミルトンが就任し，同年度経済学教授のポスト（予算がなく暫定教授または助教授とでもいうべきである）にウィクセルを就任させることになる。またこのとき以来公開の競争で終身の教授たることが認められた。翌年1月からウィクセルは単身赴任し，最初は多忙を極める。3月中旬家族もルンドに移る。

ローレン財団の助成をうけて，「経済学講義」を執筆し，ゼミナールや口頭試験なども担当しなければならなかった。それにしても48歳でやっと定職をもち，経済的にも安

定して幸福であった。早速法学の教授に友人のエステーグレン (P. A. Östergren) を推したり，パリでの経済学会議のために提出する旅行許可申請書に "your majesties most obedient servant" と記さねばならぬところを，"yours respectfully" と記した。学長から事務局に送られたが，これらは何らの行動をとることもなく，そのまま手つづきが行なわれた。

　1900年4月末，常任教授の職をえる請願書にまたも "your majesties most obedient servant" と記すことができず，友や妻の説得をうけたが，"by some explanation or protest, as in the case of an enforced oath on the Bible" と書こうとした。請願をとりやめようともしたが，友人に説得された。これは公文書にあたらないので法令が適用されないことがわかる。妻の精神状態は極度に悪くなり，また友人らの電話や電報に悩まされたが，5月5日請願書に "yours respectfully" としか記さず，大学評議会で一部から批判が出たけれども，多忙のうちに処理されて何も起らなかった。11月20日妻の目をぬすんで再びロシア問題を講演して袋だたきにされ，友人たちもソッポを向く。大学の "Radical Society" の委員 (President になることは断わる) を勤め，後にその名誉会員となる。「経済学講義」ははじめドイツ語の予定の書物をスウェーデン語にする。著作料なしでも引き受ける出版社がない。講義が大いに負担になり，また法学部だから応用経済学に力を注ぐ。権威をきらい，習慣にとらわれず，買物かごをぶらさげて教壇に立ったり，アンナの手を取って街を歩いたりした。「経済的分配の基礎としての限界生産力」を "Ekonomisk Tidskrift" に発表する。

　1901年（49歳）9月14日ダビッドソン (Davidson) とハミルトン (Hamilton) とハンセン (Hansen) を審査員として，教授になることが大学評議会で審議される。ウィクセルとカッセル (G. Cassel) が候補者となったが，カッセルはウィクセルより15歳年下で，数学の学位をもち，Schoolmaster をしている。ハミルトンら12名がウィクセルを，5人がカッセルを押し，1人の教授は共に不適と判定する。カッセルは数週間後に応募を取り消す。副学長はウィクセル任命に反対し，学問だけで判定する規則を修正すべきであると主張する。これに対し学問の自由を主張する声や，学生デモがこれに対抗し，そしてまた逆に司祭たちはウィクセル任命に反対であった。学長 (Chancellor) はためらいつつもウィクセルを任命すべきだと提言し，そして11月1日布告によって任命が確定した。この間ウィクセルはいくらかの講演を行なっている。1901年その「経

付　録

済学講義」(第1巻) が出版され，国の助成金1000クラウン，ローレン財団からは1500クラウン与えられている。1902-3年宗教事件にウィクセルは深く関与し，抗議集会に参加して教育における強制的信仰告白を攻撃している。

(7)

　1902年 (50歳) 彼を正教授に昇任させる，評議会は大へんもめた。彼はロシアからの危険はないと説き，軍備廃止を主張したが，若い社会主義者の組織を除き，皆反対の立場にまわっている。ウィクセルはマルメで形成されたリベラルなクラブの創造者として名をつらねている。1903年正教授となり，小高い丘の上に畑と庭園のある家を市から借りて，アンナの親戚との関係は徐々によくなっている。1904年にはローマ法の代替講義として，経済学とゼミナールとが約10名，租税法は約5名しかなかったが，彼はこれを綿密に行なっている。法学生が相手だけに特に応用経済学にも力を注いだ。給料は上り，長年の借金は返し，人を援助しうるようになっている。しかしまたロシア問題をもち出して世論を敵にまわしている。この間，夫がしばしば起すスキャンダルによって，アンナの孤立感がつのっている。最初の10年くらい子供たちは学校へ行かせず，家で両親が教育を受けもっていた。妻は甥にあたる男児を残してその母が死んだ後，その子を引き取って育てている。

　1905年 (53歳)「経済学講義」第2巻完成，翌年出版。新入生歓迎会である文学者が現代愛国者のある者に果たせられている課題は，戦争準備を整えることだと結んだとき，ウィクセルはまたロシア問題をしゃべり始めた。彼はロシアからの危険はないのだと説き，軍備廃止を主張したのである。彼は聴衆の前で人々の嘲笑にもかかわらず話しつづけ，議長が静めようとしても，聴衆は愛国歌を歌い始めるし，ウィクセルに話をやめるよう頼んでも無視されるし，騒ぎがますます大きくなってしまった。また国中を敵にまわしてしまう。ウィクセルは1906年 (54歳)，彼が副会長であった British Association の経済学セクションで講演するためイギリスに行き，ヨークで行なった「利子と物価水準」についての講演は深い印象を与え，エッジワースが "Economic Journal" に掲載する許しを求めた。ルンド大学就任後も講演はつづける。

　1907年12月国王オスカー二2世の逝去に際し，大学評議会が棺に花輪をおくることに反対して，外国の新聞の非難を受ける。翌1908年マルメ停泊中の船で爆弾が爆発し，一

ウィクセルの伝記

群の無政府主義者が終身刑を宣告された。左翼の連中は囚人の減刑運動を起し，ウィクセルはその指導的役割を演じている。同年自由思想の煽動者に対する禁固刑の判決を批判する演説を行ない，自分も法廷に立たされることになった。最高裁まで争った末，彼は神を冒瀆した罪で1909年（57歳）9月に2ヵ月の刑を言い渡された。10月4日から服役し，12月8日出所の時は，急進主義の代表たちが彼を出迎えたという。1910年4月新マルサス主義の普及に際し，罰を設ける要求に対して，彼は批判を加えている。それは避妊用具の使用を禁ずるもので，形式上その販売は禁止していなかった。出産問題協会創立。世界産児問題連盟スウェーデン代表となる。

1911年アンナは法学の学位を取るという志を実現せんとし，最終試験に合格，政治や平和運動と婦人参政権運動に加わり，ウィクセルは1人いる時が多くなった。彼は孤独に耐えられないタイプで，彼女がいないとまったく落ちつかなくなってしまう。アンナは国際連盟代表となり，また委任統治領の常任委員となり，毎年3ヵ月ほど家を留守にするようになった。彼は気持が落ちつかず，仕事も手につかず，ひたすら妻の帰りを待ちわびる。妻が帰ったときのみ，彼の心は落ちつき，理論的な論文を書くことができた。

1912年（60歳）減刑キャンペーンに指導的役割を果たした。1913年9月10日，下の息子フィンは19歳で医学生であったが，ドアと間違って窓から落ち，大けがをして死んでしまった。1915年11月にはコペンハーゲンに寄り，ベルリンからウィーンを訪ねている。彼は金の流出を恐れる必要はないという考えである。1916年2月にはイギリスを視察し，3週間ロンドン滞在，ケインズと食事を共にしたのも注目すべきことである。この年定年退職，ストックホルムに移転する。1917年（65歳）に経済クラブの会長，1918年通貨価値規制委員会に加わり，同年所得税委員会，1919年にはネオ・マルサス主義の会の副会長，1920年に財政政策検討委員会の委員であった。

1926年3月ルンドの労働組合25周年パーティに出席，4月経済学会の法人税に関する討論会に出席，ウィーザーの記念論文集に寄せる論文執筆中，疲労感強く，4月末には胃の具合が悪くなって，寝込んでしまった。数日後肺炎を起し，1926年5月3日の夜，74歳をもって永眠してしまった。彼はキリスト教的ドグマにそった葬式を望まなかったが，妻アンナは形式ごとでも重要であるとして，従来通りの葬儀を主張したのか，作法通りの葬儀が行なわれたという。親族，友人，同僚，労働組合や種々なる社会主義組織

付　録

の代表が参列し，赤旗が林立したといわれる。スウェーデン社会民主党，同青年社会主義協会，ルンド労働組合，主都中央労働組合組織体等が弔辞を述べ，全員讚美歌を歌い，聖書が読まれ，祈りの言葉がつづいた。さまざまな協会，学会から花輪がおくられたが，友人や弟子の多くは，香典を Malthusian Advice Bureau におくった。長男 Sven Wicksell は，人口統計の秀でた学者でルンド大学の教授であった。

2. ウィクセルと経済学

(1)

　ウィクセルは1885年末ロンドンにおいてはじめて経済学を勉強しはじめた。幅広く経済理論を研究しているけれども，元来人口問題，政治的問題に立ち入り，特に初期には文学的活動にもたずさわって，奔放な生活を送っており，特に経済問題に立ち入るというわけではなかった。1889年彼はベルリンでベーム・バウェルクの資本の理論を見出して多くの啓示を受けた。この春彼は4つの価格理論に関する講義を書いている。それは若干変更はあったけれども，1893年のその著「価値・資本及び地代」の緒論をなすものである。1889年5月から開いたその講義と，1892年から翌年にかけて「価値・資本及び地代」を出版するための研究の間に，人口と過剰生産に関するいくつかの論文を書いたが，これらは彼の主力の経済学への移行を示しているといってよい。

　クールノー，フォン・チューネン，ゴッセンらを第一とし，ジェヴォンズ，メンガー，ワルラスによって新しい限界経済学が提示されてのち，ウィクセルが経済学の研究に着手したとき，経済学の新しい革命期の考えが確立され発展し始めていたのである。マーシャルの「経済学原理」が印刷に付される以前に，ウィクセルの「価値・資本及び地代」の序論的部分はすでに書き上っていたのであった。しかもそれは多くの独自の長所をもっている。古典的経済学者とその後継者が述べているように，それは労働価値説について明快かつ正確な説明から始めていた。ワルラスはジェヴォンズよりも数学にたけていたが，「彼の数式はぎこちなく，冗長であり……消費市場に関する交換の一般均衡システムの概要を，ウィクセルは約20頁でまとめてしまっているのに……ワルラスは

ウィクセルの伝記

150頁以上を費やしている」のである。

　ウィクセルは交換の問題から生産の問題にその分析をひろげた。最終的には生産的サービス自体，つまり労働，天然資源及び資本利用も分析の対象となるだろう。数学的に示せば，さまざまな生産要素の生産物への寄与分は当該生産要素を変数とした右の生産関数の偏導関数に比例するものでなければならない。

　当時スウェーデンの諸大学では経済学はまだ法学部の副科目にすぎなかった。スウェーデンにおける経済学が時代におくれていたことは明らかである。限界理論についてもほとんどがまったく周知するところではなかった。

　「価値・資本及び地代」の刊行後，価格理論に関するウィクセルの研究は長らく中断している。租税問題に関する研究を完成したあと，ウィクセルは法律書を読み，その後貨幣理論の研究に着手した。分配理論もさらに進展したが，ウィクセルはこれに余り貢献を加えていない。しかしこれらの研究によく目を通し，2, 3の論文も書いている。限界生産力の一般理論の登場を予想し，90年には「経済的分配の基礎としての限界生産力」と題する論文を"Ekonomisk Tidskrift"に発表しているし，「講義」の発刊後も彼の分配問題に関する限界的解釈を完成する努力をつづけている。翌年「分配問題について」という論文を発表し，限界生産力理論の意味の妥当性に主要な貢献をなしている。

　彼は科学者として自発的に，かつ著しい一貫性をもって，科学の伝統的要求に従った。真摯に偏見をもたず，真実を求め，自分の見出したことを客観的にかつ謙遜気味に発表するのを，理想的な科学者とした。ウプサラで自然科学書を読みふけったこと，その後ミルの功利主義を研究したことが，彼の中の客観性と明晰性を強めたであろう。こうした態度は「価値・資本及び地代」においても，全篇を貫いている。「事実，数学的に表現しえないことは，われわれの学問の適切な目的とはならないし，ムダ話にすぎない」。後年彼はこの考え方を若干改めたが，"たわごと"とかと"ムダ話"といった軽蔑の念はもち続けたのであった。彼は歴史学派を無価値な言葉の偉大な供給者とみなしていたし，「価値・資本及び地代」の緒論でドイツ経済学者が反社会主義法の圧力に屈服したことを非難し，講義の中では彼らの演繹法に対する軽蔑をあざけり，ドイツ科学者がもっぱら帰納的接近を行なってきたことを批判した。

　ウィクセルが彼の著書のうちで展開した新しい諸理論の中で，特に注目されるのはリカルド価値論批判であった。講義の最初の原稿が古典派経済学批判を含んでいること

付　録

は，若干興味あることであり，これは「価値・資本及び地代」には含まれていなかった点である。しかし彼は古典派経済学者に大いに感謝していた。「彼らの体系は誤りというよりは不完全なのだ」。ワルラス以後では，われわれは相互に影響を与え合っている諸関係から成る全体としての現象を，諸力が均衡にあるシステムとみることを学んでいる。

(2)

　科学の客観性に対するウィクセルのかたくなな要求は自由競争をめぐる議論における用具として価格理論を用いる試みのすべてに反対の立場をとらせることになった。彼は反対のキャンペーンを「価値・資本及び地代」の中で，ラウンハルトやワルラスに対する攻撃とともに開始し，ひきつづき「経済学講義」の1つの節「自由取引の利益」において頂点に達した。何人かの経済学者が，自由取引はすべての参加者のニーズの最大充足，したがって社会的効用の最大化をもたらすことを論証した。カッセルは上のような分析は自由競争が最大可能な利益をもたらすことを論証しうると書いている。ウィクセルは自分の論点に執着した。カッセルに対し次のように反論している。「あなたの議論は……貨幣の主観的価値が売り手と買い手の双方にとって常に同じであることに基づいている。……つまりすべての取引参加者は同じくらいの富を持ち，それぞれの取引によって変更されないことが仮定されている。こうした状況においては自由取引が最大の総利潤をもたらすという主張はまったく正しい。……それは決して一般的なことではなく，むしろ一般に売り手あるいは買い手が，貨幣に対してより高い価値をおくかどうかによって，つまり（一般的に）いずれかが相手より豊かでない場合，もっとも有望な点は2曲線の交点より少し右か左へ寄った点になるだろう。カッセルのいう自由取引制の考え方はパレートによって分配理論にも適用された。自由競争を所与とする賃金はその最大水準に達し，労働者の団結がどうであれ，それ以上高くはなりえないというものであった。ウィクセルはパレートに対する最初の批判において実際に証明しうることは，競争市場で実現した賃金は地代や利子の所与の水準の下で，もっとも高いものであるということであり，他方一定の制約の中で団結した労働者が他の団体の犠牲の上に自己の地位を高めることはできないことを明示するものなどまったくないと書いた。第二の論文でウィクセルの批判はますます激しさを増した。真の理論は雇用者団体が賃金を単な

ウィクセルの伝記

る生存水準まで押し下げうるのと同様に，労働団体も理論的には地代・利子を全部吸い上げてしまう点まで賃金を引き上げうることを示すものであると，彼は書いている。換言すると独占的行動を通じてある1つの生産要素は他の犠牲の上に利益をうることができると，ウィクセルは主張したのである。しかし正常な価格決定からの乖離が，他者の不利益を伴わず，状況の改善をもたらしうる場合もある。限界収入逓増という条件のもとで活動する公共事業がこれに妥当しよう。高い固定費が税金によりカバーされ，消費者は生産増加に伴う追加費用をカバーするだけの料金を支払うのであれば，これらの事業をもっと多く活用することが可能となろう。価格は消費者に有利なように生産増加に伴う追加費用が需要増加に伴う追加収入を相殺する点まで引き下げられよう。

(3)

ウィクセルはその「財政論」の中で限界費用に基づく価格決定の原理を独自に，そして最初に紹介した1人であった。彼はそうした税制の適用を社会は緊急の課題とすべきであると強く主張した。それは労働者階級の福利施設をより多く利用できるようにするだろうし，人びとの交通通信システムの利用を大いに促進するだろう。

ウィクセルは競争的な社会秩序を認めることについて，若干の条件を付した。豊かな人と貧しい人との間の取引は，すべてが自由競争の働きに委ねられている場合よりも，価格が社会によって適切に設定される場合の方が，富者にも貧者にも，したがって社会全体にとって，もっと大きな社会的効用をもたらしうると，ウィクセルは「経済学講義」に書いている。社会あるいは労働者による最低賃金あるいは最大労働時間の設定は，ある範囲内で，労働者に利益をもたらすであろう。産業への課税も，特に植民地諸国においては，同様の効果をもつ。それは労働者を犠牲として地代の増加を阻止するであろうからである。

実際問題として自由競争に賛成するすべての議論は，ほとんど，現実とかかわりのない，つまり最初からすべての人は同等であるという1つの暗黙の仮定に依拠している。しかしすべての条件が基本的に不平等であるならば，また何人かの人は初めからよいカードをもらい，他の人は悪いカードしかもたないならば，自由競争は前者が全勝負に勝ちを収め，後者がテーブル料を払うのをやめさせるために何もしない。同じパンフレットの中で，さらにウィクセルは自由競争に対する反論を唱えた。つまり競争の費用は高

付　録

く，競争が中小企業を増加促進するために自由競争はコスト高になることが多いし，いくつかの企業の合同した場合には，オーバーヘッド・コストを引き下げて生産性を高めるような経済権力が形成されるというのである。しかしあらゆる反論や留保にもかかわらず，実情は自由競争制度を是とする声が強かった。完全な経済的平等が普及していれば，自由は最善の改善の解決策を提供するであろう。

　社会改革を受け入れるようになった多くの人びとと同様に，ウィクセルは価格メカニズムに対する制約はどれも，主に分配面に影響を与えるはずであると考えた。一方生産面では自由取引，労働協定に加わる自由，そして資産の自由処分権などについての制約は「満足のための利用可能な手段の総計を一般に低下させる傾向があるかぎり，逆行的になろう。ウィクセルは「社会主義国家と現代社会」(1905年) の中で，くわしく提示したこの議論をもって，生産手段の社会化に対する需要を満たしたのであった。合理的な社会組織によって無限の豊かさが得られるという啓蒙主義者やユートピア論者が抱いたかつての夢は，いまやマルクス主義者に引き継がれたが，この考え方に対して，ウィクセルは社会化は生産機械の能力になんら著しい増加をもたらしえないと反対した。生産分野での改革に対する1つの代替策として，経済競争を行なうための平等なバックグラウンドの確保に必要なものとしての分配システムにおけるそうした変化をウィクセルは示唆した。知識も富も今日その分布は一様でないので，調整が行なわれねばならない。教育制度の改革についての彼の示唆は，一般の小学校が基礎教育を提供し「補習学校」貿易学校，そして学問機関などの上部構造はすべての人が入学できるようにし，さまざまな職業の要求に見合った完全に合理的な組織とすべきである。次の改革要求は相続税に関するものであった。より高い相続税による資産の絶えざる再分配は普通の賃金稼得者により強い立場を与えるであろう。多くの金銭はしばしば人の性質に悪影響をもつものであるから，大きな財産相続者にとっても好ましいものであろう。現在の社会においてこの種の平等化のプロセスは，資本形成を低める危険を含んでいる。しかし新マルサス主義者の彼が，彼の改革要求の前提条件とみている定常社会においては，新規資本の必要性はあまり大きくないのであろう。

ウィクセルの伝記

(4)

　第一次世界大戦中に貨幣に関する論争がもち上った。ウィクセルはすでに10年以上も貨幣の理論的研究をつづけてきている。事実上貨幣論ないし金融論は彼の学問的関心の主要な対象であった。「利子と物価」(1898年) は2年以上それに専念したことの成果であった。その後10年間自分の貨幣論をさらに展開することが主な学問上の課題であった。一部の学者はウィクセルの最も独創的な貢献は貨幣金融論の分野にあることを認めはじめていた。それは「利子と物価」で着手し「経済学講義」第2巻で引きつづき展開されているものである。

　「利子と物価」においては冒頭から，一般物価水準の変化の問題にふれている。真に学問的関心の対象となるのは通貨価値の安定性，あるいは一般商品価格の安定と変動と原因に関する諸条件だけである。相対価格すなわち物と物との価格の関係を決定するのは何かではなく，一般物価水準を決定するもの，言い換えると貨幣の購買力を決定するものは何かが問題であった。相対価格の理論はこの点では役に立たなかった。商品市場と貨幣市場との関係のうちに，名目価格を調整する原因を求める必要がある。近代経済生活のうちでますます重要になって来た銀行信用の変動は，ウィクセルによると，物価水準の変動をもたらす最も一般的な原因である。信用が現在の事業報酬に比べて有利な利子率で供与されるならば，その結果，経済活動は拡大し，物価の上昇をもたらすことになる。価格が不変ならば，企業家は最初のうち正当な企業家利潤あるいは賃金を上回る余剰利潤を得よう。企業家が有利な状況を最大限利用するため当然事業を拡大しようとするだろう。かくて需要は増大し商品価格も上昇することになる。

　利子率の低下は一時的であっても，物価の上昇はつづくだろう。利子率が比較的低い水準でしばらくつづくとしても，物価水準への効果は連続的であろう。この傾向は長期投資の場合一層明らかになる。上昇した報酬は企業家を刺激し，いっそう活動を活発にし，よりいっそうの物価上昇をもたらそう。企業家は将来の価格上昇をあて込むようになり，安易に信用借りを行なうようになる。この累積過程が最後には障害に突きあたる。銀行が貨幣利子率を自然利子率に比べて低く維持するとしても，徐々に均衡回復のための手段を講じなければならなくなる。銀行の支払いがほとんど金でなされるならば，拡大はすぐ天井に当ってしまう。銀行券が使われるにしても，銀行は次第に貸出を

付　録

制限せざるをえなくなろう。経済の現金需要が大きくなればなるほど，銀行基盤は低下するはずである。小切手あるいは振替を原則としている金融制度においては，何らの強制的修正も生じないであろう。

　ジェヴォンズとベーム・バウェルクの利子論の影響を受けたウィクセルは，自然率は資本の限界収益によってきまると考えた。現実においては利子率も自然率も漠然とした概念で両者を正確に理論的観点から分類することは困難であると彼は書いている。「重要なことは他の事情を一定とした場合に，一定の物価水準を維持することは，一定の貸出率を維持することにあり，この率が累進的,累積的な影響を価格に与えることである」。彼の理論は物価の動きを説明しうる唯一のものであったし，彼は自分の考えが画期的なものであると思うことで，理論の公式化が不完全であることの慰めとした。価格と財政理論に関するウィクセルの著作は，明らかに現代の学問上の，また政治的論争に関連している。けれども新しい複本位制をめぐる議論は，ウィクセルが経済学を始める前に終っていた。1885年にロンドンで読んだ最初の書物の1つはワルラスの1883年の著書であった。しかし最後の数章は読んでいないようである。ブレンターノの講義から若干を学び，大きな関心をもったが，当代の貨幣金融論の文献について特に研究はしなかった。ウィクセルはジャーナリストとしてまた人気の高い講演者として多忙であったため，金融政策に対して特別の立場を示してはいなかった。1897年秋には「利子と物価」の主な考え方の要約ができ上っている。その頃ウィクセルは単本位制論者でも複本位制論者でもなく非金属主義者であった。彼はまた限界学派の貨幣理論に関する著書からは大きな影響は受けなかった。ウィクセルの経済学に関する初期の著作に，彼の理論の重要な部分のほとんどが出ている。利子率がある種の均衡率からはずれたときに信用の変動が生じるという考え方は，19世紀初期のイギリスの議論の中にあった。ウィクセルのノートや手紙や「利子と物価」の脚注などを調べると貸出率と利潤との関係について初期の説明を彼が知らなかったことは明らかである。

(5)

　ウィクセル自身は物価水準の変化についての説明を，景気変動の理論とはみていなかったが，そうした変動の性質に関する彼の考え方は，彼の貨幣・金融論にとって決定的な重要さをもっていたようである。「利子と物価」の終りのほうでウィクセルは自分の

ウィクセルの伝記

解釈を現実の動きによって検証している。しかし長期の経済の動きと後に景気循環として知られるようになったこととを区別していなかったことは明らかである。景気循環に関する一般的供給過剰の問題はもっとくわしく研究する必要があると記している。銀行の信用創造力の例も挙げられている。銀行は最初の10倍もの額を貸し出すことができるようになる。ウィクセルの貨幣・金融論は，重要な点で独創的なものであることを示している。彼は常に思慮深く，常に理論的思索にふけっていた。「利子と物価」において展開された理論の主なる点についてはまったく独自の発想と言えるようである。とくに累積過程に関するウィクセルの研究はこの問題についてのそれ以前の他の書物にくらべてずっと奥行きが深く，ほとんどすべての点で綿密となっている。

「利子と物価」は決して熱狂的に受け入れられはしなかった。ダビッドソンは，ウィクセルの見解が仮説的性格の強い理論であると強調した。デンマークの雑誌では全く内容を理解せず，悪口にすぎないものであったし，ドイツの各誌も書評に取り上げなかった。唯一の慰めはかつて横へいな論文を掲載した「エコノミック・ジャーナル」が今度は温かみのある書評をのせたことである。英語に翻訳されることが望まれるとまで書いてくれた。スウェーデンの銀行界では何の評価もなく，「経済学会」に提出したときも出席者は誰も何も述べなかった。

ウィクセルは「経済学講義」の第2巻で貨幣・金融論にもどったとき，その出発点は自然利子率と貨幣利子率とは一致するという古典的概念にあった。投資資金の需要・貯蓄の関係からの供給，そして利子率の間の相互関係が市場に存在するという，別の理論をもち出した。物価が安定していれば，資本利子率は貨幣利子率と一致するはずであり，この資本利子率は「新しい資本に対する需要が貯蓄からの供給にちょうど見合うようになる率」であった。正常な均衡率は「新しく創立された資本に対する期待収益にある程度一致する」ことを追加したのである。「講義」の第2巻ではもう1つの考えを展開したが，それは「利子と物価」の中に何度かあらわれたものであった。相対価格の理論は，ある点で物価水準をいかに決定されるかを説明するのに有用であった。ある商品の価格の騰落は，その商品の需要・供給の均衡を攪乱する。そして個々の商品に妥当することが，すべての商品に妥当することになる。つまり物価の一般的上昇は，財に対する一般的需要が何らかの理由で供給を上回るか，上回ると予想される場合にのみ発生する。この2つの考えを組み合わせることによって彼は累積過程の概念に新たな光を投

付　録

げかけることができた。貨幣利子率が自然利子率から離れるならば，貯蓄投資の変化が，財の総需要に，したがって物価水準に影響を与えるであろう。彼の理論の定式化は後の国際通貨論の展開の基礎となるものであった。「講義」(第2巻－前文) で彼は自分の考えを幾分改めたと記しているが，理論は「利子と物価」の中の理論と基本的には変わっていないと付記している。明らかに彼は変更した個所がどれほど大きかったかに気づいていなかったのである。

(6)

ウィクセルによると理想的な通貨制度は金属を基礎とするのではなく，銀行券の発行に基づくものでなければならない。各国は割引政策をもって一般物価水準の変動に対し対抗すべきである。特別な国際経済手段の必要もなくなる。国際的な物価上昇に対処するため金の自由鋳造をやめることであると述べている。他国との関係は国際協定で解決されよう。こうして彼は戦時中の通貨論議に加わることができるようになった。彼によれば従来の通貨制度の混乱には2つの原因があった。第一は国内における信用量の変動で，これは割引政策によって管理された。第二は金の国際的な価値の変動で，これに対しては金の封鎖が行なわれた。しかし第一次大戦のもたらした通貨価値の下落は新しいタイプで，かつてないほど大がかりなものであった。世界貿易の壊滅，労働力の不足，財の欠乏は信用拡大によって膨脹した所得と対照的であり，国際的な金本位制は戦争勃発後ほどなく崩壊した。ウィクセルは金本位をまったく信用せず，むしろ一時的である戦争期間を通じて金の流出を認めることであると主張した。「金は遠くに流れ去ることも，長期に流れ放しになることもない」と書いた。政府の金政策に対するウィクセルの批判はきわめて控え目であった。中央銀行の優柔不断な政策に対して，ウィクセルは断固としたが，しかし彼にとってはきわめて穏やかな批判をつづけた。1915年ふたたび中央銀行の金保有問題をとりあげた。同じ年スウェーデンの輸入状況は悪化し為替レートは再びふえた。インフレーションの報告中には1915年末まで国内の物価上昇の原因は貿易黒字だけではないと指摘している。1916年2月，金と銀行券の兌換を停止した。「信用引締政策は国内の物価上昇を抑える力を中央銀行に与える」とウィクセルはいっている。そしてそれが貧しい人びとの生活条件に悪影響を及ぼすことのない正しい手段であるとしている。彼はつねに公正な分配をもたらすような貿易政策を要求した。

ウィクセルの伝記

　ウィクセルは1915年11月中央銀行の援助によって，コペンハーゲンに寄り，ベルリン，ウィーンを訪ねた。彼は金の外国への流出を恐れる必要のないことを繰り返し説いた。1916年2月にはイギリスを訪ねる。会ったのは「聡明で興味ある人々」であったが，マーシャルと長時間議論し，またJ. M. ケインズと昼食を共にし，食後も歩きながら話をつづけた。

　1918年夏「通貨価値規制委員会」に経済専門家として加わる。彼ははげしく銀行家側の意見を批判し，金輸出を自由にすべしと論じた。政策の目的に関して他の委員とは意見を異にしていた。戦後「徹底的な経済再編成」を主張し，スウェーデンの財政政策のプログラムを検討する委員会 (1920年) には，物価を戦前水準にまで押し下げ，過去の不公正を是正すべきだというウィクセルの見解を，委員会は受け入れなかった。金を基盤とした通貨制度を再び採用することに彼は強く反対した。「正義と公正のため市民を保護し，援助するよう」主張した。絶えず当局を批判し，実現困難な主張をつづけたため彼の立場は弱くなっていった。戦中戦後，科学者としてのウィクセルは金融問題に全精力を集中した。雑誌論文10を超え，新聞小論10に達している。経済学会でも多忙であった。彼は経済学者のうちでも最も活動的であった。戦時インフレーションについて最も真摯で首尾一貫していた。彼の特色は道徳的な激情，政治家無能への批判，理論的単純化であった。こうした攻撃精神は政策決定者にはある程度の影響を与えた。

　1918年「所得税委員会」の委員となり，所得税累進性を重視した法律の基礎を提供した。彼は累進率についての数学的分析を行なった。

　ウィクセルは積極的に政治的活動にもどるとか，特定の政党に加わるという考えはなかった。宗教に関してはきわめて異教徒的であった。重大なライバルは常に社会主義であった。ストックホルム労働協会の25周年記念の祝賀会でウィクセルは現政府を支持する所信を公表し，かつて自分も党員になりかかったことがあると話した。

付　録

ウィクセル年譜
（主として著作）

（注意）邦訳として掲げてあるのは，北欧語で発表されたものである。英独語で発表されたものは，原名のまま掲げた。Economisk Tidskrift は E. T. と略称する。

1851　12月20日 Knut Wicksell 出生。
1858　母肺結核にて死亡。
1860　Maria Junior Highschool 入学。
1865　Stockholm Highschool 入学。
　　　G. W. (Gode Wärner——文芸団体) の中核。
1866　父ヨハン死亡（ガン）。
1867　堅信礼をうける。
1869　ウプサラ大学入学。
1870　数学及び物理学会書記。"Mathematics and Physics Review" 誌に多くの論文を書く。
1872　大学卒業，数学で優等 (cum laude)。
1874　宗教的危機にあり，自由思想家となる。
1875　数学の研究をすすめる。生計困難。
1877　ストックホルム "Nation" 会長となる。
　　　喜劇1等当選（ウプサラ劇場6回，北部4回上演）。
1878　ウプサラ学生祭で "poetic address" を行なう。
　　　学生 "union" 出版。暫定議長，つづいて正式議長。
　　　詩集 "Romancero" 出版，匿名配布。思想の自由と婦人解放を取り上げる。
1880　ウプサラ禁酒協会支部講演。再演。
　　　「酒びたりの最大の原因と対策」出版。ついで売春問題，産児制限を取り扱う。

「批判者への返答」出版。
Frälander, Öhrvall と共同翻訳 (A Contribution to the Question of Overpopulation, The Law of Population, On the Cases of Wages (J. S. Mill, Principles の賃金の部)。

1881 「移民について」講演。

1882 「移民論」出版。
"Association Verdandi"（学生の組合）の設立者となる。社会問題の科学的研究に興味をもつ。

1883 姉ロッテン死去。
"Workers Ring"（労働者同盟）に引きつけられる。
"Tiden"（新聞）発刊，創立者の1人。理事兼執筆者。
年末 "Ring" から手を引く。

1885 学位論文 "On Proving the Existence of a Root on an Algebraic Equation" 提出。Licentiat の学位をうける。
人口問題講演。
ロンドン訪問。Smith, Ricardo, Multhus, J. S. Mill 等のほか特に Jevons, Walras を読む。
賃金基金説や金融論を研究する。

1886 "Tiden" 倒産。
北欧，スウェーデン講演旅行。
社会主義を論ず。

1887 "Vervandi Society" の公開講演会。
講演旅行（昨年と約35回）。
(1)売春　(2)結婚　について講演。反対教授と討論会。
"Vervandi" 道徳問題討論会。
この年より3カ年留学。ロンドン，ドイツ，オーストリー，社会科学特に経済学を研究する。
「スウェーデンにおける人口増加について」（小著）。
Anna Bugge に会う。

付　録

1888　ロンドンで旧交をあたため，また友達に会うためローザンヌに寄り，ストラスブルグで，クナップ，ブレンターノに会う。
　　　ブルジョア経済会議，フェミニスト会議出席。
　　　4月ウイーンに行き，メンガー聴講。ベーム（不在）"Geschichte"等を読む。
1889　Böhm-Bawerk；"Positive Theorie des Kapitales" 入手。
　　　ストックホルム労働者協会で「価値・資本及び地代」講演，難解。社会主義の限界を論ずる。
　　　Anna Bugge に特別な結婚を申し込む。承諾。
1890　"Empty Stomacks and Full Stores"（Anna Bugge 訳）をノルウェーの雑誌 "Sametiden" に発表。
　　　"Überproduktion—oder Überbevolkelung" を "Zeitschrift für die Gesamten Staatswissenschaften" に発表。
　　　7月ストックホルム，プレスクラブで議論。
　　　"The Sexual Problem" をフィンランド諸新聞に執筆。講演も。一部新聞に執筆。
　　　長男 Sven 出生。
　　　ノルウェー，フィンランド新聞などに毎日または毎週執筆。
　　　フランス・アカデミー人口に関する懸賞論文完成。
1891　人口問題の懸賞論文は「佳作」。
　　　スウェーデン，ノルウェー，フィンランドの新聞に無署名執筆。これら新聞と論争的パンフレットが収入源となる。
　　　功利主義協会で講演，論文ジャーナリズムに専念。
1892　ウィクセルとブッゲは "The Free Thinker" の代理編集者となる。
　　　メーデーには左右双方の反対をうける。
　　　ロシアへの併合を主張し，世論の袋叩きに会う。
　　　"Kapitalzins und Arbeitlohn" を "Jahrbücher für Nationalökonomie und Statistik" に発表。
1893　労作20篇ほど，（2カ年に70篇ほど）論説執筆。
　　　社会主義を可能とするにいたるも，欠点は誘因を欠くことにありとする。

ウィクセル年譜

選挙で社会民主主義者の当選者8人の1人となる。
重要なのは一連の「労働運動に関する論説」である。
次男 Finn 出生。
"Über Wert, Kapital und Rente, nach den neueren nationalökonomischen Theorien, Jena" 出版。ベームとワルラスに絶賛される。学問専念の決意固まる。

1894 博士論文としての「価値・資本及び地代」の数が不足するため「租税負担の分析」を提出する。5月29日審査合格, 2日後学位授与式。
その後財政理論完成。
「我が国の租税は誰が払ったか, また誰が払うべきであったか」(パンフレット)。

1895 「累進税論」, "Zur Lehre von der Steuerinzideng", Doctor Specimen Part of one Finanztheoretische Untersuchungen.

1896 "Finanztheoretische Untersuchungen, nebst Darstellung und Kritik des Steuerwesen Swedens", Jena.
大学への就職を考えている。家計極めて困難。

1897 そのため法学の研究を決意し, 3年の課程を1年半で完了。
"Der Bankzins als Regulator der Warenpreise", (Jahsbücher für Nationalökonomie und Statistik).
"Virfredo Pareto Cours d'economie politique" (Zeitshrift für Volkswirtschaft) を発表。

1898 昨年と今年とで20篇ほど "Dagens Nyheter" に寄せている。
"Geldzins und Güterpreise, eine Studie über die Tauschwert des Geldesbestimmenden Ursachen", Jena.
「貨幣利子の商品価格に及ぼす影響」(ストックホルム経済学会講演)。

1899 ウプサラ大学の経済学及び租税論の私講師 (Dozent) となる。
"Vilfredo Paretos Cours d'economie politique" (Zeitschrift für Volkswirtschaft)。

1900 ルンド大学は民法と経済学の2講座を分割することになり, 1月からウィクセルを就任させることとなる。

付　録

11月ロシア問題を講演し，袋だたきにされる。

大学の "Radical Society" の委員をつとめ，のち名誉会員となる。

ローレン財団の助成により「経済学講義」執筆を始め，ドイツ語にする予定をスウェーデン語にする。

1901　ウィクセルとカッセルが教授として候補に上ったが，結局ウィクセルに決定した。

「限界原理」を基礎とする「経済学議義」第1巻（一般理論）。

「分配問題について」。

1902　正教授の問題で評議会はもめる。彼はロシアからの危険はないとし，他は社会主義者を除き皆反対する。結局教授として認められる。

「経済的分配の基礎としての限界生産力について」（E. T.）。

「労働者と雇用主の同盟」（パンフレット）。

1903　「農業における生産力，収益性及びその相対的収益について」（E. T.）。

「貨幣理論における暗黒点」（E. T.）。

1904　「経済学の目的と手段」（E. T.），正教授就任講演。

「将来の貨幣問題」（E. T.）。

1905　「経済学講義」第2巻完成。

新入生歓迎会に軍備廃止を主張して国中を敵にまわしてしまう。

「社会主義国家と現代社会」（パンフレット）。

1906　「利子と物価水準」（British Association 講演）。

イギリスに行き副会長であった Economic Section of the "British Association" において講演する。

「経済学講義」第2巻（貨幣と信用）。

1907　"The Influence of the Rate of Interest on Prices" (Economic Journal).

「クナップの貨幣理論」（E. T.）。

「恐慌の謎」（ノルウェー・経済学雑誌）。

「土地収穫逓減の法則を確証せんとする試みにおける若干の誤謬の源泉」（E. T.）。

1908　「銀行立法講義の一節」（E. T.）。

ウィクセル年譜

「恐慌防止の手段としての貨幣価値安定」(E. T.)。
船の爆発事件で減刑運動を行なう。

1909 「利子率と商品価格」(E. T.)。
"Über einige Fehlerquellen bei Verifikation des Bodengesetzes" (Thünenarhiv)。
神を冒瀆した罪で2カ月の刑をうける。
「人口の理論」(Ystad 監獄において1909年10月)。

1911 「経済学講義」第1巻，第2版（「人口の理論」は省かれ，独立の別著となる）。
「ベーム・バウェルクの資本理論とその批判者」(E. T.)。

1913 "Vorlesungen über Nationalökonomie auf Grundlage des Marginalprinzip" von Knut Wicksell I. Teil, Allgemeine Theorie（「経済学講義」第1巻のドイツ語訳，訳者は Margarethe Lengfeldt,「人口の理論」を含む）。
「貨幣価値の統制」(E. T.)。
"Virfredo Paretos Manuel d'economie politique" (Zeitschrift für Volkswirtschaft)。

1914 "L. v. Mises, Theorie des Geldes und der Umlaufsmittel" (Zeitschrift für Volkswirtschaft)。

1915 「経済学講義」第2巻第2版。
「外国為替と銀行利率」(E. T.)。

1916 「農業における収穫逓減の法則の危機」(E. T.)。
"Hinauf mit den Bankraten" (Arhiv für sozialwissenschaft und Sozialpolitik)。
定年退職ストックホルムに移転。

1917 経済クラブ会長。

1818 "International Freight and Prices" (Quarterly Journal of Economics)。
通貨価値規制委員会委員，所得税委員会委員。

1919 「カッセル教授の経済学体系」(E. T.)。
「外国為替の謎」(E. T.)。
ネオ・マルサス主義の会副会長。

付　録

1920　「分配問題について」(E. T.)。
　　　財政政策検討委員会委員。
1921　「課税の見地から見た所得概念」(E. T.)。
　　　この頃雑誌論文, 新聞寄稿等小論多数あり。
1922　"Vorlesungen über Nationalökonomie" II Teil, Geld und Kredit, 経済学講義第2巻のドイツ語訳, 訳者は第1巻に同じ。
1923　「実物資本と資本利子」(Gustav Åkerman, "Realkapital und Kapitalzins" の批判)。
1924　「保護貿易と自由貿易」(E. T.)。
1925　「関税問題の一演習例題」(E. T.)。
　　　「スカンジナビア諸国における貨幣価値問題」(E. T.)。
　　　「数学的経済学」(E. T.), (Bowley, "Mathematical Groundwork of Economics" 批判)。
1926　ウィーザー記念論文集, 論文執筆中。ルンド労働組合25周年パーティ出席。経済学会の法人学会の法人税に関する討論会出席。
　　　5月3日夜, 永眠。

参　考

1921　Nationalekonomiska studiertillagnade Proffessor Knut Wicksell (Economisk Tidskrift, ウィクセル生誕70年記念)。
1926　B. Ohlin, "Knut Wicksell" (The Economic Journal, Sept.)
1927　"Mathematische Nationalökonomie" (Archiv für Sozialwissenschaft und Sozialpolitik, Bd. 58, ドイツ語訳。Schumpeter の Einführung あり。
1928　"Professor Cassels nationalökonomisches System" (Jahrbücher für Gesetzgebung, ドイツ語訳)。
　　　"Zur Zinstheorie――Böhm-Bawerks dritten Grund" (Die Wirtschaftstheorie der Gegenwart III, Herausgegeben von Hans Mayer)。
　　　O. Weinberger, "Knut Wicksell" (Handwörterbuch der Staatswissenschaf-

ten).

「経済学講義」改訂第3版（E. Sommarin 編）。

"Vorlesungen über Nationalökonomie", II. Teil. 11. Unveränderte Auflage. E. Sommarin, Das Werk von Knut Wicksell, (Zeitschrift für Nationalökonomie), Bd. II. Heft 2, 1930.

1933 "Über Wert, Kapital und Rente" (Series of Reprints of the Scarce Tracts in Economic and Political Science, No. 15, London School of Economics and Political Sciences).

"Das Valutaproblem in der Scandinavischen Länder" (Beiträge zur Geldtheorie, Herausgegeben von F. A. Hayek, Wien, の独訳, 訳者は Johan Morgenstern).

Johan Akerman, "Knut Wicksell, a Pioneer of Econometrics" (Econometrica) Vol. 1, No. 2, April.

1934 "Lectures on Political Economy" Vol. I, General Theory, London. (「経済学講義」の英訳, 訳者は E. Classen, 編者は Lionel Robins。後者の "Introduction" あり, また附録として(1) "Professor Cassel's System of Economics", の英訳。(2) "Real Capital and Interest," E. T. 1923年の論文の英訳を収む。)

1935 "Lectures on Political Economy, Vol. II, Money, London.「経済学講義」第2巻の英訳, 訳者等第1巻に同じ。附録なし。

1936 "Interest and Prices, a study of the causes regulating the value of money, London, (Geldzins und Güterpreise の英訳, 訳者は Kahn, Introduction は Ohlin, E. T. 1923年の論文英訳を収む)。

1937 「経済学講義」改訂第4版（E. Sommerlin 編）。

「価値・資本及び地代」北野熊喜男訳。

1938 「国民経済学講義」理論の部, 第1巻, 堀経夫, 三谷友吉共訳。

1939 「国民経済学講義」同上, 第2巻（貨幣・信用）同人訳。

「利子と物価」北野熊喜男, 服部新一共訳。

1947 Francesco Sánchey Rames, "Leccions de economia politica", Madrid (英語版第1巻による)。

付　録

1950　P. Jannacone, "Lezione di economia politica", U. T. E. T. Torino (英語版による).

1958　Torsten Gårdlund, "The Life of Knut Wicksell" (translated by Nancy Adler).

1960　Economic Doctorines of Knut Wicksell, by Carl, G. Uhr, Berkley Univ.

1965　International Trade and Finance, a collected Volume of Wicksell's Lectures.

1966　「経済学講義」改訂第5版（Carl G. Uhr 編）。

1978　なお多くの資料を省略せざるをえないのであるが，特に "The Scandinavian Journal of Economics" において特集された「Kunut Wicksell の理論的貢献」に関する「シンポジウム」の題目を掲げて，参考としておきたい。
Introduction, by Björn Thalberg. The Life of Knut Wicksell and Some Characteristics of His Work, by Torsten Gårdlund. On the Relation between Keynesian Economics and the Stockholm School, by Don Patinkin. Keynesian Economics and Stockholm School, A Comment on Patinkin's Paper, by Bertil Ohlin. Wicksell's Influence on Frisch's Macroeconomics in the Thirties, by Jens Advig. "Wicksell, Bowley, Schumpeter and the Dolls' Eyes, by Ingolf Stähl. Wicksell Effects and Reswitchings of Technique in Capital Theory, by Luigi L. Pasinetti. Wicksell and Malthusian Catastrophe, by Richard Goodwin. The Long-run Rate in an Economy with Natural Resouce Scarcity," by Michael Hoel. Wicksell on the Currency Theory vs the Banking Principle, by Trygve Haavelms. The Long-run Demand for Money——A Wicksellian Approach, by Lars Jonung. Introduction to the Publication of Knut Wicksell's Lectures on the Economic Consequences of First World War (1919), by Björn Thalberg. The World War: An Economist's View by Knut Wicksell.

〔訳者略歴〕
北野熊喜男　(きたの・ゆきお)

　大阪市生まれ，旧神戸高商（4年制）を経て京都帝国大学経済学部卒業，同大学院を経て同志社大学，和歌山高商等に教鞭をとり，やがて旧制神戸経済大学教授，大学改組により神戸大学経済学部（大学院を含む）教授，長きにわたって日本経済学会，後の理論経済学会理事，日本学術会議会員，右大学を定年退職後ただちに神戸学院大学経済学部教授（一時部長を兼ねる），85年3月退職。

　主な著書―「経済社会の構造分析」，「経済社会の基本問題」，「社会経済学原理」，「経済における生と学」，「社会主義と近代経済理論」，「経済体制の基本分析」，「経済と国家」等。

　主な訳書―ウィクセル「価値・資本及び地代」，同「利子と物価」，ミード「経済学入門」，ピグー「社会主義と資本主義」等。

近代経済学古典選集―8
ウィクセル　**価値・資本及び地代**

1986年12月25日　第1刷発行

訳　者	北　野	熊喜男
発行者	栗　原	哲　也

発行所　株式会社　日本経済評論社
〒101東京都千代田区神田神保町3-2
電話03-230-1661　振替東京3-157198

乱丁落丁本はお取替えいたします。　　三栄印刷・山本製本
Ⓒ1986

中山伊知郎・柴田　敬・安井琢磨監修
近代経済学古典選集〈第Ⅰ期〉

チューネン著／近藤康男・熊代幸雄訳
① 孤　　立　　国
0343-X　C3333　　　Ａ５判　676頁　8500円

150年も前の資本主義の入口にあった時代に書かれた農学と経済学に関する貴重な古典。第１部の差額地代論，第２部の自然価格論の展開に加え，第３部林業地代論を収録する。（1989年）

クールノー著／中山伊知郎訳　荒憲治郎序文
② 富の理論の数学的原理に関する研究
（オンデマンド版）1625-6　C3333　Ａ５判　190頁　3500円

マーシャル他の近代理論の展開に大きく貢献した書。独占・複占・完全競争下の均衡の所在を数学的に求め，中でも独占価格理論は今日においてもなお，光彩を放っている。（1982年）

ワルラス著／柏崎利之輔訳
③ 社会的富の数学的理論
（オンデマンド版）1626-4　C3333　Ａ５判　140頁　3000円

本書は，経済現象の相互依存性を連立方程式群の形で示す，一般均衡理論を体系づけた主著『純粋経済学要論』への，理論的手掛りを展開する前駆的論文である。（1984年）

ジェヴォンズ著／小泉・寺尾・永田訳／寺尾琢磨改訳
④ 経 済 学 の 理 論
0347-2　C3333　　　Ａ５判332頁　5800円

財貨の交換価値を限界効用から説明しようとする試みはすでに1862年になされているが，1871年刊行の本書によって，主観価値理論と限界理論とを確立するまでにいたる。（1981年）

メンガー著／福井孝治・吉田昇三訳／吉田改訳
⑤ 経 済 学 の 方 法
（オンデマンド版）1627-2　C3333　Ａ５判　422頁　6500円

主著『国民経済学原理』に対する無理解に反駁するために，本書は書かれた。
（1986年）

パレート著／松浦　保訳
⑥ 経 済 学 提 要
（未刊）

本書においてパレートは，経済学をいわゆる〈論理的実験的〉な自然科学的方法で構成すべしという方法を詳説，又ワルラス方程式体系を押し進めた経済均衡の数学的理論を大成した。

ウィクセル著／北野熊喜男改訳
⑦ 利 子 と 物 価
（オンデマンド版）1628-0　C3333　Ａ５判　250頁　4200円

ウィクセルの学問的地位を不朽ならしめた名著である。内容は貨幣の購買力と平均価格，相対価格と絶対価格，貨幣生産費説，貨幣数量説とその反対論者，貨幣の流通速度他。（1984年）

ウィクセル著／北野熊喜男訳
⑧ 価値，資本及び地代
（オンデマンド版）1629-9　C3333　Ａ５判　248頁　4600円

生産の時間要素を重視し，資本利子と賃金との分配構造を一般均衡理論に結合する。
（1986年）

ウィクセル著／橋本比登志訳
⑨ 経 済 学 講 義〈Ⅰ〉
0010-4　C3333　　　Ａ５判　510頁　7500円

Ⅰは人口，価値，生産・分配，資本蓄積，付録のカッセル批評，オカーマン批評からなる英語版からの新訳。ウィクセルは実物経済に関する均衡・成長の理論を構築した。（1984年）

ウィクセル著／橋本比登志訳
⑩ 経 済 学 講 義〈Ⅱ〉
（未刊）

Ⅱには貨幣と信用との理論を収める。

フィッシャー著／久武雅夫訳
⑪ 価値と価格の理論の数学的研究
Ａ５判　191頁　3800円

貨幣理論における不朽の業績貨幣数量説から物価指数論までの分析を無差別曲線分析により解明し，学位論文となったものであり，経済学上の業績として記念碑的地位を占める。（1981年）

フィッシャー著／気賀勘重・気賀健三訳
⑫ 利 子 論
（オンデマンド版）1632-9　C3333　Ａ５判　517頁　7800円

時間選好要因と投資機会要因の両者による利子決定理論を展開，さらに利子率と「限界費用超過収益率」との両者による投資決定理論を明示する。
（1980年）

ミーゼス著／東　米雄訳
⑬ 貨幣及び流通手段の理論
（オンデマンド版）1630-2　C3333　Ａ５判　444頁　6800円

メンガーによって展開された限界効用理論は，本書において貨幣理論に適用され，ここに一般的価値理論と貨幣理論の緊密な結合が実現される。
（1980年）

価値・資本及び地代（オンデマンド版）	

2004年10月10日　発行

著　者	ウィクセル
訳　者	北野　熊喜男
発行者	栗原　哲也
発行所	株式会社　日本経済評論社 〒101-0051　東京都千代田区神田神保町 3-2 電話 03-3230-1661　FAX 03-3265-2993 E-mail: nikkeihy@js7.so-net.ne.jp URL: http://www.nikkeihyo.co.jp/
印刷・製本	株式会社　デジタルパブリッシングサービス URL: http://www.d-pub.co.jp/

AB995

乱丁落丁はお取替えいたします。

Printed in Japan
ISBN4-8188-1629-9

Ⓡ〈日本複写権センター委託出版物〉
本書の全部または一部を無断で複写複製（コピー）することは、著作権法上での例外を除き、禁じられています。本書からの複写を希望される場合は、日本複写権センター（03-3401-2382）にご連絡ください。